# 产品经理成长手册

## 产品+用户+场景+数据四维度实战方法

张进财 编著

清华大学出版社
北京

## 内 容 简 介

无论是已经开始做产品运营经理还是刚刚入局的相关人员，都应当能够独当一面，但这绝非易事。

本书为产品经理的成长提供了系统专业性指导，内容包括如何学习产品经理思维、如何打造高效团队、如何设计一款爆红产品等诸多方面，无论是用户获取、场景设计还是数据营销，本书都能为产品经理的成长提供令人信服的一站式指导。

本书适合以下人士阅读：正在计划入行的相关人员、希望通过学习相关知识而成长的产品经理新手、希望能够帮助下属提升自我的成熟管理者以及产品设计、营销等专业的在校学生。

本书封面贴有清华大学出版社防伪标签，无标签者不得销售。
版权所有，侵权必究。举报：010-62782989，beiqinquan@tup.tsinghua.edu.cn。

#### 图书在版编目(CIP)数据

产品经理成长手册：产品+用户+场景+数据四维度实战方法/张进财编著. —北京：清华大学出版社，2020.10（2022.1 重印）
 ISBN 978-7-302-55587-2

Ⅰ. ①产… Ⅱ. ①张… Ⅲ. ①企业管理—产品管理—手册 Ⅳ. ①F273.2-62

中国版本图书馆 CIP 数据核字(2020)第 089917 号

责任编辑：杨作梅
装帧设计：杨玉兰
责任校对：周剑云
责任印制：刘海龙

出版发行：清华大学出版社
    网　　址：http://www.tup.com.cn, http://www.wqbook.com
    地　　址：北京清华大学学研大厦 A 座　　邮　编：100084
    社 总 机：010-62770175　　邮　购：010-62786544
    投稿与读者服务：010-62776969, c-service@tup.tsinghua.edu.cn
    质量反馈：010-62772015, zhiliang@tup.tsinghua.edu.cn
印 装 者：小森印刷霸州有限公司
经　　销：全国新华书店
开　　本：170mm×240mm　　印　张：17　　字　数：285 千字
版　　次：2020 年 10 月第 1 版　　印　次：2022 年 1 月第 2 次印刷
定　　价：65.00 元

产品编号：085148-01

# 前言

中国的互联网发展速度已经位于世界前列,而随着互联网在人们生活中的逐渐普及,其在未来的商业发展中将会起到更为重要的作用。一个有想象力的产品经理所设计出来的有创意的产品,对于互联网的推动作用是不言而喻的。

也正因为如此,产品经理的职能不能仅仅停留在当前的功能研发、设计上,还需要通过透视商业本质,全面运营,不断提升创造力,为用户提供更有价值的产品或服务。我们最常表达的一句话是"好的产品经理要有系统思维",话虽如此,真正能够做到这一点的产品经理却不多。

针对产品经理目前普遍存在的发展痛点以及急需全面提升自我的需求,作者结合市场现状以及自身经验,收集了大量的案例完成本书的撰写以供大家参考,希望大家阅读本书之后能够有所收获,进而解决上述问题。另外,本书的写作内容还具备了以下 3 个特点。

1. 本书内容全面、详略得当

本书可分为四大部分,即从产品本身、用户思维、场景结合以及数据运营四个维度进行系统讲解。内容以层层递进的形式进行叙述,并且全面分析了产品经理成长过程中的各个要素。除此之外,本书对于知识点相对浅显的内容仅进行了简单介绍,重点讲解了产品经理应该具备的知识与技巧,整体内容详略得当,更具实用性。

2. 本书采用大量图表、案例,容易理解

本书全文通俗易懂,对抽象性的专业术语、行业名词等都进行了详细解释。另外,还采用大量的事例样本、图表分析以及大量对比分析图、逻辑关系图,使本书内容更容易理解。

3. 本书实用性强,对相关从业人员有借鉴意义

本书剖析了大量实际案例,案例讲述了如何成长为实力更强的产品经理,让产品设计更加符合要求、更加生动有效。以便产品经理花费最少的精力达到事半

功倍的效果。

  本书所涉及的问题力求具有代表性,希望本书能够为准备入行产品经理的读者以及相关从业者提供有效参考,帮助产品经理突破职业瓶颈,升级产品思维,进一步推动行业的发展。同时如果书中存在疏漏和不足之处,敬请读者提出宝贵意见和建议,以便进一步修订完善。

编　者

# Contents 目录

## 第1章　优秀产品经理应该具备哪些特征 ... 1

### 1.1 产品经理最应关注的3个方向 ... 2
- 1.1.1 产品：产品显性特征、隐性特征了然于胸 ... 2
- 1.1.2 用户：依据产品特性，找到精准用户画像 ... 6
- 1.1.3 场景：营造场景，触发情绪，引导用户 ... 9

### 1.2 产品经理提升自身能力的3个维度 ... 14
- 1.2.1 从用户出发的同理心 ... 15
- 1.2.2 逻辑+想象力：创新而不出格 ... 17
- 1.2.3 可处理大量信息的能力 ... 19

### 1.3 如何在职场一步步成长为优秀的产品经理 ... 22
- 1.3.1 典型产品经理职业生涯历程及所应具备的能力 ... 22
- 1.3.2 可实现产品经理职位跃升的学习方法 ... 26

## 第2章　团队：产品经理如何打造一支高效有序的产品团队 ... 31

### 2.1 怎样才能建立一支高效有序的产品团队 ... 32
- 2.1.1 可在信息不完整情况下快速做出决策 ... 32
- 2.1.2 未雨绸缪，提前做好万全的准备 ... 37

### 2.2 如何提升产品团队协作效率 ... 38
- 2.2.1 产品经理成长为带领团队高手的6种方法 ... 38
- 2.2.2 研发过程中如何化解团队冲突 ... 41

## 第3章　机会判断：产品经理如何通过判断发现新机会 ... 45

### 3.1 产品经理如何通过竞品分析寻找市场空间 ... 46
- 3.1.1 撰写高水平竞品分析报告实用干货 ... 46
- 3.1.2 如何通过竞品分析寻找市场空间、进行错位竞争 ... 51

### 3.2 产品经理发现机会后如何抓住用户需求 ... 54
- 3.2.1 用户的痛点、痒点与爽点 ... 55

3.2.2　通过用户画像选取产品最终针对需求 58

  3.3　利用需求分析确立产品功能实用策略 61
    3.3.1　产品经理如何有效采集、分析用户需求 61
    3.3.2　从用户真实需求到产品核心功能 68

# 第4章　产品设计：产品经理如何实现产品功能落地 73

  4.1　交互设计：满足功能前提下层级越少越好 74
    4.1.1　做好交互设计的五点原则 74
    4.1.2　交互设计如何避免遗漏又做到极简层级 79
  4.2　视觉设计：并非所有产品均颜值当道 85
    4.2.1　产品要有统一的视觉设计规范 85
    4.2.2　视觉设计应从用户需求出发而非主观感受 87
  4.3　架构设计：打好产品轻装上阵的基础 91
    4.3.1　进行产品架构设计的三个方向 91
    4.3.2　【案例】美团如何做好供应链系统架构设计 93

# 第5章　用户体验：超预期才能产生用户势能 103

  5.1　如何正确理解用户体验 104
    5.1.1　用户体验的5个维度 104
    5.1.2　用户体验是主观感受，超预期才有势能 110
  5.2　如何通过用户体验地图不断提升产品质量 114
    5.2.1　什么是用户体验地图 114
    5.2.2　用户体验地图实用技巧5步走 117
    5.2.3　如何让用户对产品"上瘾" 121
  5.3　产品经理如何通过产品体验报告获得更多思路 129
    5.3.1　产品体验报告主要包含的内容 130
    5.3.2　【案例】App应用如何提升用户首次使用体验满意度 134

# 第6章　产品上线：产品经理如何有条不紊完成产品上线 139

  6.1　产品经理如何做好开发进度管理 140
    6.1.1　产品经理做好项目管理实战方法 140

## 目录

　　6.1.2　提前做好产品规划 .................................................. 145

6.2　产品上线前消除产品可能出现的问题 ............................................ 148

　　6.2.1　产品测试文档的撰写技巧 .............................................. 148

　　6.2.2　团队权责分明应对突发问题 ............................................ 151

6.3　如何井然有序地完成产品上线 .................................................. 154

　　6.3.1　产品上线工作的主要流程 .............................................. 154

　　6.3.2　产品上线时的灰度发布技巧 ............................................ 156

## 第7章　产品运营：产品经理如何实现用户数稳健增长 ............................ 159

7.1　产品如何获得种子用户 ........................................................ 160

　　7.1.1　低成本获得种子用户的4种方法 ......................................... 160

　　7.1.2　【案例】脉脉：社区类产品如何获取种子用户 ............................ 169

7.2　如何利用产品优势实现自传播 .................................................. 172

　　7.2.1　好产品一定具备自传播能力 ............................................ 173

　　7.2.2　可实现产品"疯传"的6种实用策略 ..................................... 175

7.3　产品烧钱推广如何更高效 ...................................................... 183

　　7.3.1　让用户有参与感，自发传播 ............................................ 183

　　7.3.2　事半功倍的借势营销 .................................................. 185

## 第8章　场景：产品经理都是透过场景触发用户情绪的高手 ........................ 191

8.1　你真的理解场景吗 ............................................................ 192

　　8.1.1　"场"和"景"要分开看 .............................................. 192

　　8.1.2　场景化是产品的未来 .................................................. 193

8.2　产品经理场景化策略实战案例剖析 .............................................. 198

　　8.2.1　产品IP化最能用场景留住用户 .......................................... 199

　　8.2.2　【案例】为什么罗辑思维的书很贵销量还很好 ............................ 203

## 第9章　数据驱动：产品经理都应该掌握的数据观念 .............................. 207

9.1　产品经理如何利用数据驱动产品优化改进 ........................................ 208

　　9.1.1　产品经理分析数据、优化产品实用技巧 .................................. 208

　　9.1.2　产品迭代背后的数据驱动设计 .......................................... 209

9.2 产品经理如何通过数据分析让产品运营更出色 ............................................. 212

 9.2.1 一个优秀的运营者应该具备的 4 种数据分析能力 ........................... 212

 9.2.3 【案例】抖音运营引爆用户增长背后的数据分析法 ........................... 220

9.3 产品经理面对数据如何保持"清醒" .......................................................... 234

 9.3.1 每一场活动、每一项变化都应进行数据复盘 ..................................... 234

 9.3.2 数据并非万能，警惕唯数据论 .................................................................. 241

## 第 10 章  自我成长：产品经理如何不断自我成长以胜任职位 ............... 245

10.1 产品经理成长避坑指南 ............................................................................ 246

 10.1.1 多数产品经理都容易掉进的 4 个坑 .................................................. 246

 10.1.2 产品经理如何通过事前模拟避免大失误 ........................................ 251

10.2 产品经理如何做好时间管理 ................................................................... 252

 10.2.1 多任务交错时如何避免太过分心 ...................................................... 253

 10.2.2 如何不急不躁克服拖延症 ..................................................................... 254

10.3 产品经理实现自身知识能力跃升实用干货 ............................................ 258

 10.3.1 如何练就产品总监必备的知识能力 .................................................. 258

 10.3.2 产品经理如何有效搭建自身知识体系 ............................................. 260

# 第 1 章

# 优秀产品经理应该具备哪些特征

百度的 CEO 李彦宏在世界互联网大会上曾经公开表示:"移动互联网时代已经结束。"这一句话也意味着互联网产品的重心将逐渐向用户偏移。而产品经理作为互联网行业当中的重要职位,在进行产品设计、带领团队运营时,也需要随着时代的发展而不断提升自己。

## 1.1 产品经理最应关注的3个方向

与许多产品经理进行交流后可以发现,不少产品经理都将时间花费在产品的设计细节上。具体来说,便是过于注重产品的交互设计、UI 设计等方面,花在设计与开发上的时间超过 2/3,但是产品本身需要着重考虑的内容却被其忽略了。与此同时,在许多与产品相关的专业网站当中,大多数内容也都与交互或设计相关。

之所以产生这种现象,一方面是由于产品行业规范程度不足,另一方面是由于许多新手产品经理都被误导,认为:做产品就是做设计。因此,针对以上现象,我们在此带领大家再次认识产品经理,并且与大家认真讨论产品经理应该重点关注的 3 个方向。

### 1.1.1 产品:产品显性特征、隐性特征了然于胸

1927 年,美国 P&G(宝洁公司)由于自家产品的原因而诞生了第一名产品经理(Product Manager),其产品竞争力也因此得到进一步的提升,甚至延长了其旗下各类产品的生命周期。随着宝洁产品经理制度的成功,产品管理(Product Management)体系逐渐在各行各业得到应用,并且取得了不错的成效。

发展至今,产品经理已经成为一家企业当中专门来对产品进行负责的职位,在互联网领域尤为盛行。通常情况下,产品经理职责内容如图 1-1 所示。

产品经理是产品的主要负责人,需要为某一款产品的运作而对企业的所有工作人员甚至是外部人员进行协调,同时还需要对产品的盈亏负责。由此可见,产品经理在一款产品的全程运营当中需要承担较大的责任。

产品经理的本职工作就是对产品的一切负责,因此对于产品的细枝末节都应该了然于胸。试想一下,如果有人在询问或者请教自己与产品相关的问题时,而自己对于别人提出的问题却一无所知,这该是多么尴尬的一个局面。不仅如此,还会给提问题的人留下一种"这个人并没有认真做产品"的印象。

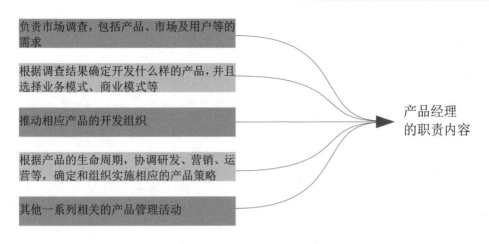

图 1-1　产品经理的职责内容

更进一步思考，这种印象如果长期累积，将会逐渐成为负面的标签并贴在自己的身上。长此以往，公司还敢将产品交给自己做吗？自己在这个行业还能干下去吗？

所以，对自己所负责的产品有一个全面的认知是产品经理的必修课。对于自己的产品，我们一开始就要做足功课，以便解决工作当中出现的种种问题。

产品经理的工作是一种综合性工作，其工作性质要求从事这个岗位的人不仅要了解自身所负责的产品的显性特征，同时还需要注重对隐性特征的思考，其中包括的内容如图 1-2 所示。

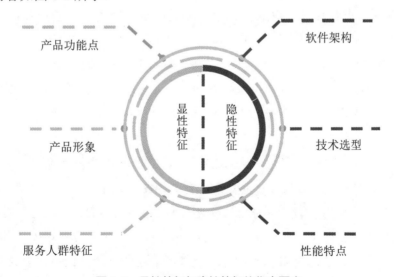

图 1-2　显性特征与隐性特征的代表要素

更重要的是，产品的显性特征与隐性特征还会关乎产品的设计问题。被誉为"神一样的产品经理"的梁宁老师曾在产品课程中，以 ATM 机为例，通过产品的显性特征与隐性特征对于产品设计的重要性做出过详细的解释。

在排除用户画像以及场景的情况下，专注于产品来说，一台 ATM 机对于用户的作用便是能够取钱。通常情况下，在进行产品设计时，一位不够成熟的产品经理针对这种情况，将会对 ATM 机的前端界面应该如何设置、长还是宽、什么颜色更能体现公司形象等问题进行着重考虑。即便再深入一点，考虑的也是用户是先取钱还是先取卡、提示应当采取字幕方式还是声音方式、整个过程需要几步完成等问题。但事实上，以上问题都属于显性特性。

如上所述，对于用户而言，ATM 机所提供的核心服务是让用户能够取钱。假设银行在外面放了 100 台 ATM 机，每一台 ATM 机当中都要放 20 万元现金，这也就意味着银行放了 2000 万元无利息的现金在外面。也就是说，从表面上看，ATM 机的出现将银行的营业压力进行了分流，同时还能够提升该银行的曝光度，但实质上，伴随而来的还有银行的核心资产同时也被分流了。由此可见，如何让 ATM 机发挥其最大价值的同时，保证其资金不会过多地处于闲置的状态，属于 ATM 机的隐形特性。基于 ATM 机的隐形特性，产品应当这样进行设计。

首先，需要有专门做决策的专职人员(有条件的情况下可以成立相应的战略部门)，根据隐形特性进行决策：为什么要提供这种服务？对于企业以及用户而言，提供这种服务能够获得什么价值？

针对 ATM 机这一产品的情况，可以从两方面回答这些问题：第一，在银行窗口旁放置 ATM 机，有助于分流银行的营业压力。也正因为如此，在日常生活中，我们可以发现银行里面基本上都有 ATM 机。第二，在人流量多的地方放置 ATM 机，在获得大量曝光度的同时，还能加强用户对品牌的亲近度，这也正是为什么市中心 ATM 机较为集中、偏远地方 ATM 机较少的一大原因。

其次，针对相关人员所作出的决策，要有相应的工作人员进行运营。以 ATM 机产品为例，在运营阶段，ATM 机放置在哪里更合适呢？每天应该放入多少现金？如果某一家银行的营业网点取现业务非常繁忙，是不是应该增设 ATM 机？

最后，在运营后还要有相关人员负责后续事项的处理。比如，要让用户能够正常取到钱，在有钱的同时还要保证硬件的正常运行；如果硬件无法正常运行，那么需要拨打服务热线电话咨询客服来解决问题。在这种情况下，作为产品的负责人不得不考虑现金管理、硬件管理、客服管理等问题，如图1-3所示。

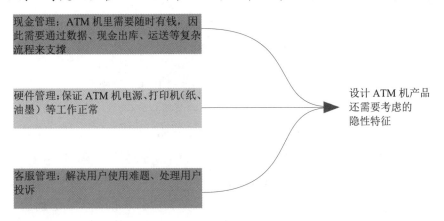

图1-3　设计ATM机产品还需要考虑的隐性特征

也就是说，在大家眼里一台普通的ATM机产品，为了能够保证服务的正常运行，至少需要战略、运营、现金、硬件、密码、客服、技术这7个岗位的服务人员。

产品存在显性特征和隐形特征，以ATM机为例，其外观、声音、界面颜色、字体甚至是用户操作流程，都属于显性特征；而在这些基础上，ATM机的价值、存在意义、预算控制等都属于其隐形特征。

而新手在进行产品设计时，能考虑到的大多只是外观、声音等显性特征，但是一位成熟的产品经理会将产品的各种特征考虑在内，能够站在更高的角度思考产品背后的价值，而这同时也是一名优秀的产品经理的核心竞争力。

当然，这并不代表隐性特征是重要的，而显性特征就不重要，我们还要考虑是否存在竞争关系。当在确定产品的隐性特征后仍然存在同类产品竞争现象这种情况下，显性特征将会成为产品之间差异化竞争的重要因素。事实上，各行各业发展至今，基本上用户所产生的需求在市场上都能够找到相应的产品来获得满足。但如果出现产品竞争红海，那么能够进一步提升用户体验的产品往往能够更好地满足用户的差异化需求。

以前几年大火的音乐App网易云音乐为例，用户的核心需求是用来听歌，但是网易云则通过个性化推荐、黑胶唱片交互、走心评论等各类显性特征来为用户提供差异化服务，进而在一大批音乐App红海中脱颖而出，吸引了一大片高黏性的用户。

综上所述，产品经理应该提升自身的认知能力、权衡能力，更多地站在高处去看待问题，对产品的显性特征与隐性特征都了然于胸，进而思考产品背后的价值，才能更好地提升自己产品的能力，从而设计出更优秀的产品。

## 1.1.2 用户：依据产品特性，找到精准用户画像

随着互联网步入大数据时代，用户行为也将因此而产生变化甚至重塑，其中最为明显的变化是用户的行为逐渐变得"可视化"。随着大数据技术的不断发展与应用，互联网及其相关行业都开始聚焦于如何利用大数据进行精准营销，以此来进一步实现商业价值。在这一背景之下，"用户画像"的概念应运而生。

用户画像作为大数据营销的基础，它将一个用户的信息全貌进行了多维总结，通过大量的数据帮助企业来进一步了解用户的行为习惯、消费习惯等重要信息。

用户画像简单来说是将用户信息标签化，也就是说，通过对大数据技术的应用，对用户的社会属性、生活习惯、消费行为等相关信息数据进行收集，以此来形成相对完整的用户商业全貌。用户画像为产品的设计提供了足够的信息基础，它可以帮助产品经理迅速找到精准用户群体。

### 产品经理为什么要做用户画像

产品经理设计产品的最终目的是给用户使用，因此脑海当中必须明确用户会在什么情景下使用产品，产品在什么情况下将会满足特定用户的需求等，只有这样进行产品设计，才能满足用户的使用预期。但是，有的产品经理在设计产品时会不小心跑偏，无意之中将个人喜好掺入其中。

举个例子，产品经理在设计一款广场舞产品时，主要针对的是 50～60 岁的老年用户。但是为了美观，在产品字体方面，无论是字体大小还是样式，全都设置得符合年轻用户的调性，在这种情况下必然会导致部分目标用户群的流失。

因此，依据产品特性为用户画像，是防止产品经理跑偏的有效方式。除此之外，详细的用户画像还有助于帮助产品进行推广。

如上所述，如果产品经理所设置的广场舞产品主要针对的是 50～60 岁的老年

用户，那么可以针对这些用户寻找一个共同特征：这些人基本上都处于退休状态，日常生活很有可能会围绕着孙子孙女转，与之相对应的小孩可能也在上幼儿园。因此，产品经理可以在幼儿园的门口进行地推，宣传自己的产品。

正是由于有了精准的目标用户，并且根据用户来分析其相应特征，产品的推广才能更加精准化。由此可见，依据产品特性进行用户画像，还可以为运营推广提供支持，进而提高推广效率，甚至提高 ROI(Return On Investment，投资回报率)。

## 用户画像分类

有许多人都不了解，用户画像其实也是可以分类的。

1. 虚拟用户画像

最初在用户画像这一概念形成时，用户画像是指通过对用户进行调研，以此来了解其多方面的信息，再将这些信息进行分类和聚合，进而形成部分具备典型特征的虚拟用户。虚拟用户画像因为缺乏数据支持，自然粒度相对而言较粗，精准度也比较低。

"画虎画皮难画骨，知人知面不知心"，这句话与虚拟用户画像还是相契合的。虚拟用户画像仅仅能够反映出用户的性别、年龄等表面特征，难以深入了解核心层面的信息内容。

2. 数据用户画像

随着互联网的不断发展，用户信息、行为数据等累积得越来越多。与此同时，大数据处理和分析技术也在不断完善，能够对用户的相关信息进行分析，进而获得每一个用户的基本特征。特征是根据用户的生活习惯、消费行为等信息进行具体化标签的体现，是每一个用户都具备的独特的符号化表现。在这种情况下，用户身上的标签聚集便属于数据用户画像。

数据用户画像为每一位用户都进行了精准计算，这样更加贴近用户的真实情况，以此来体现其独一无二的特征。通常情况下，数据用户画像可用以下形式来表现，如图1-4所示。

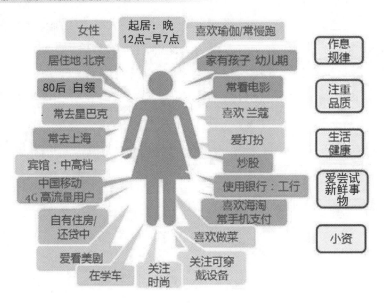

图 1-4　数据用户画像的表现形式

### 用户画像注意事项

首先，用户画像需要建立在真实的数据之上。

无论建立用户画像的数据是内部的还是通过外部引入的，都需要保证真实性，虚假的、无用的数据是不会为自己的产品带来任何好处的。

以广场舞产品为例，虽然在 App 中注册用户很多，但是其中有从其他渠道引进的低活跃度用户，他们几乎不用广场舞产品。在建立用户画像时，要将这部分用户的数据淘汰。

其次，多个用户画像，考虑用户优先级。

通常情况下，在建立用户画像时不要超过 3 个，否则会让产品设计变得无所适从。一般来说，在进行产品设计时，首先考虑的必然是最优级的用户画像；在不影响原本效果的情况下，可以适当满足次要用户画像。另外，如果产品的复杂程度较高，那么在设计大多数板块时，都应该以最优级的用户画像为首。

以广场舞产品为例，其主要针对的对象还是女性，虽然也有男性参与其中，但是相对来说女性用户才是主要群体，因此整体的颜色、排版都可以偏向女性化。

当然，具体的设计也应该以具体的情况为准。

比如，像淘宝这一类购物网站，因为受众较广，会在其中根据不同的人群设置不同的板块。在设计女性用户的板块时，便需要站在女性的角度进行设计：青春风、可爱风等；而如果某一个板块是给男性用户使用的，自然是成熟、大气、稳重的风格更适合。

最后，用户画像要不断地进行修正。

也就是说，在进行产品设计时，产品经理需要厘清自己的目标用户主要是什么样的人群。即使如此，在产品真正设计出来后，仍然难免与实际情况有所偏差。针对偏差的情况，产品经理自然需要修正，然后当数据更加丰富之后，用户画像可能还会需要修正。

以广场舞产品为例，比如目前在北京进行推广，那么目标用户可能是已经退休的老年人居多；但是，如果推广地点转换为一个三线的小城市，那么用户画像中地域分布自然主要集中于当地，用户画像与北京的自然有所不同。

用户画像是将用户行为数据进行具体描述的变量集合，可以说是相当复杂，特别是当产品发展成熟之后，场景业务将会越来越丰富，此时便需要设计不同的标签，高度归纳全面而丰富的用户画像。

最后，值得一提的是，每个产品都需要根据自己的特性来建立用户画像，比如，相亲类 App 会对用户的年龄、家庭情况、经济状况等因素比较注重，另外还可以适当加入身高、体重、兴趣爱好等；金融类 App 则更在乎年龄、经济状况、信用状况等，像一些相貌、星座等都属于无关紧要的内容。

### 1.1.3　场景：营造场景，触发情绪，引导用户

场景是引导用户使用行为的重要因素，产品经理通过塑造不同的场景，所引导的用户流量也会有所差别。因此，如何挖掘产品的使用场景，是产品经理必不可缺的重要技能。

早期许多产品团队在推广产品时，往往都通过微信群、QQ 群等场景来进行宣传，即便现在仍有不少人在这样做。我们首先来还原一下这种推广方式，如图 1-5 所示。

图 1-5　早期推广方式

但事实上，这种推广方式一般收效甚微。频频发广告往往只会获得两种结果，第一种是被群主清理出群，第二种是更多的群成员效仿这种做法，而这些群将会变成广告群，长此以往，其他人就不会有兴趣点开了。在对场景不熟悉的情况下，这种宣传方式相当于"盲式宣传"。

而即便在一些比较活跃的社群中发广告，即使看到广告的群成员并不少，信息的触达率很高，然而转化率却依然不理想。问题在哪里？广告吗？并非如此。问题出现在群成员看到这个广告时，其自身所处的场景。

举个例子，大家在群里热烈地讨论着当红明星的八卦，这时候我们突然发一条跳广场舞的 App 产品推广广告，与原本讨论的内容大相径庭。在这种情景之下，大家虽然看到了这条广告，但是不难想象，这条广告不但难以获得推广效果，还很有可能会让人因为这条广告的出现妨碍了其获取当前的信息而心生不满，自然也就不会有转化率。

讨论明星八卦与跳广场舞并没有直接关系，因此这种场景是没有逻辑关系的。对该事例进行更进一步的思考，可以认为产品经理对于场景十分模糊，并不知道用户会在什么时间、由于什么原因来使用自己的产品。

由此可见，合理运用场景进行推广，将会在很大程度上影响到产品的命运。对于场景，我们可以进行以下两点思考。

第一，场景是追求自我表达和小众认同。

以当下流行的网红电商为例，大家可以发现，从小红书到微博，一些具备一定知名度的名人在展示自家产品时，往往都是通过高清唯美的组图来进行表现。

在组图中，这些名人有可能带着自己的墨镜产品躺在海滩上，或者是背着即将发售的包走在街头上，给人一种十分惬意的视觉享受。

这款墨镜或者背包的价格并不低，然而销量却非常可观，而且复购率也不低。在这种情景当中，商家在前期所花费的获客成本可能仅仅只是拍照选型的费用，但是在激活用户方面却十分有效。

之所以产生这样的效果，既不是消费者的消费观念进行了转变，也不是消费者的口味发生变化，而是由于在上述购物"场景"中，消费者会认为，通过购买这样的产品，自己便可以更加靠近心目中的理想生活。

消费者痛点的源泉之一是消费者的恐惧情绪，而在上述的消费市场中，消费者痛点便是害怕没有过上自己心目中的理想生活。也就是说，在上述场景中购买产品的消费者，其实不一定是由于真的需要这件商品，而是通过网红所设计的展示场景，产生了一种"只要用上这个产品，我就能过上图片中的生活"的印象虚幻。

"有很多时候，很多人并不是因为天气冷，没衣服穿，所以在张大奕的商铺里闲逛，而是被店铺里张大奕精致的生活照所吸引；在某个瞬间，这些人觉得自己只要穿上了她的这件衣服，也能像张大奕一样，行走在清晨巴黎的街头，做一个高知、高质的女人。"

张大奕是当下较为知名的网络红人之一，其开设的淘宝店铺每年"双十一"都能获得不俗的成绩，以上言论正是有自媒体对于消费用户疯狂购买张大奕家的产品所总结的原因之一。

事实上，许多人的日常生活常态都是比较随意的，因此大家每天也都在试图挖掘生活的意义并且爱上生活，以此来希望自己过上理想的生活。而大部分的理想生活都存在一定的虚幻，因此我们需要多维度的场景来满足自身需求，即便这个需求如同空中楼阁般难以触及。

而大部分网红电商给消费者展示出来的场景，便是向其提供理想生活的直达路径：通过购买他们的产品，离理想生活就会更进一步。

由此可见，消费者购买产品，不一定是因为产品本身，而是产品所触及的场景以及在这种场景之下自己所投入的情感。所以，一个优秀的场景必然是能够满足消费者实现自我表达的要求，并且获得消费者认同的。

第二，场景需提供追求完美的可达性。

举个例子，当红男明星晒出一张自己在跑步的照片，照片当中，他穿的跑步套装非常亮眼，这时候大家可能会想："男明星都有专业的形体管理师对其身材进行管理，还能够获得赞助商来赞助他们的私人服装，真好！"

但是，如果将这个当红男明星换成一个普通人或者是网红，同样是穿着非常亮眼的跑步套装，这时候大家的想法可能会发生改变：这个人平时不是这样的，但是今天穿的衣服真好看，显得很有朝气。于是，消费者便会因此产生购买行为，因为在消费者眼里，这是衣服的效果，他只要买了这件衣服，他也能拥有这样的效果，甚至超越那个人。

在传统的产品营销过程中，有很多品牌营造的体验场景，都是通过斥巨资邀请一线明星来打广告，以期打造出惊人的宣传效果。但大多数情况下，都是昙花一现，收效甚微。

事实上，站在消费者的角度来看，上述体验场景能够让他们感受到产品所带来的冲击，但是却无法在这种场景中投入情感，因为宣传时所营造出的大牌明星的使用场景，会让消费者产生距离感：这与他们真实的生活水平相差甚远，自然会令人望而却步。

由此可见，消费也会产生级别，当使用场景与消费者的真实场景相差过大时，虽然往往能够引发消费者羡慕的情绪，但这种场景并不利于激发消费者购买欲并且实现商业转化。事实上，场景的目的应该如案例中所述："也能拥有这样的效果，甚至是超越那个人"，而不是"你很优秀，我达不到你的水平"。也就是说，塑造一个好的场景，会让消费者感到追求理想生活的可达性比较高这一点。

那么，在对场景有了上述认知之后，接下来我们便来了解一下如何塑造一个有效的场景。注意，这里说的是有效，而不是一个好的场景，这主要是由于"好"的概念比较抽象，大家不容易抓住场景应当具备的特点。塑造一个有效的场景，应当做到以下3点。

1. 建立用户接受的场景并且有进入场景的信号

有不少产品经理在进行营销活动和宣传时，不考虑建立用户使用场景的必要性问题，尤其是小白级别的产品经理。但是对于用户来说，一个贴近用户的环境更适合接受营销，也不容易引起用户的反感。单纯而抽象的营销环境能够产生的价值不大，只有在特殊的场景中才能起到相应的作用。

另外，每一个有效的产品，必然是在某种情景之下将用户真实存在的问题予以解决，同时为用户带来相应的价值。对于特定的产品使用场景，也许一开始并不要求固定的时间段，但只要用户进入这一场景，便应该出现明确的开始信号。

比如，"碎片化时间"是一个场景，并且没有固定时间段，它可以是上班路上、下班路上，也可以是排队中、无聊时，用户只要处于这种状态，便能够立刻意识到进入"碎片化时间"场景当中，这便是场景的开始信号。

另外，一个有效的场景必然是存在确定性的，也就是说，对于进入场景的时间段应有相对应的定义，而不能仅仅是模糊的指代性描述。

比如，冲锋衣有没有用？这便是模糊的指代性描述，比较抽象，自然没有太大意义。而结合一个确定的场景，便会不一样：登山的时候，冲锋衣有没有用？下雨的时候，冲锋衣有没有用？吃饭的时候，冲锋衣有没有用？

在这种情况下，大家理所当然地会意识到，在吃饭场景当中，冲锋衣是没有用的。由此可见，产品经理需要为产品创建一个场景，并且围绕这个场景进行相对应的活动。

2. 能让用户停留的空间

不要误以为用户进入到场景当中便是大功告成了，因为在真实的情况下，用户虽然进入相对应的场景中，但对于产品的认知、情绪等并不稳定，极有可能会由于某种原因而退出场景。

在这个阶段，我们要注意一个关键词：停留。产品仅有空间是不够的，还需要用户在这个场景当中停留，进而思考、感受产品。更多的时候，产品经理要做的是引导用户进入其所预设好的场景当中并且使其停留。需要注意的是，这个场景必须是真实存在的，并且符合用户的行为习惯，而不是一个虚假的"假设体"。

我们继续对这样的场景进行分析。一般情况下，用户接触产品可以分为两种情况：一种是进入之前已经有了明确的目标，比如大多数用户进入当当是为了购买自己想要的那本书；另一种是购物目的不明确，比如进入淘宝随便闲逛。在第二种情况下，如何让用户停留并且激发其产生购物的冲动行为，便是产品经理要考虑的重点。

想要做到这一点，便需要做到让用户与产品经理创造的场景中产生共鸣，让用户产生"我一定要买/用这件产品"的冲动。事实上，纵观市场上能够触发用户沉浸式体验并且长时间停留的产品，基本上都是流量的超级入口，比如抖音短视频、王者荣耀、微信等。

3. 能触发用户的情绪

举个例子，一名教师在课堂上就吸烟的话题，会向所有的学生宣扬：吸烟有害健康。但事实上，可能私底下这位教师本身也是抽烟的。这主要是由于在课堂上，教师的身份要求其更加理性，主要关注点在于学生，他知道他的身份不能给学生带来任何负面的影响。但是在私底下，抛开了教师的身份，其思维模式已转为感性状态，关注点在于自己。

再举个例子，在现场听演唱会与自己拿着手机来听歌，两种感受是不一样的。演唱会能够有效拉近大家与演唱者及其音乐作品的距离，进而促使用户处于一种较为亢奋的情绪状态。与此同时，在亢奋的情绪状态的推动下，只要是能够延续和维持这份情绪的行为，用户都极有可能前去尝试。这也正是为什么演唱会门口售卖的相关的明星衍生品的销量都不错，但是在普通情景下，销量并不如意的原因。

由此可见，理性往往会使人的行为更加节制，尤其是在身兼多种角色的时候，用户往往会考虑当前所处的角色，来做出符合这一角色的行为。

建立在这一认知的基础上，产品经理想要让用户接受自己的产品，便需要营造出让用户趋向感性的场景。情绪是主观认知的具体体现，因此，在触发用户感性的情景当中，更容易获得预期效果，比如激发用户产生消费行为。而真正能够触发用户情绪的场景，便极有可能发展为流量的超级入口。

## 1.2 产品经理提升自身能力的 3 个维度

产品经理不是设计师也不是业务员，而是一个创造者。用户使用产品，对于产品的评价通常只有好与坏，但是作为产品的负责人，产品经理自己必须具备相应的能力，以此来透过现象洞察本质。在此，我们根据多年来对用户研究与产品设计的工作经验，将产品经理提升自身能力拆分为 3 个维度，分别是：同理心、逻辑+想象力以及信息处理能力。

## 1.2.1　从用户出发的同理心

在综合性学术刊物《现代企业文化》当中，曾经刊登过 360 创始人兼董事长周鸿祎的一段话："我觉得我是 360 最大的产品经理，当然，我认为这不是因为我有多么成功，而是因为我曾经是最大的失败者，曾经在用户体验上犯了非常巨大的错误，甚至被别人骂得狗血喷头。很多人看到的是我投资和参与做的成功产品，但没有看到背后还有很多不成熟的功能、不成功的产品，这些失败没有被大家所关注和记得。但正是这些经验教训，才帮助我做出更好的产品。我觉得要成为优秀的产品经理，还得有'四心'。"

在周鸿祎所总结出来的"四心"当中，第二个"心"，正是同理心。周鸿祎总结的第一个"心"，是为产品负责的"用心"，是一个敢于承担责任的"大我"方向，而"同理心"则是一个小我、忘我甚至无我的方向。产品经理设计产品，无论其中加入的技术有多优秀、外观有多好看，全都需要遵循一个原则：从用户的角度出发，注重用户体验。

用户体验为什么不叫产品经理体验或者其他名称？正是由于所有的产品都需要从用户的角度进行设计。产品经理觉得好的产品，用户不一定会买。要知道，许多时候用户选择产品的原因，与专业人士选择产品的原因相比会大相径庭。有时候用户选择使用或者购买一件产品，原因非常简单，但是专业人士可能会通过性价比、流畅性等各个方面进行考虑。

对于许多人来说，学会从用户的角度出发考虑产品的设计，看起来很简单，真正做起来却非常难，即便那个人是比较成熟的产品经理。这主要是因为无论个人是否成功，但是随着工作经验的不断增长、阅历的丰富，许多人在思考时的第一切入点都是："我认为""我以为"等。事实上，丰富的经验很有可能会导致产品经理强化自我，因此在设计产品的时候，通常都是从自己的角度出发来为自己设计的。

另外，在进行产品设计的相关讨论时，出现激烈的争论时有发生，甚至许多情况下都争执不下，这主要是因为大家都认为自己才是正确的，对方是错误的，但是都没有统一从用户的角度考虑问题。

因此，产品经理需要运用自己的同理心，从用户角度出发来考虑问题，也就是大家俗称的"将心比心"。运用自己的同理心对于许多人而言，不见得是能力的问题，更可能是一种心态问题。

周鸿祎在教导360公司的员工时，对他们的心态要求是这样教育的："像小白用户一样去思考，思考完了得出结论，像专家一样采取行动。很多人颠倒过来了，像专家一样思考，像白痴一样采取行动。"

为了能够做到这一点，周鸿祎以身作则。周鸿祎自己作为一个产品经理，面临的挑战之一是长期被用户骂，但是周鸿祎经常亲自看用户骂的帖子，接收相应的信息，同时还会在新浪微博做360的客服。这些行为不是为了作秀，而是为了能够更加了解用户的想法。

为了能够真正掌握用户的想法，周鸿祎经常会买一些面向大众的杂志，主要内容都是针对中低用户进行电脑知识普及。周鸿祎在查看这些文章时，若从一个专业者的角度来看，会认为一些文章很可笑，因为里面所普及的电脑功能等相关知识，早就已经过时了。然而，为什么还会有这样的文章出现对用户进行普及呢？原因在于用户真的不知道该如何使用产品。

从事产品经理这一职业久了，便很容易进入误区，即经常参与专业性的论坛时，同行业的专家进行讨论，最后得出的结论都是专业的人群。然而，按照我国目前的市场情况来看，被专业人士共同认同的产品，往往普通用户都觉得很难认同，偏偏普通用户才是产品的主要使用者，这也是当前市场当中出现的一个巨大的鸿沟，尤其在互联网行业当中表现得更加明显。而在面临这一鸿沟时，产品经理需要跨越过去，从用户的角度出发，才能设计出真正的优秀产品。

在意识到这一点后，周鸿祎将自己的状态调整为专业状态与白痴状态，并且为自己设计了一个"按钮"，以此来迅速切换自己的状态。对自己的这一理念，周鸿祎认为与微信产品的负责人张小龙的观点不谋而合，大方向都是如此。

而经过不断的历练之后，周鸿祎养成了习惯。每当公司内部的产品经理设计好一款产品，并且交给他使用时，鉴于他自身便是程序员的原因，设计的产品以及涉及的技术并不少，因此寻找每一个功能都比较容易，多动两下鼠标便能做到了；又或者说对于产品功能的描述比较晦涩，也只是稍一思考便能明白。但在此时，"白痴状态"的周鸿祎出现了。通过状态切换，当"白痴状态"的周鸿祎对于这个产品依然能不假思索地去使用的时候，说明这个产品的设计是流畅的。

即便是周鸿祎自身所设计的产品，周鸿祎也会通过这种状态来检验产品。专业状态的周鸿祎来设计，"白痴状态"的周鸿祎来使用，如果使用过程中感到别扭或者产生其他不良好的情绪，那么周鸿祎会立刻通知产品经理，这个产品的用户体验有问题。

事实上，大多数产品经理设计产品，至少有一半的灵感源于用户。当然，不是说用户会将设计产品的具体做法告诉产品经理，这样的话产生的灵感就会过于繁杂。不可能将用户的每一个需求都满足，不然会被用户牵着鼻子走。

产品经理应该学会将用户需求同理化，也就是将自身放在用户情景当中，进而了解用户真正的想法。比如，用户为什么会抱怨产品不好用？抱怨的根源在哪里？通过将用户需求同理化，产品经理可以发现，即便自己设计的产品在自己眼里再优秀，此时此刻也会觉得问题层出不穷。而在不知不觉间，产品经理会将这些问题逐渐完善。将用户需求同理化、通过从用户角度出发的思维模式，是不断进行自我挑战的一种方式，可以有效提升用户体验。

## 1.2.2 逻辑+想象力：创新而不出格

在电影《X战警：逆转未来》当中，有一个很有趣的界面和交互场景，即X教授的"密室"当中，屏幕、键盘等都是采用触控技术的虚拟场景，而当金刚狼回到过去时，我们可以发现X教授的"密室"中变成了仪表盘和开关的场景。事实上，场景之间的变化很好地诠释了想象力是建立在逻辑的基础上的这一点。当人们的逻辑能力没有达到一定水平的时候，想象力也将会受到一定的限制。这一理论同样也适用于产品经理，对产品经理提升自身能力可起到不可替代的重要作用。

爱因斯坦曾说："想象力比知识更重要。"而我国的童话大王郑渊洁也曾经说过："想象力和知识是天敌。人在获得知识的过程中，想象力会消失。因为知识符合逻辑，而想象力无章可循。换句话说，知识的本质是科学，想象力的特征是荒诞。"但事实上，这些观点可能并不适合用于产品经理身上。

美国加州大学伯克利分校的心理学教授艾莉森·高普尼克(Alison Gopnik)在2014年推出的书籍《宝宝也是哲学家——幼儿学习与思考的惊奇发现》(The

Philosophical Baby)中,将逻辑科学与想象力之间的关系进行了研究,并且总结出:正是由于逻辑关系的认知,想象力才成为可能。

人是不会飞的,但是会想象自己在天上飞,这一想象的源头在于人看到了天上的鸟在飞。虽然人没有翅膀,无法飞翔,但是我们根据鸟在飞的逻辑设计了飞机。因此,从这一个角度来看,我们已经解决了"人在天上飞"这个问题。在进行产品设计时也是如此,产品经理虽然需要不断地发挥自身的想象力,但必须存在一定的逻辑性,做到创新而不出格。

关于这一点,今日头条 CEO 陈林也予以认同。2018 年 11 月,今日头条举办生机大会。在接受采访的过程中,陈林首次系统地阐释了自己的产品理念,表示:"我觉得一个好的产品经理,要具备三种能力:第一,他有同理心……第二,逻辑,这是各行各业通用的能力,有了逻辑之后,才能印证你的想法靠不靠谱。第三,想象力,视野。基于你对用户的同理心、逻辑,再往前想得更远,想象力就能发挥这个价值。三种能力必不可少。"值得一提的是,陈林早期加入字节跳动(今日头条母公司)时,便已经先后担任了多款产品的产品经理,他是从产品经理成长为今日头条 CEO 的,因此其提出的建议具有一定的可信度。

产品经理在进行产品设计时,必须构建一个具备自洽性的想象空间。自洽的英文表述为"self-consistent",我们可以看出这个词语的严谨性。简单来说,自洽是进行逻辑推演时,能够证明自己的逻辑性不存在错误或者不自相矛盾,是一个非常高的要求。

在此,我们以电影《阿凡达》为例:剧组必须向观众解释为什么有些山可以在潘多拉星球悬浮——这是因为这些山上存在某种矿石,而这一类矿石当中含有常温超导物质。除此之外,潘多拉星球的磁场是紊乱的——人类到达潘多拉星球,目的正是为了矿石当中的常温超导物质——潘多拉星球的磁场紊乱是由于附近有行星的缘故,同时由于磁场紊乱,潘多拉星球上的动物存在一定的感应能力……

不仅如此,剧组还需要估算这个星球的大气密度等因素,并且这个星球上所生存的生物是否符合星球环境的逻辑等。而生物之间进行沟通,还需要特定的语言与符号,这些应当如何展示出来?

这一系列下来,我们可以发现每一个架构设置都是符合逻辑的,相互之间能够解释得通。回到上述话题,也就是说,在这个想象空间当中,产品经理必须解释清楚每一个设计之间的逻辑性，比如为什么 A 设计可以与 B 设计相融合等。

我们可以发现，以上想象绝非天马行空，而是通过步步为营地串通逻辑而来的。因此，《阿凡达》当中所出现的植物并非凭空想象，而是受到海洋生物启发，再进一步发挥想象力演化而成。

为什么想象力需要建立在逻辑的基础上？因为解释不清楚的内容是无法串联成实物并且展现给用户的。也正是因为想象力需要建立在逻辑的基础上，产品经理在设计产品时的难度才会加大，才要求产品经理不断地提升自我能力来实现这一目标。

20 世纪最重要的物理学家尼尔斯·波尔(Niels Bohr)曾经说过一句话："We are all agreed that your theory is crazy. The question that divides us is whether it is crazy enough to have a chance of being correct.(你的理论的疯狂是个不争的事实，但令我们意见不一的关键是，它是否疯狂到有正确的可能。)"

换句话说，想象力是存在的，但是想象的方向是否正确、想象力是否能够实现等，还需要逻辑奠定基础。

### 1.2.3 可处理大量信息的能力

产品经理这一职位发展到不同阶段，处于不同环境，需要掌握的核心能力是不一样的。比如，对于初级产品经理而言，能够具备高质量高效率的输出能力已经是很不错的表现了。随着其工作经验的逐渐丰富，则要求对于市场以及用户需求具有一定的理解能力。而对于一个已经成熟的产品经理而言，商业能力、战略能力、战略规划能力以及团队影响力等都是核心竞争能力。

但是，对于任何阶段、任何环境的产品经理而言，有一种核心能力是贯穿始终的，并且扮演着举足轻重的角色，甚至会影响到与其相关的一切，这种能力便是产品经理对于各类信息的处理能力。接下来我们谈谈对产品经理的信息处理能力的 3 点理解，如图 1-6 所示。

1) 对信息的处理能力是产品经理获取用户需求的前提

在产品经理的工作当中，了解用户需求并非其最多的工作内容，对于信息的处理才是，而了解用户需求只是信息处理的其中一项。

一个产品设计理念从 0 到 1，需要考虑的内容不仅仅是前文提到的需求或者场景，还包括团队、资源甚至时间等信息内容。只有全方位地收集信息并且将其进行处理，这个产品设计理念才有可能转化为真正的产品。

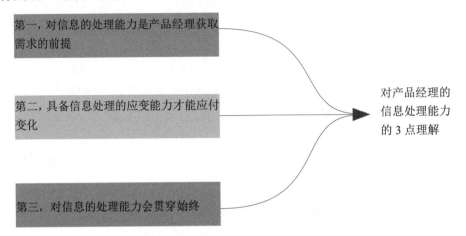

图1-6　对产品经理的信息处理能力的3点理解

事实上，产品经理并没有生产任何产品，其工作内容只是将自己所获取的信息进行处理，再通过可视化的形式将所处理的信息结果展示出来。而用户需求是一直都存在的，无论有没有产品经理或者是相对应的产品，需求都在绵延不绝地产生，关键在于产品经理是否能够在大量信息当中将需求提取出来，进而将需求最本质的内容展现出来。要做到这一点，便要求产品经理具备极强的信息处理能力，甚至将其发展为核心竞争力。

客观来说，在众多产品经理所经手的项目当中，最重要的不是如何将产品落地的技能，也不是凭借想象力来挖掘的想法，而是对于大量信息扑面而来时的处理能力。对于这一点，在产品经理所涉及的一人多职的项目当中，表现得尤为明显。

2）具备信息处理的应变能力才能应付变化

需求变更是产品经理们工作当中的常态，而每一次变更，都意味着原本的计划、节奏都需要因此而做出改变，但是给改变提供的时间却不一定多。

通常情况下，产品经理面临需求变更的原因有两个，第一是自身考虑不全面，换句话说便是对于需求的理解能力不足；第二是有新的信息内容突然介入。前者是产品经理另外一种能力的练习，后者是我们要讲的内容。

由于新的信息的介入导致发生变化的，往往都是需要依托第三方的决策来对自身的产品进行调整，比如受到上游约束的合作性产品、受到政策影响的网约车产品等，这一类产品或多或少都会受到新的信息介入的影响。

在此，最经典的案例莫过于滴滴。滴滴曾经面临过封杀，但即便如此，仍然还是趟出了一条生路。如果我们作为滴滴的产品经理，某一天在毫无预兆的情况下，突然各个地区的运营负责人都在汇报大量信息：滴滴的产品遭受前所未有的危机。在这个关键时刻，我们应当怎么做才能确保滴滴渡过难关？当然，这一问题没有统一的标准答案，但只要最后能够达到目的，那么产品经理的信息处理能力就是合格的。

与之相应的，一位产品经理的信息处理能力如果不是很好，那么在面对新的信息内容突然介入的情况时，很容易处于手足无措的慌乱状态。这种状态与经验无关，只是单纯的信息处理能力不足所导致的。

值得一提的是，对于信息处理能力，其实体现为将复杂的信息进行简单化处理。事实上，善于处理信息的产品经理其实也都具有一些共同特征：他们似乎永远都很镇定，不会因为某些事情的突然发生而感到急躁和懊恼。大家眼里所看到的、感受到的恶劣的情况，对于这些产品经理而言，只是信息发生了变化，但是内容的本质是没有发生任何变化的。这就相当于简单的"1+1"变成了"1+2+3"，即便信息内容发生了变化，但本质上依然还是计算。

3) 对信息的处理能力会贯穿始终

产品经理需要一直对各种信息进行处理，因此其信息处理能力将会贯穿在整个行业当中，无论是小白级别的产品经理还是大神级别的产品经理，都不能避免这一问题。因此，产品经理的信息处理能力还可以作为其个人能力的判断指标。可以说，产品经理的信息处理能力越强，产品能力也会随之而加强，反之则相反。

除此之外，产品经理对信息的收集、处理等能力的提升，都是其从初级跃升到中级的一个突破瓶颈的有效方式。而对于大量信息的突然介入，产品经理的应变能力则是其能否成为高级产品经理的重要判断标准之一。

由于产品经理发展的不同阶段，对于信息处理能力的要求都不一样，因此每当发展到一定程度时，信息处理能力的突破就成为产品经理发展的瓶颈。但是一旦实现突破，产品经理应该能够感受到自己对信息的处理能力明显增强，具体体现为做出决策的时间越来越短、对于产品需求的理解越来越有深度等。更重要的是，产品经理能够明显感受到，在同一单位时间内，自己所处理的信息量越来越多。

## 1.3 如何在职场一步步成长为优秀的产品经理

坊间传言，产品经理月薪 5 万元，引来众人的艳羡，并且纷纷一头扎进产品经理的行列当中。但事实上，获得高薪的只有优秀的产品经理。

"职人社"是一家专注于互联网职业成长的社群平台，其创始人黄海均曾经表示："市场上不缺产品经理，初级的产品经理太多了，就缺优秀的产品经理。"也就是说，产品经理应当一步步提升自己，进而在其职业生涯历程当中不断成长，最后成为优秀的产品经理，实现自己的目标。

### 1.3.1 典型产品经理职业生涯历程及所应具备的能力

产品经理职业生涯可规划为 3 个职位，分别是产品经理助理、产品经理以及高级产品经理。而产品经理与高级产品经理的基本职能几乎一致，在此可以结合起来共同介绍。

1. 产品经理助理

产品经理助理可认为是准产品经理，是目前产品经理职位就职数量最多的类别。产品经理助理具备很高的产品热情，并且对互联网领域抱有很大的兴趣，当然也就具备相应的产品技能。在产品经理助理阶段，这一类别的工作基本是基于产品经理的业务逻辑将产品需求进行可视化。因此产品经理助理在这一过程中往往能够接触到各种工具的使用，比如思维导图、流程图或者原型设计工具。为了提高自身业务能力，产品经理助理通常还会努力了解各方面的需求，进而构建业务逻辑闭环。在产品经理助理阶段，产品经理助理通常需要具备的基本能力可分为基本能力与进阶能力，如图 1-7 所示。

图 1-7 中所体现的基本能力是产品经理助理所应该具备的基础能力，没有这些能力就无法成为合格的产品经理助理；而进阶能力是指由产品经理助理职业进阶到产品经理职位的过程中，产品经理助理应该提升的能力。

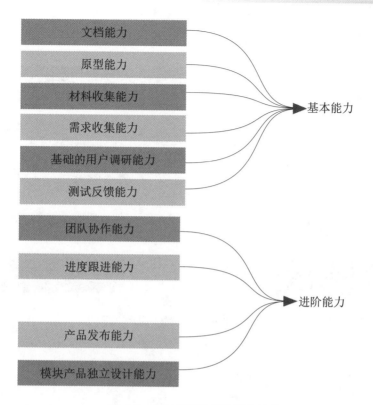

图 1-7　产品经理助理的职业技能

2．产品经理/高级产品经理

通常情况下，产品经理或高级产品经理是将自己的业务逻辑构成一个产品，再由产品经理助理将其可视化。由此可见，产品经理助理的一切工作都要以产品经理或高级产品经理的工作内容作为支撑，否则无法成立。也就是说，产品经理在产品工作中处于核心位置，应具备对产品的宏观掌控能力，而这种能力通常需要多种能力作为辅助，如图 1-8 所示。

产品经理与高级产品经理的职业能力如图 1-8 中所示一般，基本都是一样的。但是二者之间还是存在着不小的差别，下面将以不同的切入点分别进行讲述与辨别。

1）职位定位的差距

普通的产品经理其职业定位通常是负责分内工作，比如产品的设计、开发、运营等，各方面的工作具有独立性，如图 1-9 所示。

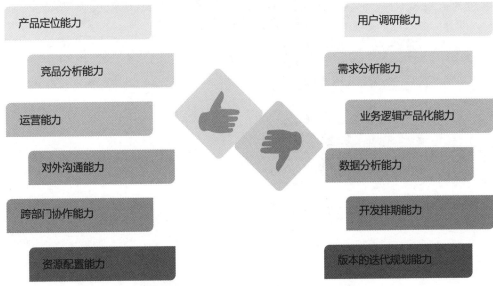

图1-8 产品经理/高级产品经理的职业能力

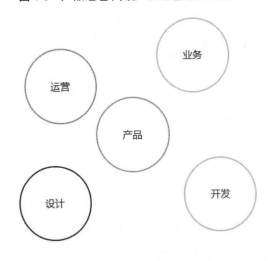

图1-9 普通的产品经理的职业定位图

高级产品经理无论是视野、感知能力还是负责的工作内容，都与其他部门有所接触，并且形成了以产品为核心驱动的协作体系，如图1-10所示。

2) 具体执行工作的差距

(1) 扩展性。

产品需要不断更迭交替。通常情况下，如果涉及增添新功能的任务或需求，产品经理能够联想到的问题只是如何满足当前的需求。这种情况之下，当产品拓展至进一步的需求时,产品经理需要在兼顾旧版本方案的前提下,另行研究出新的方案。而高级产品经理面对扩展需求,通常会考虑到在未来需求演进的情况下,当前的体系是否能支持演进后的拓展。

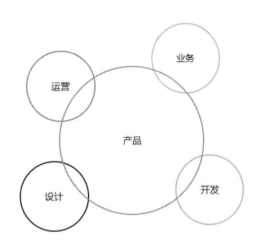

图 1-10　高级的产品经理的职业定位图

(2) 运营的灵活性。

当涉及运营的功能需求产生变化时,普通的产品经理能够考虑的信息内容有限,以了解表面的信息呈现为主,数据的读取逻辑往往没有理解透彻。这样一来,产品经理便无法了解不同方案对运营起的实际作用,以及是否存在潜在的变更风险,导致最后需要不断提交新方案来解决问题。而高级产品经理通常能够进行换位思考,进一步明确需求与应对潜在变化。

(3) 实现低成本方案。

高级产品经理能够准确了解设计点的作用:哪些是真正有效的,哪些只是锦上添花等。因此高级产品经理在设计时能够在既定条件下,合理调整每一个设计点的比例。在确保实际效用不变甚至是有所提升的基础上,高级产品经理往往能够选出成本最低的方案。

而以产品经理的能力,难以做到这点,原因有二,一是无法准确辨别设计点的作用,二是产品经理还无法从抽象角度去感知技术实现的逻辑,也无法预估由此带来的开发成本。

(4) 文档精简程度。

普通产品经理撰写的文档通常是以设计为主，而忽略了表达的重要性，因此大家看到的文档，其内容往往信息缺漏、过于冗长、逻辑混乱。在这种情况下，即便普通产品经理已经花费了大量时间来撰写文档，但是在交付后却仍然要花费大量的时间来应对各种各样的沟通与确认。而高级产品经理能够充分认识到表达的重要性，因此其撰写的文档逻辑清晰，语言简练，开发人员在查看时也不需要再花费大量时间进行再次确认。

(5) 沟通的高效程度。

在口头沟通上，普通产品经理经常需要与开发工作人员交涉半天才能将核心要点交代清楚，而高级产品经理在交涉时，即便对方只说一半，便能将对方剩下的话简单概括并且表达出来，进而缩短交涉时间。这一点背后所反映的往往都是产品经理对技术的理解程度以及换位思考的能力。

(6) 项目管理流程。

不少人通常花费大量时间游走于各方，并且认为自己的工作勤奋、踏实，但事实上获得的收益与付出并不成正比，而普通的产品经理往往属于这一类人群。事实上，针对这一状态，高级产品经理由于各方面的能力较强而能够迅速总结原因，进而在项目管理流程上与团队达成共识，取得更高效的结果。

总而言之，普通产品经理缺乏对产品的主动思考能力，而高级产品经理将会不断思考关于产品的未来发展，并且在行动上做得更为高效。产品经理助理相当于职场中的小白，虽然具备基础能力，但其需要学习的内容却是最多的。产品经理的职业生涯往往是从产品经理助理进阶到普通产品经理再到高级产品经理，成为较高的高级产品经理还能进阶为企业的CEO，走向事业巅峰。

## 1.3.2 可实现产品经理职位跃升的学习方法

产品经理成长过程无非是产品经理助理、产品经理以及高级产品经理，在此我们也将提出与成长阶段相对应的弯道超越方法，进而促使产品经理能够更快速地成长。上文我们也提到，产品经理助理需要学习的内容是最多的，因此在成长中的弯道超越中需要讲述的内容也比较多。

1. 产品经理助理阶段的弯道超越方法

1) 建立自己的知识库、资源库/模板库

产品经理助理阶段需要不断积累知识、技能与经验，而产品经理助理建立自己的知识库，就相当于学生的精简参考知识点一样，可以迅速找到参考内容并且多次使用。更重要的是，产品经理助理建立自己的知识、资源库能够为后续的进阶做准备，产品知识不断丰富相当于资源累积，能够给产品经理助理奠定良好的进阶基础。

产品经理助理建立自己的知识库，可以在遇到专业的相关文章时收藏起来做知识储备，方便自我内部消化。在进行新的产品设计时，产品经理助理还可以翻阅过去积累的知识库，这往往比临时查找资料的效果要好。

另外，产品经理助理可建立一个属于自己的资源库或模板库，库中内容小到基本的原型控件，大到系统框架模板，都应该囊括其中，作为日后进阶产品经理的基础。

2) 形成自己的规范

产品设计规范能够带来简洁、流畅与高效的效果，产品经理助理在工作时，小到一个文件夹的命名，大到产品设计、思考思维等，都可以按照规范化的步骤走。规范化会给产品带来美观，而不会限制产品优势的发挥。

比如，上述提到过的 PRD 是产品落实之前的申请步骤，能否通过将决定产品能否落实。如果产品经理助理在撰写 PRD 时，由于排版不规范等给审委会留下不专业的印象，那么该产品的申请结果可想而知。因此，针对 PRD 的撰写，产品经理助理可以根据我国要求用 WORD 来表达信息的排版格式要求来进行：首先思考撰写目的(想要把 PRD 撰写得规范、好看)，其次思考方法(可模仿优秀产品)，进而针对方法提出疑问(总结优秀产品，了解什么样的 PRD 才是规范的、好看的)，最后提出解决方案(自己撰写出规范化的 PRD)。

3) 关于曲线模型学习法和其实操方法论

酷 6 创始人、混沌大学创始人李善友曾在"第一性原理"的课程中提到过归纳法的曲线模型。这种模型是产品经理助理学习的一种有效方式，如图 1-11 所示。

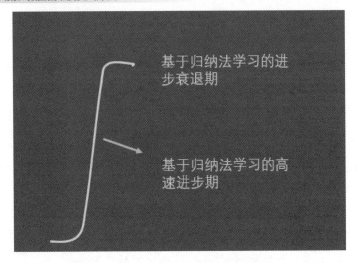

图 1-11 归纳法的曲线模型

归纳法的曲线模型表示在通常情况下,产品经理助理学习技能与知识的过程。在学习之初,产品经理助理能够根据资源与信息,快速获取知识或技能,成长速度非常快。然而随之而来的是学习中必须经历的衰退期,即花费同样的时间来学习相同的知识或技能,但是从中能够获取的信息却越来越少。

举个例子:产品经理助理初期学习 Axure 工具的基本操作时将会发现,在教学视频中,仅有两成的时间讲述了八成以上的常用操作方法。而随着学习难度的逐渐加强,产品经理助理投入同样的时间,能够学习到的操作内容却是递减的。除非产品经理助理采用演绎法来为学习 Axure 操作而开设新的学习曲线,在精进技能的过程中而学习。

归纳法与演绎法的模型给产品经理助理提供了两种学习途径,一是在进入衰退期之前,产品经理助理完结这一学习曲线,并且开启其他的学习曲线;二是在曲线上升时,产品经理助理花费密集的时间投入学习中,而曲线开始下降后,产品经理助理学习其他工具内容,比如 Excel、PPT 等。

密集的归纳法学习能够帮助产品经理助理快速、高效地获取信息,如果产品经理助理想要在这一方面精进学习,可以继续开设新维度的曲线。但需要注意的是,如果产品经理助理并不注重某一类型的学习,认为只是辅助的基本工具,不建议选择精进学习,最好能够将时间投入到新知识技能的曲线上,这样能够对产品经理助理的职业规划更有帮助。

4) 关于思考问题的升维打击算法

下面我们来假设一个场景：假设一位产品经理助理入职不久，营销部门提出需求，即结合现有产品策划营销活动，而此时产品经理助理的上级要求由其独立负责这一项目。

这一场景对于职场新人而言，是相当有难度的，但却是产品经理职场中非常常见的一种现象。往往初来乍到的产品经理助理会对这一活动感到非常迷茫，不知道应该如何进行分析并将其产品化。通常情况下，不少产品经理助理会直接去百度上搜索——如何结合产品做好营销活动，但是百度提供的参考资料未必能够帮助产品经理助理。

产品经理助理去百度搜索，这种行为是站在策划活动的具体维度上来思考针对活动的具体解决方式，但如果产品经理助理能够将这个问题的维度升高，就可以针对更加本质的核心提出问题。产品经理助理可将自己设想为产品经理的位置并且分析活动便是一个需求，产品经理在面对需求时都会如何分析，然后自己再根据这一分析思路解决下游问题。也就是说，从这个更高阶的思维角度进行思考，那么"如何结合产品做好营销活动"这一更具体的问题也将得到解决。

针对以上两种思维思考方式，我们可以通过图形对比来回溯这两种思考过程，如图1-12所示。

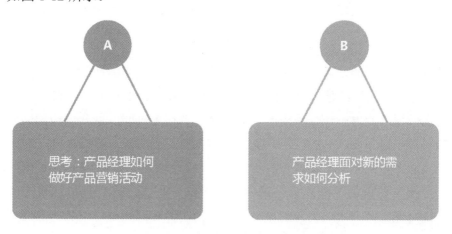

图 1-12　不同思维思考获得的结果对比

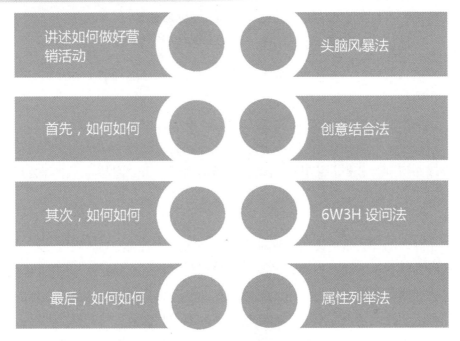

图 1-12　不同思维思考获得的结果对比(续)

这种方式便是"升维打击"方式,即在工作过程中,以更高的维度来解决遇到的问题,这样通常能够获得比较清晰的思路,进而顺利地完成项目。"升维打击"能够帮助产品经理助理了解问题的本质,进而获得更多解决问题的办法。

2. 产品经理/高级产品经理阶段的弯道超越方法

通过产品经理助理阶段的学习,正式的产品经理通常掌握的知识与技能都比较充分。因此在这一阶段,产品经理助理想要获得更大的提升,应当学会批量化输出自己知识的能力。一个优秀的产品经理能否在短时间内培养出与他同样优秀的产品经理,这需要产品经理不断输出价值才有可能实现。除此之外,这种培养并非是线性的,二流的产品经理培养不出与自己同等级的产品经理,三流的产品经理培养出来的产品经理只会是四六九等级的产品经理。只有最优秀的产品经理,才能培养出同等级的优秀的产品经理。而培养时间越短,说明产品经理的价值输出越高,能够获取的成就也越高。

产品经理职业竞争激烈,以同样的起点出发,能够在弯道中超越对手,是非常有效的成长方式,有利于提升自己的竞争力,进而在职业生涯中获取更快速的提升。

# 第 2 章

# 团队：产品经理如何打造一支高效有序的产品团队

> 只有当产品团队具有良好的执行能力与良好的团队协调能力才能维持企业基业长青。产品团队与其他团队的区别是，产品经理本身就是产品团队最大的推动力。

## 2.1 怎样才能建立一支高效有序的产品团队

一支高效的产品团队是企业成功的核心因素，高效的团队往往具有很强的凝聚力。这样的团队，其团队成员都会把公司的事业作为自己的事业，他们每个人都善于发挥自己的长处，帮助彼此完成业务，不计较个人的短期收益，从而促使公司业绩节节攀升。

### 2.1.1 可在信息不完整情况下快速做出决策

Wilson Keenan 在自己的职业生涯中担任过很多种角色，2012 年是其职业发展最辉煌的一年，那年他以 Clover Health 首席运营官的身份，首次担任产品经理，这是因为 Wilson Keenan 之前是一名厨师，在一次偶然的机会中他获得了 Jim Patterson 的青睐，Jim Patterson 的认可代表着 Wilson Keenan 有成为最出色的产品经理的潜能，当时的 Jim Patterson 可称为是行业的佼佼者，他是 2012 年 Yammer（微软愿意出 12 亿美元收购）的首席产品官，现在是一名首席执行官，在大麻技术初创企业 Eaze 中工作。

事实上，Jim Patterson 在雇佣 Wilson Keenan 时，遵循自己一直以来坚持的招聘理念：厨师和士兵有着能成为最出色的产品经理的潜质，应优先考虑。

"在军队和专业厨房这两种环境中，懒惰和优柔寡断是决不允许存在的行为习惯。身处高压环境中，必须全神贯注、迅速工作。"Jim Patterson 这样道出自己选择 Wilson Keenan 的理由，"当 Wilson Keenan 和我说，他已在厨师行业中奋斗过一年的时间之后，我想'他一定非常厉害'，否则肯定会被这个行业的老板炒鱿鱼。"

在军队和厨房工作，都是可以不断充实自己、累积能力的，其中最出色的才能便是快速做出正确的决定。这样看来，出色的产品经理也应能够做到：即便信息不完整，自己也能快速做出决策。

军队长时期的高强度训练，使士兵在拥有不完整信息时快速做出决策的能力得到不断提升。Jim Patterson 最习惯用的一句话是："大方向不存在问题时，就果断往前走，不要迟疑。"产品经理也需要如此的决断力。

由于美国空军飞行员极度高压的工作性质，美国空军创建了"包以德循环"法(OODA Loop)，其中 OODA 代表不同的意思，第一个 O 代表观察(Observe)、第二个 O 代表调整(Orient)、D 表示决策(Decide)、A 是行动(Act)的英文缩写。而这项训练的关键在于其方式的独特，循环交替，每当旧的循环结束，新的循环就继续开始。旧循环中的最终决定总会带来一些不一样的新信息，或许对下一个循环有所帮助，所以你最好整合新信息到下一个循环中。多年来，飞行员长期接受这样的方式进行训练，即在极度高压的环境中快速做出决策，这也使他们越来越适应这份工作。

Patterson 觉得，OODA Loop 也可以作为产品经理的一个非常实用的工具，产品经理借助这个高效工具，也应当可以做出决定，即便有时候自己获取的数据始终是不完全的，"大多数人总会习惯于在掌握了所有信息之后才做出决定，所以他们一直都在不断搜集数据，却迟迟不付诸行动"。类似地，他认为，"和飞行员一样，产品经理应杜绝有这样的行为出现，否则，产品就永远停留在线下，无法按时上线"。

事实上，为了保证循环持续进行，他们需要保持这样的处理程序：首先获取已有的所有信息、立即解码信息内容、果断做出决策然后安排任务。这不仅需要耐心，还需要保持缜密严谨的做事习惯。日积月累的能力训练，可以使训练者在任何时候都可以做出最明智的判断，并做出最好的决策。

过程有时远远重于结果，这也是 Patterson 挑选产品经理时看重的一点，他想找的是注重完善过程的产品经理，而不是在乎完善结果的产品经理。他这样说道，"若一个决策的结果不好，我希望产品经理可以重新仔细回想当初是在什么样的情况下，根据什么信息你做出了这个决定。这样做的好处在于，你可以充分思考到根据当时手头已有的数据，这是否已经是最好的决策了，看看制定决策的流程能否再继续完善"。提出这些问题并经细致认真的思考之后，出色的产品经理都会得到很好的锻炼，不断提升自己的决策能力。

随着社会的发展，高效率成为网络的一个热词，而这也是对产品经理的要求之一；相对来说产品经理的工作经常需要做出决策，无论是大决策还是小决策，对于他们来说都是一种煎熬，因为他们不知道往哪方面思考这个问题，通过什么依据来思考，绝大多数人是利用过去的经验来做参照，无此方面经验的人会不知所措。时常在做不出决策时，产品经理们就会习惯性地在心里默念："怎么办？"产品经理若想要在激烈的市场竞争中抢占先机，学会 Patterson 的快速决策能力或许是一个不错的选择，到底如何快速决策呢？方法论给出的答案如下所述。

**一个原则：不争对错，力求赢得大部分人的赞同。**

在日常生活中，不同的人对于同一个问题会有很多种看法，想法多必然就会出现分歧，要不要做、如何做、做到什么程度，都会产生分歧。有分歧是正常现象，但如果不能正确及时地处理分歧，使讨论转变成一种无限循环的对错辩论赛，最终就有可能导致工作完成延误和留下其他隐患。因此，对于分歧的处理，我们需要遵循的原则是，想法得到大部分人的赞同，并且不存在太大问题，就算可以了。

比如，游戏面对的都是用户，而用户又有着不同的文化背景，不同的文化背景的人就会有着不一样的想法，那么有着相同文化背景的用户，依据他们的思维逻辑和习惯都差不多这一点，就可以果断猜测到如果团队内大部分人觉得可以，那么用户基本上也不会觉得有太大问题，所以对于某一个问题的看法，通常情况下找 7 个左右的人来询问一下，基本就能得出结论。

如果多数人的想法都不存在分歧，团队成员也都觉得可以，这时需要有人出来拍板，然后落实到执行。

但有一点需要注意：由于人类最本质的心理层面最容易突破，所以讨论的时候，应尽量往这方面去谈，比如有的人会经常脱离产品的层面，去与别人进行讨论，还会拿一些生活消费的例子来做类比，比如宝马降到 10 万元一辆会如何、某个游戏装备如果出现定位的突然改变会如何等。如果心理层面不太好攻破，那就只能凭借经验，但是也不必百分之百照搬过去的"经验"！因为这样的人会变成"唯验论"，凡事总是拿自己曾经的经验来做对比，但时代总是在变化的，我们的想法也应紧跟时代的变化。比如，wii 的成功其实包含很多因素，但好像总是有人把 wii 的成功归功于其机型很少，这种结论是难以让人相信的。

从古至今，人们一直倡导合作精神，可想而知合作的重要性，因而我们应多采纳团队的建议，不要认为自己的想法就是最好的，应适当降低自己的姿态，给团队更多的包容，大部分人觉得有道理的东西，就应勇敢地去尝试。

**模型一：用户金字塔模型。**

任何改变总会给不同的人带来不一样的结果，因为总会有人觉得变化于自己而言失去公平性，所以有时我们做的改变，总是赢不来所有人的喜欢，甚至有一部分用户会不喜欢。更惊讶的是即使是一些我们看似全民皆欢喜的改变，还是会有人觉得不公平，并站出来反对。

以游戏举例，例如，全服玩家免费发放一件很好的装备。

有时候哪怕所有人都得到了免费装备，看似都占了便宜，正常情况下不花钱得到礼物，每个人都应该开心才对。但是因为有对比就会有伤害，所以一些玩家在对比自己之前搞到这个装备的辛苦程度之后，心里面就会觉得不公平，就会出来抱怨。还有一些玩家会说：" 装备的定位就应该与之前的一样，因为有的人以前根本打不过我，主要因为他不愿意花钱买好的装备，而如果他现在拥有这个装备，局势就不一样了，他会有一半的机会打败我，这使我感觉很不爽，凭什么我们花钱多的却被花钱少的虐呢？"

所以，不管产品经理做什么决定，都会有一些玩家感到不开心，这时可以采用用户金字塔模型来分析哪些玩家会不开心，不开心的程度怎么样。如图 2-1 所示。

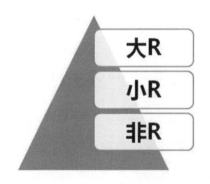

图 2-1　用户金字塔模型

这种方法很简单。

第一步：把自己想象成大 R，比起钱财更加看重优越感，思考产品经理的决策对玩家有什么影响。

第二步：把自己想象成小 R，花钱时先考虑其性价比，思考产品经理的决策对玩家有什么影响。

第三步：把自己想象成非 R，不花钱也能体验到游戏的乐趣，思考产品经理的决策对玩家有什么影响。

换位思考，以上面 3 种身份来看待产品经理的决策，经常会得到不一样的收获。当然了，前提是一开始你就与这些用户非常熟悉，有过比较深度的交流，掌握他们的真实想法，理解他们的真实想法，了解他们在乎什么、不在乎什么。

**模型二：时间轴模型。**

商务网站时常会成为一些用户的吐槽大会基地，在电子商务网站上类似于这种评论"太坑了，昨天卖200，今天卖100，还被我发现了！"我们并不陌生，因为我们或多或少也遇到过这样的情况。

淡水资源逐渐减少，这与人类的不良行为习惯脱不开干系，试想将污水排放在河水里，第一天看好像河里的水没什么变化，第二天看似乎也没多大变化，但是长期发展下去，自然生态系统必然会遭到破坏。

道理一样，各行各业也是如此，有些改变会立即引起一些用户出来反对，而有些改变看似没有问题，但是长期演变发展，有可能会对产品产生更大的威胁。所以，每一个改变，以下3个阶段还需格外注意。

继续以游戏举例，刚做改变的时候，在玩家还没搞清楚整个流程的时候，大R、小R、非R会做出什么反应呢？改变一段时间后，玩家经过实战体验，开始对改变的结果有所了解，这时大R、小R、非R会有什么不一样的感受呢？

长期这么改变下去，是否会对大R、小R、非R带来深远的影响？最糟糕的是玩家数量会不会直线下降呢？这个判断很难，很多人也理不清。

针对上面的状况，我们应该怎么办呢？首先我们需要锻炼自己的预估能力，使自己的预估能力达到这样的程度：能够预估出两个阶段的结果，并且保证预估的结果相对来说是可靠的，而第三个太难了，尽自己的最大努力就好。这个过程需要勇于尝试，需不断试错，总结归纳，避免下一次失误。

紧接着，我们要开始权衡，玩家短期的消极反馈是否需要停止改变，因为改变的一开始或许看不到成效，时间久了就说不定了。Facebook新增的news feed功能就是最好的例子，一开始用户反对数达到了80%，看不到好的反响，而现在却成功逆袭，成了Facebook的灵魂。

以上总结的一个原则和两个模型并不是最好的，因为即便遵循了也还是会有做出不合适的决策的时候，甚至有时的决策是非常糟糕的。所以这只能当作是一个思路，并不能作为最终的解决方案。

这套方法操作起来相对来说比较容易，但又不可小瞧，因为需要大量的基础功底的养成：首先努力熟悉用户、产品的性能等，再则精准了解产品的历史，并勇于试错，积累经验。若基础功底不牢固，这个方法对你来说纯属天马行空，没有任何价值。

## 2.1.2 未雨绸缪，提前做好万全的准备

任何成功都不是偶然的，都需要有十足的准备加上努力。这句话在任何时候都受用。比如从零开始做大型的项目产品，最重要的工作其实是团队需要"未雨绸缪"，其次是厘清用户的角色，解决业务的问题，这就意味着越大的产品项目，越需要团队的稳定性和匹配度。

比如在广受好评的米其林星级餐厅里，有这样一个短语叫作"Mise en Place"。简单翻译一下，指的是"每一件事物都有着自己独一无二的位置，有条不紊"。这也特指厨房内惯用的布置理念，那就是所需的食材和工具都应提前安排妥当，这样可以保证一旦开始做饭，所有的厨房员工都可以有序地快速地工作。而在 Patterson 看来，在开发产品之前，最出色的产品经理就应未雨绸缪，做好一切准备，如此才能赢得最大的胜算。

厨师这份工作需要人具有近乎完美的速度和反应能力。这是因为顾客有时都是数十桌的，客人来来往往，加上厨房内部工作环境的复杂性，走进厨房，上百种食材需要处理和熟悉，以保证在短时间内炒出的菜肴是口味极佳的，装盘时精致且具有吸引力，让顾客的味蕾和视觉得到不一样的感受，而做到这些的前提是餐厅开门前，必须做好所有的准备工作。

在初创企业，产品经理如同厨师长，那些工程师们则是厨师，最终产品的创造离不开他们的才能和细心。如同厨师的这种高压工作环境，就要求产品经理必须明确好产品要求，在有需要时及时提供资源，并且清除一切障碍，保证生产率的稳定甚至提高，这些准备工作是最关键的。这也是最出色的产品经理常常会在乎的一个步骤，所以他们会在这方面倾注更多的时间和精力。

合作才会赢得更大的胜算，和厨房工作性质一样，开发产品也讲究合作，产品经理也需要参与其中，因为需要他来观察并发现团队成员工作交接时出现的问题，并及时解决，他此时代表的是工程师和设计师。开发产品时，一般情况下最好不要出错，因为其允许出错的空间极小。这就好比厨房中有一个人落后了，那

么整个"厨房"的进度都会受到影响。若你的准备工作已经非常到位，那么出现问题时，你就越容易发现问题所在。

产品经理若想抢占先机，提前做好一切准备，首先是要学会进行合理的规划。作为产品的负责人，还须做好预设工作，必须很清晰地了解，在以后的日子里，产品的大方向是什么？应该如何应对市场的变化，做成什么样子才能在激烈的市场竞争中脱颖而出？需要注意的是，所有对未来的计划一定要得到组织高层的批准和认同。

同时，这种规划也可看作一种成果的创造，其具有业务指标的可衡量性。首先，整个团队的每个人都应熟悉并正确地理解规划的细则，然后再把它分成一个个可实现的小目标，在不同的阶段按时且保质保量地完成任务。作为产品经理，未来一段时期内的目标，都应努力让整个团队有所了解，包括这时期需要完成的工作任务是什么，同时还应在此基础上清晰地明白自己的方向和进步空间所在，如能力以及事业前景是否有进步空间。

若想清楚地定位到上面所讲述的那些内容，产品经理必须了解市场走向，掌握行业发展动态，明白行业所处的状况，了解竞争压力的矛头所在，进而可以提前做好十足的准备，根据多变的环境导致的问题，及时调整策略，丰富产品思路，使其更具有针对性和前瞻性，从而在未来的艰苦奋斗中，成为产品的领航人，带领团队往更好的方向发展。

## 2.2 如何提升产品团队协作效率

作为团队的领导者，不仅是家长，也是团队成员的朋友，因此既要与团队的成员和睦共处，也要为他们合理地安排好工作，使团队协作效率得以提升。

### 2.2.1 产品经理成长为带领团队高手的6种方法

在许多大公司中，产品经理一般作为用户研究的负责人，但在公司成立后，产品经理需要具备管理能力。

衡量一名产品经理是否优秀的标准之一，是要看这名产品经理是不是具备较强的管理水平。怎样提高自己的管理水平？怎样去领导好自己的团队？这些问题都是产品经理面临的难题,下面提出解决方法,如图2-2所示。

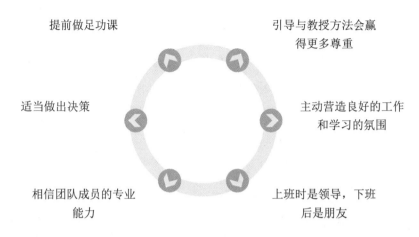

图2-2 产品经理成长为带领团队高手的6种方法

1. 提前做足功课

当你作为团队的领头羊时,你就要不断地去学习,要具备较高的文化底蕴。此外,还要去深入了解你的团队成员,明确他们的职责分工,安排好每个人的具体工作。但是,对于绝大部分人来说,刚刚上任的时候,没有办法一下子就适应工作环境,又不得不为他们安排工作,所以这就需要提前做好充分的准备工作,可以向相关专业的同学朋友请教,需要掌握哪些技能,要能保证你的团队成员能够清楚地了解他的工作内容,才能为他们合理地安排工作。

2. 适当做出决策

产品经理需要在0~1产品流程中做出很多重大决定。而在做出每项决定时,产品经理都需要根据总体趋势仔细思考。

此类审议需要,除了理解这一领域的特殊地位,建设符合产品的数据模板外,也许你的"洞察力"和"直觉"足够灵敏,而数据是唯一现实基础的可靠性是人们有目共睹的。

产品进程从0到1,每个成员都有各种想法,有时这些想法违反发展趋势,需要产品经理及时纠正;当然,这只是一个方向上的认知问题,你只需要仔细检查,就可以得到一个"非常开心"的解决方案。

如果你足够幸运地面对"好主意",你需要抓住机遇并做出立即执行的决定。因此,在整个产品完成的过程中,应当当机立断、快刀斩乱麻,不要犹豫不决。在大多数情况下,团队合作比单打独斗效果更好。

产品经理完成日常工作安排,待相关成员完成后,需要产品经理的确认,然后提出修改建议。此时此刻,"同意"或"拒绝"并不是最好的决定,而是基于一般趋势在幕后确认每一个想法,然后做出适当的决定。如果是趋势问题,肯定不可能;如果这是认知问题的趋势,仍有谈判的余地;如果这是一个更好的计划,就必须仔细确定,个别案件必须得到批准并果断执行。

### 3. 相信团队成员的专业能力

技术人员各人有各人的专长,产品组成员包括设计、辅助、研发等,每个职位的成员都是专业技术人员。此时,作为经理,在分配工作任务和具体事项时,我们必须相信他们的能力,并允许他们保持一定的独立性。

要抓住细节,作为一名合格的产品经理,我们要说明需求与任务,让团队成员清楚地了解他们工作的最终目标,在工作过程中进行有效的沟通。

对于工作中有问题的地方,要继续改进,但千万不要孤军奋战,因为孤军奋战可能会使人丧失信心,也可能你自己技不如人,导致工作效率降低。

### 4. 引导与教授方法会赢得更多尊重

俗话说,千金在手不如一技在身。管理者既是一名工作分配者,也是一名经验丰富的老师。之所以成为管理者,是因为管理者经历得比较多,经验丰富,可以帮助团队成员在这项产品的设计过程中扫清许多障碍。

当团队成员工作失误的时候,不要一味地责怪,也许在此之前你也犯过同样的错误。

在事情发生后应该及时帮助他找到问题的根源所在,找出相应的处理办法,并且传授一些工作方面的技巧。

上述做法能够树立你在团队成员心中的高大形象,使团队成员更加敬重你,团队之间的关系就更加融洽。

### 5. 主动营造良好的工作和学习氛围

团队成员与管理者的关系是相互联系、密不可分的。他们是决定管理者身份的核心因素,最重要的是不断提高自己和团队成员的学习和工作能力。

当团队成员的能力得到提高时,管理者的能力也会随之得到提高,而管理者的能力会在改进后带领团队走向更高的地方。团队成员与管理者是互补的,但管理者需要主动制订相应的计划,帮助团队成员营造良好的工作和学习氛围。

比如,在完成工作的前提条件下,建立奖惩激励机制,提倡不加班。提倡不加班,不仅可以让团队成员心情愉悦,而且也有助于工作效率的提升,有助于团队成员自我能力的提高,未来团队成员理解工作任务和工作量的估计也会更加准确。在面对面的学习中也可以建立奖惩激励机制。当知识被分享时,它是有价值的,并且在讨论中被提升。应积极倡导团队成员分享自己的专业知识,并鼓励他们提高自己。

6. 上班时是领导,下班后是朋友

互联网公司十分重视建立员工关系,要求每个员工都有一个英文名字,并在工作中用英文呼唤另一个人的名字,而不是直接称呼另一个人的职务。

好领导必须接近员工,因为他必须听取工作人员的建议和投诉。然而,在工作中,并非每个人都想说。因此,只有他们才能更好地了解他们的想法和建议。

有很多方法可以成为团队成员的亲密朋友。团队成员如果有同样的爱好,可以在工作之余一起做喜欢的事情;如果没有相同的爱好,也可以在周末享受烧烤之后观看电影。对小组成员要经常嘘寒问暖,要经常关注他们的个人情况、情绪、家庭等。

## 2.2.2 研发过程中如何化解团队冲突

产品的研发阶段属于整个产品流程中的前期阶段。典型的产品研发过程包含五个阶段,即概念开发→产品规划→详细设计阶段→小规模生产→增量生产阶段。在产品的研发过程中出现团队冲突很可能是致命的,一定要及时解决。

李亮是一家私人制药公司的产品经理,2018 年,他因为工作上的一系列难题苦不堪言。他手下的一个新药研发项目持续了一年多,技术上的难题一直得不到攻克,不得不先暂停这个研发项目。然后他得知一个竞争对手的公司已经成功地开发了同类的新药物。对手公司通过引进外国先进技术,领先了他们一大步,已经通过了审核部门的批准,药物即将上市。

2016 年，李亮放弃了大型国有制药公司的职位，受雇于这家公司的老板。为了充分展示对李亮的信任，老板将管理项目团队的权利移交给李亮，并聘请了另一名海归博士张宇协助李亮进行药品项目的研究和开发。

在产品立项之前，李亮与张宇都分别提出了自己的计划方案，他们都坚持自己的方案最好，张宇提出在改善配方和生产工艺的基础上，引进国外先进技术的建议，这不仅会加快研发速度，而且没有技术风险，但缺点是需要支付大量的技术转让费用；李亮提出自力更生，独立研发全套生产技术的建议，但缺点是技术开发的风险大。

按照公司的规定，在双方争执不下时应召开全体会议对项目的研究和开发方案进行讨论，最后做出集体决定。根据李亮多年在国有企业积累的管理经验，如果与业务副手在众人面前激烈讨论，不可避免地会损害整个部门的团结和自己的权威领导力。事实上，他还缺乏足够的信心说服张宇和研发部门的同事，李亮找到老板，甚至不惜辞职，迫使老板调离了张宇，避免"暴力冲突"事件的发生。

这是一个非常奇怪的现象。对于冲突，管理者们往往三缄其口，采取各种措施避免冲突，无论冲突是良性还是恶性。

管理者对冲突的规避心理无非出于三个目的：一是有些管理者认为冲突是挑战领导权威，担心失去控制权。二是过于激烈的冲突往往会导致团队的不和谐。三是在冲突中失败的一方不仅会伤害自尊心、自信心，也不利于整个团队的工作效率。然而规避冲突并不是化解矛盾的好方法，想要化解团队冲突，可以从以下五种方法中选择一种进行尝试，如图 2-3 所示。

图 2-3 研发过程中化解团队冲突的五种方法

1. 解决问题

解决问题,是化解冲突最好的办法,存在的问题是冲突的原因。每个问题的解决方法都不相同,要根据相关事实提出解决方案。将相关事实提交给有关方,深入剖析冲突点,找到长久的解决方案,这是最常见的冲突化解方法,也是产品经理们最常使用的冲突解决技巧。

2. 妥协法

退一步海阔天空,当冲突达到了一定程度时,双方同意各退一步,就可达成解决方案。当事人决定做出妥协,放弃一些之前坚持的决定,可以化解愈演愈烈的矛盾冲突。

3. 调和法

调和法不能彻底解决问题,是一种临时的解决冲突的方法,试图使冲突的双方将注意力转移到意见相似的部分,让冲突显得不像实际情况那么严重。

4. 撤退法

撤退法是上文的例子中使用的方法,使冲突双方中的一方退出团队。这种解决方法虽然化解了冲突,但是并没有解决问题。

5. 强制法

团队成员利用自身的职权强制性地解决问题,这是冲突双方必有胜负的解决方案,也是一种永久化解矛盾的方案。其缺点是以权压人并不能使团队成员心悦诚服,这样得到的研发方案也未必是最好的。

一个高效的产品团队,产品经理必须学会在没有共识的情况下及时决定,虽然这种果断的决策往往是抛弃了民主和不同意见换来的。团队领导不要为了团队中虚伪的和谐氛围而隐藏冲突。有建设性的良性冲突,是产品研发过程中的正常情况。应把隐藏的问题和不同意见提出来并解决它们,否则,迟早有一天隐患会演变成更大的冲突!

# 第 3 章

# 机会判断：产品经理如何通过判断发现新机会

通过分析比较，分析比较竞争对手的产品与自己的产品两者之间的优劣，分析竞品多个维度的总体结构、功能、商业模式、产品策略等，获得分析结论，从而找到自己产品的突破口，是产品经理必须要学会的技巧。

## 3.1 产品经理如何通过竞品分析寻找市场空间

只有在充分了解竞品的各种详细战略之后，才能更充分地进行每一项竞品事务的准确分析，更细致、更准确地把握竞品活动的每一项需求以及营销的整体意图范围。在最全面、最充分的分析之下，加大力度掌握这些竞品的完整、可靠目标，进而使自家产品在最正确、最有效保护之下拥有最完善的核心竞争力。

### 3.1.1 撰写高水平竞品分析报告实用干货

作为一个产品经理，如果你对竞品分析是这么理解的：对这个 App 随便使用一段时间之后，写一个简单的评测分析报告。那么，你就错了。

在长时间工作经历的启发下，应清楚地明白竞品分析报告包括两个视角：一个是产品本身；另一个是产品竞争。以下就是经过细致分析、综合思考之后总结而得的竞品分析的思路及要点。

1. 从产品本身的视角去分析

竞品分析，首先要知己知彼，要对产品了如指掌，并一一明确产品的定位、人群、功能以及同产品的区别。这样在选择及分析竞品时，才能做到百战百胜，如图 3-1 所示。

2. 从商业视角进行竞品框架的分析

这是一个较为困难的环节，大多数人都无法清晰地进行描述框架的条理分析。在经过反复推敲、仔细斟酌之后，我们总结出依据竞品框架的分析有以下四个部分。

1) 分析竞品的未来目标

（1）竞品分析的核心要素就是竞品的未来目标，这是一个能够了解竞品核心的直接途径，有助于了解竞品在市场上的真正地位。

（2）任何产品在缺少强大竞争力的情况下，对于竞品的敏感领域都应避而远之，否则很容易成为竞品的主要针对目标，遭到对方的报复性竞争。只有当竞品形成强大竞争力时候，在整个成长磨合阶段才能清晰地看到脚下的绊脚石，才能分清楚哪里是禁地。

| 从产品本身的视角去分析竞品的四个方面 | 1. 竞品的更新是一个较为烦琐的问题，在应用商店或其他网站收集产品运作的资料时，应该密切关注更新的频率以及更新内容的变化这两个方面 |
| :---: | :--- |
| | 2. 只有不断地优胜略汰、推陈出新才是稳定竞品在市场地位的唯一方法，在这一方面需要重视的应该是竞品的维护及新功能的推出，从而依据这些更新内容判断市场竞争力和竞品地位的稳定情况 |
| | 3. 从应用商店或第三方平台查看应用的评论，在挑选评论方面，差评才是能够带来参考价值的渠道，相对于好评来说，差评往往能提供新意，甚至改进策略的方向 |
| | 4. 虽然说差评不是评判竞品的唯一标准，但实际上差评才是真正反映出这个竞品能够持续开发的原因所在，这里展现出来的是持续使用其功能的固定流量人数，确实更应该牢牢掌控在开发者的手中 |

图 3-1  从产品本身的视角去分析竞品的四方面

（3）竞品的未来目标可以细分为业务目标和竞品母公司目标这两个部分。

① 业务目标。

业务目标就是竞品产品本身的目标，比如，就像在整个市场上十分流行的视频软件"抖音"，只有成为人人口中、脑中不断循环的事物，才能从根本上成为市场上的"热销"中心，这便是它本身的目标。

② 竞品母公司目标。

竞品母公司目标就是隐藏在竞品背后的那个竞品母公司的目的，很多时候不管是市面多火爆的产品，它的背后其实都藏着一个幕后操纵的公司，产品只是一枚棋子。而离开了人们对产品的最初认知，可能根本没有人知道产品背后的身份是不是一个"废物"。比如，抖音想要成为短视频领域当中的佼佼者，但其背后的母公司——今日头条，目标便肯定不止于此。

同时，企业文化本就各有不同的基础，背后的目标更显得尤为重要。有人记得早期的"腾讯影音"吗？应该很少有人知道，初始的"腾讯影音"只是一个被吐槽的视频播放器，可是随着时代的发展，它转身与"爱奇艺"齐名而立，悄无声息地就迈入了人们的生活之中。这就是隐藏在产品背后目的变化的作用，不断地一步步涉入影视行业，逐步实现一体化，最后成为主宰生活的一个潮流产品。

2) 竞品对自身和所在行业的假设

掌握竞品的假设是竞品分析的第二大要素，具体可分为以下两个方面。

一方面，竞品对自身做的假设。

认真考虑竞品本身地位高低的设想也是掌握竞品分析的一大重要阶段。不知道有没有人了解过这些情况：某款竞品的开发团队对自家的产品十分自信，就自认为拥有较高的用户忠诚度、极好的交互、UI 能够留住使用本产品的用户，成为持续使用者。但却很少去了解，其实大多用户是因为看到这款产品可以满足自己的某个需求就直接盲目地选择了这款产品，没针对其他使用的实际情况进行调查，就一味地追求销售盈利，从而忽视了产品长期的衡量标准。就像现在的很多食品奶茶店一样，在新店开业时急求一时的盈利额而大肆地举办首单免减、买一送一等鼓吹消费的活动，他们没有真正思考过支撑后期营业的消费群体应该如何争取，忽视了真正吸引消费者长期消费的原因。

另一方面，竞品对行业以及其他竞品做的假设。

由于竞品之间竞争关系和地位高低的不同，往往就会缺少逐步实际考量的调查，只凭着固有印象和处事经验进行考量、判断，继而做出对所在行业及其他竞争对手失真的判断。高处不胜寒，处于竞争顶端的竞品容易产生高估行业发展潜力的盲目印象，产生独树一帜的强势看法，同时转身就会产生低估竞品的竞争强度的想法，减少自身难度的要求标准。相反，处于末端的竞品就容易低估行业的潜力，不断引发自身产业停滞不前、失去发展机会的低落心理，从根本上降低了前进的效率。

只有去充分了解、认真剖析竞品对于本身的重要性，对于其他行业、其他竞品的预期效果和准确判断，才能够发现自身对整个环境产生判断结果这个过程的不足之处和缺失条件。只有细心地观察比较，才能有所发现，从而找到在产品设计过程中自身所忽略的重要条件，以便及时发现那些未能注意到的问题，早点意识到竞品战略活动中的不足和亟待改进的问题。这样才有机会把握对手的错误，并在最短时间内进行判断和决策。

3) 竞品所掌握、具备的能力

在整个运行机制中，朝着两个方向分裂出了两套竞品模型：一套按照能力类型分，属于思维属性方面的，如同理科中无法免考的数理化；另一套按照竞争潜力分，属于思想品行方面，如同专治心灵的美学和鸡汤哲学。

(1) 在能力类型分类方面，包括以下 6 种能力，如图 3-2 所示。

| 竞品所掌握、具备的 6 种能力 | |
|---|---|
| | ①产品能力：这是产品的一种分析和判断，要准确地了解产品的问题、好坏，以及生产的产品线上所具备的准确度和深刻度 |
| | ②营销能力：这是一种推销、宣传能力，除了本身拥有良好的沟通和表达能力外，还需要宣传推广的渠道，为产品挖掘出满意的去向 |
| | ③运营能力：这是一种操纵能力，时刻想着调配资源，为公司、为产品谋求最大利益。同时也会向别人输出自己的知识和见解，在工作时激励别人朝着同一个方向共同奋斗，让付出获得回报 |
| | ④开发能力：这是一种研究生产能力，通过严密的思考，挖掘出团队最大化的能力供给，进行合理调配，从而引发实力的上升空间，共同获得更好的效果 |
| | ⑤财务能力：这是一种分析能力，通过剖析财务状况的真实水平，将数据背后真正的含义挖掘出来，整合分析出状况变化过程的各种因素 |
| | ⑥管理能力：这是一种统筹能力，在进行管理和说明决定时，管理者必须十分谨慎地处理好各种关系，有效地利用各种资源 |

图 3-2　竞品所掌握、具备的 6 种能力

(2) 在竞争潜力分类方面，分别有以下 5 种能力。

① 核心能力。所有的东西在各自的领域都会有一个核心的竞争力，这就十分考验自身的所有综合能力。竞品在整个领域的能力地位有多少，不仅取决于满足人们的需求，同时要很好地去满足才算达到大部分认知标准的认可。就拿一场考试来说，考得 60 分是非常简单的，但是考得 90 分却并不是那么简单的。这些不仅考验最基础的东西，还需要有拿得出手的撒手锏才能独占一方、称王称霸。

② 增长的能力。增长算一个成长的过程，在经历了许多过程之后，不断地修改、调整，从而达到一个不断提升的过程。竞品的综合能力是不是就这样停滞

不前、得不到发展呢？这个可以算是开发团队的能力水平问题，只有全方面一起增强能力，提升整个团队和产品的核心竞争力，才能达到共同进步的目的。

③ 快速反应的能力。快速反应的核心在于注意力，只有注意到所发生的问题才能有躲避、反击的机会。竞品对于那些竞争措施的反应能力究竟如何？到底是不是具备相应的反击能力？这些都是应该集中讨论的问题。就拿前段时间发生的微信封杀事件来说，软件机能的反应就是朋友圈直接封杀、屏蔽了所有来自一些分享链接的这个闪现速度实在是令人吃惊。这就是属于所要研究的快速反应能力。这种类型的能力一般由：是否具备一定的资金储备来应对突出事件、是否有已经开发好但是还没进行推广的产品来替换出问题的产品、是否具备足够的生产能力等。

④ 适应变化的能力。在面对突发情况的不断轰击下，处惊不变的能力才是最重要的。面对这些突变袭来时，首先要保持乐观的心态去慢慢适应整个过程，这样才能在安定平凡中发掘反击的方法。那么竞品在适应整个社会行业环境产生突变的能力究竟如何呢？最重要的是应该检测一下是否能够适应、承载这几种情况：成本竞争；管理更复杂的开发模式； 增加新需求的替代产品、开展服务竞争；营销活动升级。

⑤ 耐力。从根本上讲，耐力是一个衡量持久的标准，这是展现能够坚持期间的一个时间指标，只有不断突破，才能达到最稳定、最持久的状态。在竞争市场中，耐力最久的竞品肯定名列前茅。一个竞品打持久战的耐力如何，体现了这个产品本身的质量以及开发团队的用心程度。

4） 竞品当前所采用的竞争战略

只有明确了竞争对手的竞争战略，才能真正掌握这个战况，最主要的竞争战略可分为以下 3 种。

(1) 总成本领先战略。

从总体上讲，这主要是通过各种途径，降低总成本，使产品在成本上领先，进而以比竞争对手更低的价格获得市场流量，以获取更多的利润。

(2) 差异化战略。

这是一种特色战略，在力求客户的重视方面，加强其独特地位以产生更多的吸附能力，吸引顾客的光临和久顾，久而久之就形成了别具一格的产品特色，以此成为公司产品长久不衰的重要保证。

(3) 集中战略。

其实这是一种聚焦战略，虽然其受限于产品、资源的能力，但把重点放在一个专属、特定的目标之上，这些特定的属性人群以特定的方式进行购买或获取服务就成了一个买卖战略。就像我们平常的会员服务，只有开通了会员才能够享受特定的权益，但这些服务是高质量的，是平常用户所达不到的水平。所以在经营、贯彻这种类型的模式之后，可以集中有限的资源为需要人群提供优质的服务。

## 3.1.2 如何通过竞品分析寻找市场空间、进行错位竞争

在确定竞品分析的目的，准确找到竞争对手之后，可以建立竞品分析矩阵，针对研究目的，建立属性列表。

如果想要从产品层面进行竞品分析，可以收集竞品的以下属性信息：名称、定位、上线时间、重要的投资者、宣传渠道、产品核心功能，以及用户评论等内容。如果从功能层面进行竞品分析，可以将竞品的全部流程拆开，记录每个阶段的性能，方便与自己的产品进行比较分析。以某互联网软件的分析矩阵为例，如表 3-1 所示。

表 3-1 互联网软件的竞品分析矩阵

| 竞品名称 | 直接竞品 | 间接竞品 |
| --- | --- | --- |
| 产品定位 | | |
| 上线时间 | | |
| 开发商 | | |
| 融资轮数/重要投资商 | | |
| 月活 | | |
| iOS 免费榜 | | |
| iOS 畅销榜 | | |
| 推广渠道 | | |
| 核心功能 | | |
| 特色功能 | | |
| UGC 功能 | | |
| 重点版本 | | |

续表

| 竞品名称 | 直接竞品 | 间接竞品 |
|---|---|---|
| 直观感受 | | |
| 用户评价 | | |

## 提炼矩阵中的信息

建立了竞争产品分析矩阵后,产品经理需要提取有价值的信息。首先,对矩阵的信息全部浏览一遍,然后对信息竞争产品的优势列进行标记排序。其次,深入分析竞争产品的优势,梳理成一个专门的问题栏。通常情况下,很难直接找到这些问题的答案。不要焦虑,仔细体验竞品一段时间,与竞品的用户交朋友。深入了解之后答案终究会浮出水面。最后,将竞争产品有价值的信息提炼出来。

下面以2018年在美国非常流行的YAHTZEE(骰子大亨)为例建立的竞品分析矩阵。

第一步:确定竞品分析目的。

骰子大亨在美国的付费游戏榜上的排名非常靠前。一个简单的掷骰子游戏为何会如此火爆?它的盈利模式是什么样的?在产品推广和付费上有何过人之处?

第二步:确定竞品。

除了骰子大亨之外,还选择了同一开发商的同类骰子游戏 Dice with buddies(和朋友掷骰子)与Dice with Ellen(与艾伦掷骰子)。

第三步:建立竞品分析矩阵,如表3-2所示。

表3-2 竞品分析矩阵

| 竞品名称 | YAHTZEE | Dice with buddies | Dice with Ellen |
|---|---|---|---|
| 竞品定位 | 和朋友一起玩的骰子游戏 | 和朋友一起玩的骰子游戏 | 和艾伦(美国知名节目主持人)一起玩的骰子游戏 |
| 上线时间 | 2017-06-05 | 2011-05-06 | 2016-11-22 |
| 开发商 | SCOPELY | SCOPELY | SCOPELY |
| 融资轮数 | C轮 | C轮 | C轮 |
| 可能涉及的版权方 | HASBRO | 未知 | ELLEN SHOW(艾伦秀) |

续表

| | | | |
|---|---|---|---|
| iOS 搜索指数 | 6736 | 1074 | 4608 |
| iOS 总榜(免费榜) | 美国 322 | 未上榜 | 未上榜 |
| 推广渠道 | 可以通过其他社交网站直接启动，也可邀请好友参加 | 未知 | 未知 |
| 主要功能 | 单人竞技、和朋友玩、锦标赛、闯关模式、充值获得额外掷骰机会 | 单人竞技、和朋友玩、竞标赛、闯关模式 | 和 ELLEN 竞技、和朋友玩、和 ELLEN 的粉丝玩、和 ELLEN 的团队玩 |
| 特色功能 | 丰富有趣的游戏模式里面的卡通形象借鉴比弗利山庄娇妻(美国著名的综艺节目) | 丰富有趣的游戏模式里面的卡通形象借鉴比弗利山庄娇妻(美国著名的综艺节目) | ELLEN 的名人效应 |
| UGC 功能 | 多种有趣的游戏模式 | 多种有趣的游戏模式 | 击败 ELLEN 的每日分数 |
| 直观感受 | 视觉和动效都很棒，上手容易，相比别的可以算得上一枝独秀 | 和 YAHTZEE 基本一样，细节略微不同，可以理解为 iOS 上的马甲包 | 和 YAHTZEE 基本一样，细节略微不同，将 ELLEN 元素插入其中各个位置 |
| 用户反馈 | -这游戏真好玩，我可以玩一天。<br>-现在广告太多，很烦。<br>-这游戏非常棒，锦标赛很好玩，我喜欢获奖的感觉 | -我玩这个游戏五年了。<br>-这个游戏很棒，但是更新后打不开了。<br>-竞标赛是个欺骗性的游戏，对玩家不公平 | -这个游戏很有趣，就是有时会闪退。<br>-必须充钱才能击败 ELLEN 团队，不想再把钱浪费在游戏上了 |

第四步：提炼矩阵中的信息。

提炼优点和疑问。该游戏在版权、推广和付费上有特殊之处。Hasbro 唯一授权的，通过邀请好友的手段建立社交圈。充值获得额外掷骰机会，促进付费效果最大化。将该竞品有价值的信息提炼成疑问栏与分析栏分享给团队成员，如表 3-3 所示。

表3-3 竞品分析中的疑问与分析栏

| 疑 问 | 分 析 |
|---|---|
| -游戏的历史，在美国火不火？<br>-这个App怎么推广火的？<br>-这个App怎么赚这么多钱的？<br>-App版权属于谁？ | 市场情况：在英文市场表现很好，在亚洲市场没有什么表现。总畅销榜中国，日本，韩国均未上榜。中文市场上尚未发现同类竞品<br>版权情况：目前游戏版权属于Hasbro。实体YAHTZEE每年销量大约5000万套<br>盈利及推广模式：游戏主要为单人竞标赛和双人对战模式。游戏免费，通过付费购买额外掷骰子机会盈利。推广上一是依靠社交游戏属性自发推广，二是通过活动让用户在Facebook分享<br>特色功能：免费下载和付费玩。可以付费让自己变厉害。很容易上手，可以和朋友一起玩，团队作战，获得各种应用内道具。还有精心设计的卡通人物<br>建议：YAHTZEE被验证的游戏模式是单机。这和国内流行的双人实时游戏有一定区别。要实时的话，等待的时间是否过长，时间过长如何优化。该游戏Hasbro独家版权，可能会有版权纠纷。对游戏玩法进行一定修改后上线是否可行，还要咨询法务。其统一货币的运营体系值得学习，通过做指定任务才能获得某种特殊物品，促进App活跃及分享 |

产品市场每天都在变化，因此需要产品经理定期做竞品分析，建立竞品分析矩阵是一个实用的实战策略。产品经理需要时刻了解市场动向并学习竞品的优点，努力做风口上的领头羊。

## 3.2 产品经理发现机会后如何抓住用户需求

在科技迅猛发展的推动下，当今社会迈入了一个高精度、高效率的大数据时代。在层层数据的剖析下，消费者成了透明玻璃中的"展示者"。而随着高要求、高水平的不断积攒，各企业的目标则放在了消费者身上，放在了大数据身上，两者合二为一则产生了不可估量的巨大效果。

### 3.2.1 用户的痛点、痒点与爽点

随着互联网的迅速发展，各种各样的产品充斥了整个市场，商家想要在这激烈竞争中抢占先机、赢得市场，抓住用户需求，精准了解产品是否能够使用户满足某一个痛点、爽点或痒点成为产品持续爆火的关键点。

如今痛点、爽点、痒点这 3 个词人们常挂嘴边，但将这 3 个词结合用户对产品的需求程度进行运用时，很多人都缺少清晰的认识，对此，我们的理解如图 3-3 所示。

图 3-3 对痛点、爽点、痒点的理解

1. 痛点即恐惧

如今互联网产品与痛点并存，痛点在日常交际中使用率超高，那么何为痛点呢？互联网上对于痛点的解释千千万万，其中广为认同的解释是"痛点是指尚未被满足的、而又被广泛渴望的需求"。

这个解释仅仅是停留于感受层，用户并没有采取行动改变其现状。因为在我们看来，痛点的本质是恐惧。很多人都没有意识到恐惧的力量，恐惧能够驱使人们快速采取行动来改变现状。因此，如果产品经理能够抓住用户的恐惧，相当于找到了产品的抓手，也就是用户的痛点。

设想两个场景。

通常乘客坐远途火车，中餐和晚餐都需要解决，但乘客害怕火车上的餐点不卫生，尤其是冬天，自己带的食品又干又冷，泡面已经吃到反胃，这时如果有自热米饭，这些人就会下意识地选择。

晚饭过后，通常大家都想出去遛遛弯，但有些人对家附近的景点都看腻了，既想有新的视觉感受，又想锻炼身体但担心走路走远了累，走一点点没意思，这时刚好看到家附近有小蓝车，或许就会萌生来个夜间骑行的想法。

通过上面两个场景的描述，我们可以发现，用户决定使用某种产品之前，都会产生一种"怕"的情绪，也就是说，害怕和恐惧迫使用户做出了决定。比如说：因为触及到了人类最底层的生存恐惧，所以教育和医疗始终是两个火爆的行业。

网上流传着这样的一句话："即便听过了很多道理，也过不好这一生。"原因可能是走过了很多路，却终究没能真正意识到恐惧，没能真正地改变自己，所以才会碌碌无为。

2. 痒点是满足用户虚荣心

相信你小时候一定有过这样的经历：看到同学回答问题后被老师夸奖时，自己却只能坐在座位上静等老师下一次提问，此时一定是情不自禁地全神贯注听讲，心里痒痒坐不住。

有时候甚至会在脑海里脑补，被夸奖的那个人是自己，是自己得到了这个表扬，充分满足自己的虚荣心，而这，其实就是用户痒点。

现今电影票房收入破亿已是常事，不仅是因为影片的特效、内容都比以前进步很大，更重要的是满足了更多人的口味，像 2017 年的电影票房总冠军《战狼 2》，得益于二三四线城市青年的青睐，他们喜欢拳拳到肉真刀实枪，爱国主义燃爆。

抖音和快手是我们日常生活的写照，曾经有一篇文章，里面说到抖音和快手的区别，大意是：其实快手就像旧时代没有彩色的电视，记录的就是最真实的自己；而抖音则像当代影视剧的后期制作，帮你塑造心中的虚拟自我，让你看到更好的完美的自己。

网红电商伴随着网络发展而产生，网红们抓住了用户痒点，塑造出几乎完美的物品进行拍卖，吸引用户购买他们的产品，而绝大多数人会买是因为他们觉得自己购买了网红们的产品，也部分地过上了像网红们那般的理想生活。

如何抓住用户的虚荣心极为重要，淘宝网红雪梨曾经说过，"你卖的其实是一种生活方式，所以你要抓住女孩心中美美的幻想这一点做文章。"即使雪梨随意的街拍照片，都包含着很多抓住用户心理的重要因素，如选址得当、位置精准、姿势自然、拍照以及后期处理技术高超，这些都是一套非常精细化的运营套路，因为拍出优质的照片，是她吸引用户眼球的一个重要因素。

就像喜欢听某一首歌是因为歌词好像是在形容自己一样，所以才会一发不可收拾地喜欢上听某一首歌；当我们看到青春偶像剧、霸道总裁小说、感动事迹、各种鸡汤文等时，我们总会情不自禁地把自己的相关经历回想起来，陷入深思，就会越想越多，甚至是会把自己投射为故事中的主角，设想自己若是主角的话会怎么样做，会有一个什么样的结局，其实只不过是在脑海中实现了一次屌丝逆袭。所谓痒点，其本质就是满足用户的虚荣心。

3. 爽点是即时满足

一个人的需求若没得到满足，总会感到心里不舒服，此时就会通过寻求得到即时满足，得到满足之后人的心理就会感到特爽，所以爽点就是即时满足。

围着操场跑完步之后，到最近的商店喝上一瓶自己最喜欢的饮料，第一口下去，总会发出满足的长舒，这就是即时满足了用户。

比如，女生夏天出门由于出汗妆容渐渐花了，但又想给朋友留下些记忆，一些自带美颜的拍照 App 便成为这些人的选择，因为它直接提供了自动美化和处理的功能，一键帮你拍出可晒朋友圈的美美的照片。

如今游戏已成为很多人的爱好，游戏中抢占先位需要好的装备，装备需要购买，因而游戏的各种 RMB 充值和辅助插件购买量也会提升，而之所以用户会选择购买，原因是好的装备可以让用户短时间内大幅提高等级和战斗力，追赶好友甚至会后来居上，让用户虚拟体验到人民币玩家的爽和炫耀。这些都是抓住了用户难受的点来打造产品，即时满足了他们的需求。

而即时满足用户需求，就会促使产品经理想方设法以最快的速度满足用户。满足用户需求，效率越高，用户越倾向于选择你的产品，因而局势促使效率成为一个互联网热词。现在很多互联网公司都特别讲究效率，无效率不商业。而怎样赢得效率，很多产品经理的想法很到位，例如万达广场发传单近距离接触用户、背带字书包骑电车直接宣传自己店面开张的消息，甚至邀请明星到场帮忙宣传。

上面的描述看起来方法各不相同，但本质都一样，都是在想方设法快速抵达用户的身边，接近用户，大幅度提高用户获得效率，让用户感到心情很舒畅。

上面说的痛点、爽点和痒点，抓准其中任何一点都可以成为产品的切入点。其实做一个产品，可以选择帮助用户抵御恐惧，或者即时满足用户的需求，还可以考虑满足用户的虚荣心。

比如，热了就要吹风。但是"不热了"和"吹得很满足"就是不同的概念了。在家吹风扇就可以降热，这仅仅是满足了用户的功能需求。如果在奶茶店吹着空调，再来瓶奶茶解渴，就会感觉很舒服，这就是抓住了用户的爽点做文章。奶茶喝多了怕对身体不好，抓住对这一点的恐惧，作为痛点也可以进行突破。或者选择一个优雅的咖啡厅，坐在电脑前写着自己喜欢的文章，一个人享受岁月静好，顺便拍个照片发朋友圈，这就是痒点。

### 3.2.2 通过用户画像选取产品最终针对需求

众所周知，用户画像就是概括消费者清晰明了的全貌，可以比作一张消费者的画像，囊括了身份、购物重点、嗜好、行为等个人标志。有了消费者的信息全貌，用户画像则成了企业营销的商业核心，准确地挖掘出不同的用户需求，可以为企业营造更多的获利方式。用户画像如空气般不断渗透到社会各个层面，在以下6个方面体现得最为广泛。

1) 刻画细致活动，实现精准营销

不同的人群、不同的商业流量就需要不同的营销手段。掌握了完备的消费者信息，营销活动的有效性和突破性才能大大提高，用短暂的时间换成巨额的效率。

2) 强度的行为分析，最精准的用户推荐

利用用户画像揭示消费者的行为特点，把那一丁点行为萌芽进行不断放大，从而进行最直接、最适合、最打动人心的用户推荐，一击必中，从根本上夺得青睐。

3) 细化思想分析，决定搜索排序

拥有了对用户画像的恰当分析，就可以将消费者的意图与实际的地图结合，每个人的接近度决定着优先权，不断地细化场景，实现了最精准、最合理的最优目的地。

4) 突破用户信息，进行筛选排序

根据用户信息，细致地分析场景分布，依据消费者所在地状况，进行针对性和高效性相结合的工作序列进行安排、调整，以此进行精准排序。

5) 实现检测追踪，发现高质量人群

依据消费者的行为、个体表现，进行分析以便整合出最适合整个营销策略的对象，以此为进攻的目标，追寻符合实际、能够成为整个消费活动最根本的高质量存在。

6) 追求效率优先，优化客户商机

通过分析用户的消费行为，从用户画像中获取细致入微的相关资料，进而分析统计，再反过来从商家营销角度，利用营销手段进行布置、调整，从而达到买卖双利的目的。

如图 3-4 所示，用户画像系统化身为整个用户体验之旅的导游，成为所有环节中不可替代的一部分，贯穿始终。同时，进行合理分析、准确发挥用户画像的作用，更能对整个用户体验产生强大影响，增强整个业务的发展效果。

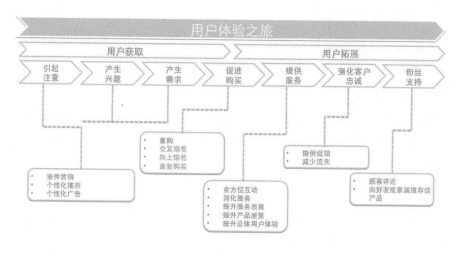

图3-4 用户体验之旅

用户标签是用户画像系统中最基础的、最重要的部分，下面就向大家一一介绍。最基础的用户画像由以下 7 个因素组成，如图 3-5 所示，而这也是用户标签中一些最基本的因素。

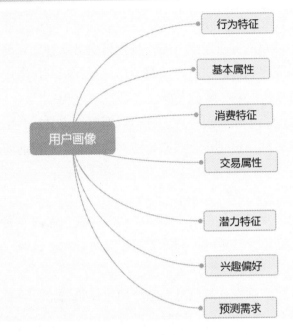

图 3-5　用户画像组成部分

1) 在行为特征方面

行为特征记录的是消费者的操作信息，在什么时间点会频繁出现？浏览了什么页面？使用的时长是多少等这些方面的使用信息。

2) 在基本属性方面

基本属性记录的是消费者的特点，通过软件上的注册信息，时刻关注到用户信息的发布，什么身份？什么年龄？经常发布的状态是什么等体现个人形象的有关信息。

3) 在消费特征方面

消费特征主要是记录消费者的消费情况，在使用产品时的购买记录，在什么时间花了多少钱买了什么东西等。

4) 在交易属性方面

交易属性主要是记录消费者的交易信息、进行交易的频率、交易的订单额度、交易时长以及交易间隔等体现交易程度的数据。

5) 在兴趣偏好方面

兴趣偏好主要是记录消费者的兴趣、喜好，如在食物方面的甜咸口味、在颜色方面的冷暖取向等不同方面的偏好内容。

6) 在潜力特征方面

潜力特征主要是记录消费者的未来倾向内容，对于交易标准的态度转变，或者对于使用条件的思考方面等个人思想上、行为上的转变。

7) 在预测需求方面

预测需求主要是记录消费者在转变方向上进行的改变、预设措施，在掌握消费者转变态度的基础上，整合修改的信息。

简而言之，就是随时随地地关注消费者，为消费者随时标记上变化的标签，进而完整地塑造出一个清晰、立体的用户图像，这就是用户图像系统最重要的一部分。

## 3.3 利用需求分析确立产品功能实用策略

人们常说"打蛇要打七寸"，产品也要针对用户需求。企业花费大量人力、财力和时间生产出来的产品必须是用户的刚需，能够针对用户的痛点。市场上往往会出现一些失败的产品，为什么会失败？就是因为产品没有满足客户的需求，因此功能不是用户想要的。

### 3.3.1 产品经理如何有效采集、分析用户需求

**用户需求的直接采集与间接采集方法**

用户需求的采集可分为直接采集与间接采集两种方法。直接采集是指直接接触用户，收集他们的需求；间接采集是指公司里的产品团队提供的需求，也叫作"二手需求"。

产品经理组织生产新产品，看着产品从无到有非常有成就感。产品研发的前期，团队还没有组建完成，所以这个阶段的需求采集间接采集占了多数，但通过这种采集手段得到的需求不足以代表大多数用户的需求。不同的需求采集方式，有不同的使用场景。总体来看有以下常见的4种需求采集方法。

1. 用户访谈

这种方式属于直接采集，多采用一对一或一对多的形式，问用户一些特定的问题，作用是研究新产品的方向，或者是发生了某种变化，探索其背后的原因。用户访谈可能会出现下述各种问题。

(1) 心口不一：用户回答的不一定是他内心的真实感受。原因是有时用户会迎合调查员，又或者他可能不想回答或者不知道问题的答案。当遇到这种情况时，应保持微笑和礼貌。可以从简单问题入手，询问用户的意见，打消用户的防备心理再进行需求的采集。

(2) 访谈人数少，采集结果以偏概全：由于有限的成本难以进行大范围的用户访谈，导致访谈结果以偏概全。这时需要扩大访谈范围或者优化统计规则，选择有代表性的人群进行访谈。

(3) 偏离方向：用户访谈偏离了采集需求的大方向，一是由于用户的强势，带偏了主题，二是由于访谈者的强势，忽视了采集需求的主题。出现这种情况应先尝试把话题拉回来。如果拉不回来，应尽快结束访谈，以节省时间。

通过用户访谈，通常可以获取一些用户信息，包括个人资料、使用产品的偏好、需求信息、产生需求的原因等。

2. 调查问卷

设计调查问卷由用户填写，常用于统计用户的反馈信息，量化用户需求。这种间接的采集方式，是一种面向大量用户，调查问题浅显易懂的需求采集方法。可能出现下述各种问题。

(1) 时间长：无论是在线的调查问卷还是线下的调查问卷，回答问题的时间都不应该超过5分钟。

(2) 问卷题目顺序：一开始应选择一些容易想到的问题，中间是需要用户思考或稍微敏感的问题，最后可以问一些个人信息问题。这种题目顺序的优势是可以循序渐进，消除用户的防御心理，答案是用户的真实反馈。

(3) 精确度不足：这意味着问卷的数据不符合实际情况，通常是因为样本太小，或者问卷本身的引导性不强。解决方案是调整调查对象的比例，覆盖各个用户群。选择主题时，应多考虑话题本身，多做几个版本的调查问卷。先小范围调查，再进行大市场调查。

### 3. 可用性测试

可用性测试就是邀请用户使用产品，观察遇到的问题，分析产品体验和用户需求。可用性测试可以发现设计上的问题，优化产品体验，并发现新的需求。这种采集方式可以由产品经理直接采集，也可以由产品团队间接采集，并将结果上报给产品经理。可用性测试要在早期使用，及早发现问题并予以解决。

招募的用户最好是产品的目标用户。这样得到的反馈是最真实、最有效的。应告知用户测试的目的和方法，最好征得用户同意对测试过程进行影像记录。

有些产品经理觉得可用性测试专业性强，太复杂了。事实上，它可以根据产品情况，简化不必要的测试步骤，可用性测试可以得到大量数据遗漏的问题，即使复杂也必须做。

### 4. 数据分析

数据分析是一种间接的需求采集方法。这种方法是通过计算用户日志数据分析用户的需求。其特点是数据来自产品真正的用户，可以碰触到用户的需求痛点。

其缺点是太学术，尤其是初创企业，必须考虑成本费用，每一步都进行数据分析，会导致低效率。数据只能看到现象，仍然需要寻找现象背后的原因。

数据虽不会说谎，但容易被人误解，分析人应尽量少做假设，保持中立，学习科学家的精神，不要寻找迎合观点的分析数据。

直接采集可以确保产品更现实。在产品经理的实际工作中，必须确保一定比例的直接采集。对于间接采集得到的数据，需要始终保持求证的态度。此外，一些间接采集得到的需求，如客户反馈的每周报告，真实性有保障，可以放心使用。因此，在产品经理进行需求采集的工作时，需要灵活使用多种采集方式，直接采集与间接采集相结合。

## 常用的3大用户需求分析框架

产品经理是否可以准确地找到用户的需求痛点，几乎决定了产品的成功或失败。分析用户的需求是产品设计的第一个步骤。常用的分析框架有三种，即马斯洛的需求层次理论，KANO模型，以及Censydiam用户动机分析模型。

1) 马斯洛的需求层次理论

马斯洛的需求层次理论被广泛应用于各种领域。大多数的产品分析报告都会使用需求层次理论分析用户的需求。这个理论是心理学家 Abraham Harold Maslow(亚伯拉罕·马斯洛)在《人类激励理论》一书中提出的。他将人类的需求分为五种层次，从低到高排列，如图 3-6 所示。

图 3-6 马斯洛需要层次理论

除了以上五种需求层次外，马斯洛在晚年提出了更加完善的需求层次，相对于五级需求理论，增加了认知和审美的需求，如图 3-7 所示。

认知需要指的是需要了解事情的变化，如读书以了解未知的事物；审美需求是指感受周围一切美好的事物，希望有秩序，顺其自然地生活，如听音乐等。相比之下，七层需求理论更有利于产品经理准确地理解用户的需求。

马斯洛的需要层次理论可以帮助产品经理把握产品本身应该具备的功能。具体表现为：生理需求，如美团、饿了么等外卖产品；安全需求，如支付宝、京东金融等理财类的产品或保险等；归属和爱的需要，如 QQ、微博、微信等社交 App；尊重需求，如王者荣耀、开心消消乐等有排名的游戏；认知需求，如百度文库、知网等内容支付产品；审美需求，如抖音、虾米音乐、爱奇艺等音乐、视频软件；自我实现的需求，如晋江文学、起点网站、简书、知乎等写作类的产品。

图 3-7 马斯洛需求理论的七个层次

当然，一款好的产品应该满足用户的多种需求，如网易云音乐 App，音乐产品本身可以满足用户的审美需求，评论功能可以满足用户归属与爱的需求，用户也可以从他人的点赞中满足尊重的需求。

2) KANO 模型

由于用户需求的多样性，一款产品难以满足所有用户的需求。因此，产品经理需要对用户的需求进行分类，集中力量解决最紧迫的用户需求。如何整理用户需求？KANO 模型可以帮助我们解决这个问题。KANO 模型是日本教授狩野纪昭提出的需求分类排序工具。根据用户需求对用户满意度的影响，反映出满意度与需求之间的关系，如图 3-8 所示。

在 KANO 模型中，狩野纪昭将用户的需求分为五类，即必备型需求(产品必须具备的功能)，期望型需求(需求越得到满足，产品的满意度越高)，魅力需求(产品出乎用户意料之外的功能)，无差异型需求(如产品简介，不会影响满意度)，反向型需求(降低用户满意度的功能，如产品付费)。

KANO 并不是一个将用户满意度量化的工具，而是区分不同用户的需求，是一个识别用户需求、设计产品功能的入口。通过深入了解用户需求制造出来的产品可以全面提高用户满意度。

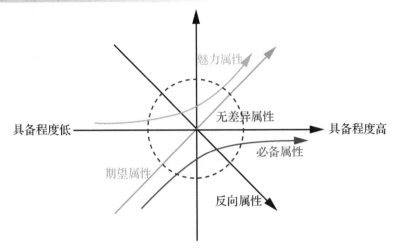

图 3-8 KANO 二维属性模型示意图

3) Censydiam 用户动机分析模型

上下是一个高奢品牌,爱马仕注资,创立于 2008 年。上下致力于恢复中国传统手工艺品。其产品价格上万元,用户定位于高端消费群体,如大都市的白领精英。

然而,上下的产品所使用的材料,有很多竹和薄瓷,不符合白领精英追求豪华、希望得到美慕眼光的心理预期。而玛瑙、玉石、紫檀等材料,使产品的整体装饰太过传统,不符合目标用户群的大众审美观。最后上下连续四年亏损,只能退居欧洲开店。

中国顶级奢侈牌的象征——NE·TIGER(东北虎)是一个完全相反的案例。产品依靠皮草设计迅速崛起,率先推出"华服"。这种衣服材料昂贵,设计风格偏向华丽,符合中产精英的消费审美需求。

面对同一个用户群,这两家公司都设计了产品,希望满足用户的需求,却得到了不同的结果。根源就是产品能否诱导需求动机。

用户的需求是客观的。需求动机是产生消费行为的原因。能否准确地把握用户的动机关乎产品性能。Censydiam 模型能有效发现用户行为背后的深层动机,有助于研发人员更好地开发产品功能,诱导用户动机。

Censydiam 用户动机分析模型的基本逻辑是,用户的需求在社会和个人两个层面存在。在面对不同层次的需求时,用户将有不同的解决方案。通过研究用户对策,可以看到用户的内在动机。其主要内容可以概括为"两个维度""四大战略"和"八个动机"。

"两个维度"意味着用户需求的两个层面。在社会层面,用户在集体与个人之间做出权衡,也就是说,归属感带来的安全,以及充分表达自己的个性获得的成就感。在个体层面上,当一个人有欲望产生,可以选择抑制或释放。这个维度可帮助产品经理预测潜在的用户满意度。

"四大策略"是用户面对内在需求,可能采取的四种解决策略,如图 3-9 所示。

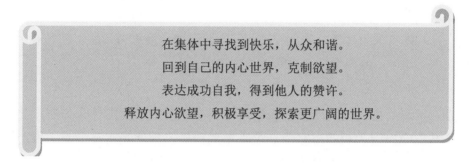

图 3-9  Censydiam 用户动机分析模型的四策略

Censydiam 用户动机分析模型分析和总结了人们表现出来的八种行为动机,这八种行为动机分别如下。

- 活力/探索:产生这些行为动机的用户对万事万物充满了好奇心,他们喜欢新奇,渴望新情感,敢于挑战自我,自由与激情是这类用户的代名词。
- 个性/独特:具有这些行为动机的用户表现得非常理智,他们希望得到他人的注意。众人的关注能使这类用户产生一种优越感。因此,他们喜欢独一无二的个性产品。
- 舒适/安全:具有这些行为动机的用户非常关注自己的内心世界,想要得到精神的放松,希望被保护,这种类型的用户往往有念旧情怀。
- 融合/沟通:具有这些行为动机的用户心态开放,不吝于与他人分享快乐与美好,易于相处。这种类型的用户往往会自发地成为产品的传播者。

以上三种用户需求分析框架可以帮助产品经理深入分析用户需求。总之,用户的需求是动机的根源,动机则是用户行为的原因,行为又是为了满足用户的需求。产品之所以成功就在于它引起了动机。还需要补充的一点是，通过分析得出用户的需求后，在资源有限的情况下，产品经理应该仔细选择要满足的需求。

### 3.3.2 从用户真实需求到产品核心功能

产品有没有真正找到用户的需求？这是一个值得产品经理仔细揣摩，深入思考的大问题。在一个并不存在的市场里投入资金，投入精力，付出时间，最后只能竹篮打水一场空。

需求来源于痛点，但需求并不等于痛点，痛点是否可以转化成需求，还需要判断，在判断需求的真伪时产品经理不能从自己的角度思考问题，而是要站在用户的角度，用用户的判别标准判断痛点的价值。

1) 判断痛点的价值

企业费尽心力研发的产品，服务用心、产品精美，但为什么投放市场之后反响不热烈呢？因为企业忽略了一个重要的前提，那就是用户需求。做产品最大的难题并不是用户的体验不够好，体验不好，还可以改进，最大的问题其实是伪需求。

产品经理们可以回过头去想想，在研发产品时，是不是跳进了一个过于关注创意点子的陷阱，是不是考虑更多的是，如果用户每天都会用我们的产品，我们如何给用户一个最好的体验。跳过了用户需求，这其实是不对的，要多问问，客户为什么要用这款产品？这款产品能解决用户什么需要？是什么在驱动用户选择这款产品？

还有一种情况是，产品并不是一点需求也没有，但是没有它客户也无所谓。这种情况下产品针对的是客户的"痒点"，价值不够大。真正有价值的痛点是迫切的、必须解决的问题，其出现频率高、持续的时间长。下面举个简单的例子。

如果某用户从事销售工作，经常出差拜访客户，需要用手机处理各种业务，因此手机每天要消耗大量的电力。一天下午 5 点，他的手机电量仅剩 5%，没有地方充电，如有来电不能及时接收。这对用户是一个非常痛苦的点。我们使用上面的标准衡量痛点的价值。

是否紧急：是的，如果不解决，无法联系老板、客户，工作无法进行。

是否必须解决：是的，只要用户还使用手机就需要充电。

频率高：是的，每天都要使用手机。

持续时间长：是的，尤其在室外没有电源的地方，无法为手机充电。

我们可以发现这是一个非常有价值的需求痛点。随后 OPPO 手机针对这个痛点，推出了"充电 5 分钟，通话两小时"的手机，广受用户的欢迎。

高价值的痛点，可以想办法解决，低价值的则可以放弃，然而事实上大多数用户的痛点处于高价值和低价值之间，需要综合其他因素进行进一步的判断。

2) 判断痛点能否被解决

有价值的痛点被解决才能转化为需求，不能解决的痛点，再有价值也无法转化为需求。例如，在火车没有被发明之前，人们过年回家没有抢票的需求。

如何判断痛点能否解决？一般来说，可以使用一个简单的小调查看看是否有人解决过。如果已经解决，可以了解他是如何解决的。如果不能解决，看看关键的阻碍在哪里？你能解决这个阻碍吗？

例如，在上面充电的例子中，虽然有移动电源，但手机还是需要每天充电，痛点没有得到完全的解决。能不能生产一个一个月充一次电的智能手机？通过调查，可以发现这是不可能的，因为电池容量与体积有很大的关系，即

$$电池容量 = 电池密度 \times 电池体积$$

电池密度的大小受技术水平的限制。在电池技术没有重大突破的当下，手机电池的体积决定了容量，在手机更薄、更轻的潮流下，手机制造商无法完全解决电量的痛点，只能尽量满足需求。

3) 判断用户群有多大

当一个痛点被发现，很多人自然就会假设每个人都有这个烦恼。例如，当母亲感觉冷时会给孩子也添件衣服。这种将主观想法强加在他人身上的现象很常见。但是产品经理，一定要打破这种理解的障碍。

正确的做法是找到一种方法来计算出边界，判断有这种痛点的用户数量。少数人的痛点不值得浪费时间，如果用户群很大，则意味着一个新的产品商机。计算出用户群的数量，首先，要定位目标用户，才能调查数量。一般来说，要经过以下步骤，如图 3-10 所示。

另外，需要补充的一点是，除了判断数量外，消费者画像还大有用处，准确的消费者画像一是有助于企业在发展战略上的业务经营分析和收入分析，改变纸上谈兵的销售模式，事先做好调查，完善产品运营，提升用户的满意度。二是利

用大数据进行竞争分析和用户维护，根据产品特点找准目标用户。

图 3-10　判断用户群大小的步骤

4) 判断用户群的商业价值

判断用户群的商业价值，主要看两个指标：一个是收入，另一个是消费指数。商业价值低的用户群，需求的价值也不高。

例如，在许多偏僻的山村，学校条件简陋，教学质量不高。按照正常的思维是花钱聘请好的老师，提高教学质量。但在这些贫困山区，家庭收入主要用于支付日常开支，难以投资于孩子的教育，所以没有产品经理愿意去解决这个问题，因为商业机构不能不赚钱。而在大城市，父母愿意为了孩子的教育投入资金，教育机构用赚来的钱可以聘请更好的老师，做出更好的课件，形成一种良性循环。

因此，判断痛点能否成为一种需求，也需要判断这个用户群的商业价值。如果用户群的痛点价值大，但消费能力弱，这种痛点更适合慈善公益，而不是商业产品。

通过以上四个方面，基本上可以判别用户需求的情况。当一个痛点可以解决，用户群体非常大，商业价值非常高，这种痛点可以转换成需求，产品经理可以据此设计研发自己的产品。如果情况正好相反，即是伪需求。大多数的需求往往只是满足了上述两三个方面。可能用户群小，但是商业价值高，这种情况下也是值得做的。

通过需求采集得到的用户需求是产品经理听到或看到的用户想要的东西，或者用户自己认为想要的东西，但是这些需求一定是真实的吗？产品经理需要思考三个问题,如图 3-11 所示。

图 3-11　关于需求的 3 个问题

1. 需求的判断

产品经理必须首先判断采集来的需求是否可靠。判断的标准参考上文 3.1.2 节中的价值判别标准,有价值的需求才可以转化为产品需求。这里不再赘述。除此之外,还可以利用一些鉴别需求真伪的工具,如商业模式画布、PEST(害虫)模型等。

2. 需求的挖掘

在某些情况下,用户的需求可能是有价值的,但转化为产品后,用户却不买账。为了避免这种情况,产品经理必须事先判断是否有真实想法隐藏在用户的需求之中。简而言之,"看的更多,想的更多,问的更多,尝试的更多"。

例如:在需求收集阶段,仔细观察用户的行为,不仅听用户说了些什么,也要看用户做了些什么。

在需求转换阶段,需要创建一定的情景现场,想象自己作为一个用户时的购买心态,分析他们的目标,这要仰仗于产品经理对目标用户的心理进行揣测与理解。

在项目的输出阶段,对产品进行实测。

在完成阶段,使用"灰度发布"或者"A/B 测试法"测试用户是否真的喜欢使用这个产品功能。

### 3. 需求的描述

找到有价值的真实需求后,接下来,为了使产品团队更好地开展工作,产品经理需要使用简明易懂的语言描述用户的需求。将用户需求转化为对产品功能的要求。需求的描述包含需求树+用户故事+用户任务。

需求树:树状结构的需求表达,以图表的形式分别描述不同的用户,在什么场景下,需要什么样的功能。

用户故事:这是一种讲故事的方法,描述了不同的用户,会在什么样的情景下使用产品的何种功能。

用户任务:描述一个用户,使用一个产品功能,完成一项任务的过程,并将价值和成本赋予任务之上。

正常情况下,需求树用以描述产品结构,用户故事用于描述背景,用户任务用于描述产品的需求。以某软件产品的用户故事和用户任务为例,如表 3-4 所示。

表3-4 某软件产品的用户故事和用户任务

| 用户故事 | 用户任务 |
| --- | --- |
| 小A,90后,是一所艺术院校的在校生,有一副好嗓子,在学校除了上课还有很多空闲时间。小A很想在毕业之前提前熟悉社会,也顺便利用自己的特长赚些生活费,于是想看看身边有没有这样的工作机会。怎么去做 | 角色:App用户内容消费方<br>目的:发现身边的工作机会<br>任务:打开App,默认显示离自己最近的通告信息,按才艺要求筛选需要"歌手"的。标识出通告地点、通告类型、通告报酬、通告发布人。<br>价值:9<br>工作量:6 |

综上所述,按照"需求判断——需求挖掘——需求描述"的产品,需求分析思路,就能比较完整地整合出可以转化为产品功能的用户需求,进入产品的设计研发阶段。

# 第 4 章

# 产品设计：产品经理如何实现产品功能落地

身为一个产品经理，需要掌握的各项综合能力必不可少，交互设计就是其中之一。交互设计的能力并不是单纯地看书、查资料就能够完整、清晰地掌握下来的，更多的是掌握交互设计的实践运用。只有亲身体会过交互设计在实际问题解决方面的运用，才能够在头脑中建立一个完整、清晰的交互框架，以此作为产品功能的基础。

## 4.1 交互设计：满足功能前提下层级越少越好

现在社会上出现了一个这样的问题，很多公司的产品看起来虽然非常完美，但是用户在使用时却漏洞百出，完全不符合实际操作的需要。这到底是为什么呢？究其原因，最初出现产品这个概念的时候，很多产品经理只是在盲目地追求符合用户需求，却罔顾了实际运作情况，从而忽视了产品的整个交互设计。

### 4.1.1 做好交互设计的五点原则

学好数理化，走遍天下都不怕；而身为产品经理，掌握了交互设计的方式、方法，走遍天下也不怕。只有完全掌握了交互设计原理，才能完成一次好的产品体验。本小节则以一些流行的游戏产品为大家一一阐述交互设计的五个基本原则。

1) 一致性原则

其实，一致性原则是所有交互原则中最基本的原则。总体来说就是要整个视觉效果、页面布局、功能作用、交流用语以及操作步骤等这几方面保持一致性，避免出现不美观、页面混乱的情况。

在操作布置时，只要将经常运行的控件调整好，以此作为一个母版，使用时再根据新要求稍做调整就完成了整个流程。不过，这个最容易掌握的交互原则也是最容易被忽略的。因为太过于简单，所以在实际的操作运营时，这个一致性就容易产生质变。

就拿 Grand Chase 游戏来说，它的页面布局几乎所有的领奖界面都是在右下角，还全部设置了美观显眼的【领取全部】按钮。可是漏洞也因此而出现，仔细一看，原来是极个别的领奖设置出了问题，没有统一放置而影响了整个游戏的一致性。

2) 有效性原则

有效性是指交互设计的整个效果完全符合用户的需求和审美，为用户提供了一个较为稳定、安全的交互方式。其实一般来说用户不会有多么严苛的需求，不会追求各种特别的交互效果。但是最基本的问题一定要及时、彻底地解决。

就拿市面上比较畅销的 ARPG 这种类型的游戏来说，本来是综合应用基本一致的那些方向轮盘技能，一些用户操作起来得心应手非常流畅；可另一些用户却觉得卡到让人火大。这究竟是为什么呢？其实无非就是因为按钮与按钮之间的间隙或者热区太小这几个原因，进而导致整个操作的稳定性得不到保证，让玩游戏用户的有效体验度降低。针对上述问题，可以通过以下途径解决，如图4-1所示。

图4-1 解决措施

3) 易读性原则

易读性原则主要是指整个产品的设计能让游戏用户拥有清晰明了的应用体验，这样能大幅度增加产品功能的整体效率。

依然以游戏为例，在游戏中，游戏场景的整个设计很有格调，让人觉得很有气氛、很精致。但是在游戏角色的视角中，一些公交运行、天空翻转的实际场景，游戏最初设定的字体大小还是不够清晰明了，不足以提升用户的实际体验。所以在整体的设计上，字号的设计应该更符合游戏用户的适用度，可以稍微调大一点，这样就能够保证在户外玩游戏的用户依然能够拥有清晰的游戏体验，简单便捷地看到游戏画面里的文字设定。

就比如在Axure游戏中，如果以屏幕大小为1920×1080的绘图板为例，相信对于大部分用户来说，肯定都更喜欢30(辅助提示)、34(主要文本)、42(标题)这些中文字号下的基本格式的配备。

当然，由于游戏设定本身的属性和设计复杂度不同，一些游戏在字号大小方面的标准就会不一样，但是综合考量整个操作体验和版面舒适度，中文字号的最小限度最好不要超过26(辅助提示)、30(主要文本)、38(标题)这个标准。不过依据游戏用户本身识别度的不同，也还是可以接受比大多数人更细微的字号，但经过一致性测试，22号已经是字号最小化的极限了，其他更小的字号基本上很难被游戏用户所接受，且在整体的游戏体验中也很难能被清楚地识别。另外，在其他方面，还有以下几个提高易读性的技巧，如图4-2所示。

图 4-2　提高易读性的技巧

4) 三次点击原则

如果用户在三次点击后无法找到目标信息以及预料中的功能时，用户就会停止使用这个网站。一个好的网站应该做到让用户知道有哪些内容，并且知道自己的目标内容在哪里，这就是三次点击原则建立的基础。

其实，对游戏产品而言，"点击鼠标三次之内"才能够吸引用户的注意力，这对提高游戏用户的留存率至关重要，用"三次点击就可以决定一款游戏的生死"来概括也不为过。这个原则主要体现在：在三次点击之后，游戏用户必须能够抵达所有玩法的入口或者游戏副本的入口，以及能够查看到所有具有"限定次数"这些基础设定的界面。

相信很多热衷于 PK 类型的游戏用户都知道，这款运营时间较长的《拳皇98OL》游戏，虽然游戏的各项功能繁多复杂，但是最令人惊喜的地方是仅仅点击两次，就能够抵达游戏中的任何玩法入口。

5) 防错原则

防错就是防止用户由于对产品和体验过程的把握、了解不足而发生突发事件。在游戏中，用户经常会因为操作不当而产生不可预料的结果，这时就成了日常频频提起的损失投诉的原因。而为了减少这些投诉事件的发生，很多游戏平台都纷纷在防错上进行了细致的研究，以下这四种方式就是游戏设定中常见的防错方法，如图 4-3 所示。

在常见处强调与游戏相关
的信息

弹出用户进行二次确认信
息的对话框

 确认与游戏相关按钮的位
置改变

在游戏设定中增加上锁、
开锁功能

图 4-3　游戏设定中常见的防错方法

尽管游戏中增加了这些防错设置，但用户因操作失误而提起的投诉事件并没有减少，说明这些防错措施的设计效果一般，从另一个角度来说，在防错设计上的投入成本和游戏效果根本就不成正比。其实总体来说，防错设置中效率和投入成本之间性价比最高的还是这个方法：出示二次确认的弹窗，要求游戏用户输入验证文字。这个方法就像平常软件中输入验证码，操作起来虽没有那么烦琐，但总体效果还是很高的。

不知道《风之大陆》这款游戏的玩家有没有这样的体验，虽然设定的防错机制在整体上看有失新意，不够吸引人，但是开发的机制却特别简单，在防错方面的效果也很强，这个例子应该引起大家的认真思考。

下面将详细谈谈上文提到的几个防错方法失效的原因。

1. "信息强调"失效的原因

(1) 信息提醒不突出。

游戏的信息提醒设置总是会由于字号太小以及字体颜色不明显，而容易被用户所忽略，达不到提醒的效果。

(2) 玩家视角不重视。

随着防错机制的调整，大部分游戏玩家已经养成了自主理解的习惯，就造成了提醒信息出现时被直接无视的结果，在这种情况下应该在提醒信息的基础上增加一个让用户进行二次确认的弹窗，提高玩家视角的强势控制，以此获得防错的效果。

2. "二次确认"失效的原因

这个防错设置的过度使用会让玩家产生视觉及操作疲劳，当玩家在整个游戏环节的个别部分进行了高频率的思考确认行为时，过多的确认窗口就不会再吸引他们的注意力，这就成为他们在危险操作时忽略二次确认窗口的隐患，很容易形成敷衍式的确认行为。那么在这种情况下，如何提高这个防错机制的效率，就需要从整体的游戏布局层面去仔细策划，及时调整防错系统的弹出规则。

3. "上锁、解锁"失效的原因

(1) 有效性低。

这两个防错机制都非常考验游戏用户的积极主动性，上锁和解锁的实施完全依赖用户的动手操作行为，但是在对游戏用户的调研中来看，大多数用户根本没有随时上锁的习惯，所以这两个防错机制的有效性实则很低。

(2) 解锁需求不及时。

那么退一万步来讲，几乎所有的游戏用户都拥有良好的上锁习惯之后，那么就能够保证高效率的防错了吗？很显然，这不一定，因为在设置上锁、解锁方面，制作时无可避免地会产生考虑不全面的情况，然后造成部分游戏界面的设计缺陷，在一些需要消耗游戏人物物品的场景不能提供及时的解锁需求，导致游戏用户不佳的体验效果，进而产生不需要上锁、解锁机制的想法。

4. "确认按钮位置的改变"失效的原因

(1) 过度使用。

这个情况和上述的过度使用二次确认的防错方式几乎一样，设计防错设定的策划有时候没有仔细考量整个游戏的危险操作，进而产生设置在最基础操作时，导致防错机制的过度使用。这时候，在系统频繁地提醒用户时，用户会在心态上产生抗拒、抵触的心理，导致整个防错机制影响了日常的操作，引起游戏体验感不足,让用户不再使用整个防错机制。

(2) 设定标准不明确。

有时候,防错机制在落实层面的落实不到位、不明确,让游戏用户对于整个游戏的防错设定不了解,不清楚确认按钮的具体位置,无法判断下一步操作的准确路径。这样的问题除了揭示防错机制根本没有使用的意义外,还导致用户的正常游戏需求得不到满足。

一个刚刚接触产品的新人,以上的交互原则就需要进行深刻理解,只有完全掌握了这几个基础的交互原则,才能够为以后解决用户需求、完成产品各方面工作打下一个良好的基础。而作为产品经理,整个工作的范围主要还是分布在版本规划、产品迭代、竞品分析、资源协调等这些方面,交互原则只是一个小小的设计工作,日常的工作重心应该自己调整、把握,一定要多注重执行能力及思辨能力的锻炼,进而让自己成为一个工作能力更强、执行效率更高的工作者。

## 4.1.2 交互设计如何避免遗漏又做到极简层级

科技网络发达,整个社会的竞争水平大幅度上升,决定整个产品竞争地位的关键点就在于产品的交互设计以及用户体验这两个重要方向。整个行业时时刻刻都在竞争那个领先地位,同样质量、同样价值的产品在这个时候只有突破了这两大板块的内容才能遥遥领先,夺取整个行业的鳌头。

说到交互设计,无非就是对用户使用产品时所衍生出来的各种行为的一个估量,进而设计出更多符合用户需求、提高整体水准的使用方式。在产品服务这个行业,只有征服了用户,才能让他们心甘情愿地继续使用、继续消费,才能使产品发挥更大的作用,让公司获取更大的利益。不同的产品适用不同的用户,从大致的产品走向来说,基本可以将用户群体分为以下三类。

第一类是专家用户。

这一类别是狂热的极客用户,对于产品有很大的兴趣,愿意花费精力、时间对产品进行研究、探索,积极思考,愿意从各个层面进行质疑,提出自己的见解。

第二类是落后用户。

这一类别的用户"顽固不化",头脑里保持着固有的想法,不去发现、尝试新鲜的事物，只保持自己一如既往的状态。只有在不得不进行改变、更新的时候，才会慢慢地向新产品靠拢。

第三类是主流用户。

这一类别的用户在所有用户中是占比最大的一种，相对于上述两类用户来说，他们带着很强的目的性去进行产品的使用，不会因为产品的新技术以及特色而改变最初的需求。

针对上面几种用户类型的分析来说，掌握主流用户群体的走向，就是产品设计的关键所在。只有符合主流用户的要求，进而完成更高效、更简洁的产品设计，才能在整个行业站稳脚跟。那么，高效、简洁的产品又是什么样的呢？一般来说应具备以下三大特征，如图4-4所示。

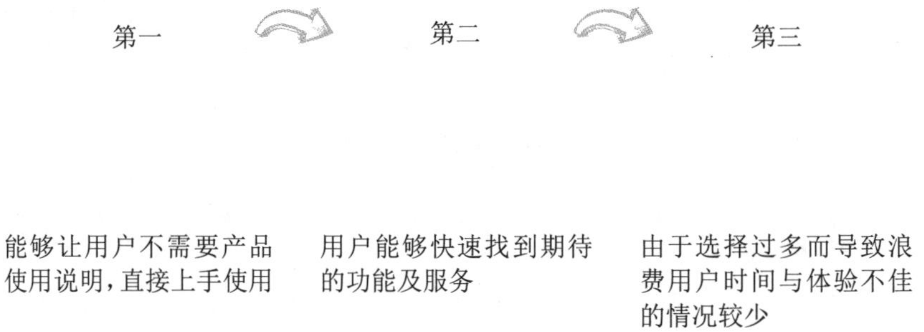

| 第一 | 第二 | 第三 |
| --- | --- | --- |
| 能够让用户不需要产品使用说明，直接上手使用 | 用户能够快速找到期待的功能及服务 | 由于选择过多而导致浪费用户时间与体验不佳的情况较少 |

图4-4 高效、简洁的产品的三大特征

那么如何才能让产品发挥最大的效用？如何才能打造出一款"为用户而生"的完美产品呢？接下来，本文将一一阐述设计的四个策略。

**策略一：删除**

删除指的就是将产品中使用频率高、作用很大的功能留下来继续使用，将没有利用价值的功能删掉。这个策略的关键就在于减少甚至避免产品中的无关设计对用户产生影响，致力于让产品设计和用户使用这两个方面都更专注于产品的主要功能和核心作用。

(1) 少即是多。

在设计产品的功能这个方面，并不是越多越好，要灵活地运用"减法"这个技巧，这是每个合格的产品经理的必会技能之一。MVP这个产品理论已经慢慢地渗透到各个行业之中，它致力于让产品保持核心的功能，拥有完整的核心业务流程，只能通过删减产品中没有利用价值、降低输出浪费的方式进行不断调整。

每一个使用产品的用户肯定都是为了追求产品的核心功能，没有人会为了小板块浪费太多的精力。那么不管是哪一类产品，只要将核心功能进行认真分析和研究，一经推出肯定就是整个产品行业的中流砥柱，势必会成为夺取用户流量的一个巨大关注点，让所有用户都为之倾倒。

在交互设计这个方面也是一样的道理，只有专注核心、极简才能成为用户选择的关键。没有了其他小功能的干扰，产品的复杂度也就降到了最低，那么这才是一个拥有核心吸引力的好设计。

(2) 专注核心功能。

一款产品从出现到顺应潮流得到大肆推广使用，肯定会不断地经历核心功能的更新与调整，这是毋庸置疑的。同时，整个产品会经历版本升级，不断地适应大众化的需求以及审美标准。

就比如现在流行的微信、QQ 等社交软件，都是慢慢经历了无数次的版本升级，经历了无数次的测试体验，到检测合格时，所有用户都能得到更好的体验，这才一步步成为如今大众离不开的优秀产品。

其实每一个产品用户都希望能够得到最佳的使用体验效果，这才是吸引用户继续使用的唯一途径。所以，在对产品进行考量时，应该把重点放在产品的核心功能之上，完善核心功能的整体使用效果。只有进一步升级和优化每一处大众不适的方面，才能让使用的用户认真体验，从而根据核心功能的不足，挖掘出越来越多的辅助功能，加强使用的整体效果。

(3) 学会放弃。

聪明的产品设计者善于放弃，只有这样才能从损失中看到价值。产品里不被用户所接受的功能就是一个不适合的功能。应该密切注意产品上线之后，哪些功能不是用户所喜欢的、不符合用户期望的，这些都是要放弃的对象。同时，在分析用户数据的时候，要贴合大部分用户的使用情况，尽量满足大部分人的喜好，以此作为评判放弃的标准。

就拿风靡全球的照片分享软件 Instagram 来说，它现在如此吸引用户的原因就在于大胆地运用了"放弃原则"。软件的创始人仔细分析了产品当中呼声最多、受欢迎程度最高这个照片分享功能，把产品中其余的大部分功能全部删减、放弃了。继而不断地完善这个核心的照片分享功能，最终也就成为现今广受欢迎的大师级产品。

**策略二：分类**

学会分类是一种艺术，能通过这个小小的衔接去挖掘产品和用户之间的更佳体验。分类就是把产品中的实际功能和服务类型的应用进行分类，从而帮助用户提高使用功能的效率，减少不必要的时间浪费。然而，在产品进行实际设计阶段，可以充分地发挥整个分类的功效，进行大致的整合之后，再根据产品的细致区别而展开研究，这时候，分类就是产品开发的导航排列，也可以称为内容组织的设计。对产品进行分类可以从这三个方面进行。

(1) 依据用户的认知进行分类。

随着时代潮流的发展，很多产品的形式也发生了重大变化，许多传统、固有的线下产品已经被互联网产品无声地取代了，所以在产品服务方面，线下门店已经不再重要，全都转移到线上的服务平台了。这时候，很多用户就会产生不满的情绪，为了照顾所有的用户体验，在进行产品设计之前，一定要详细地进行用户的使用调查，保证产品的整个设计框架及分布情况符合用户的认知系统。

就拿阅读来说，以前科技还不发达，在社会上流通的只有传统的报纸、书刊等纸质阅读产品，而现在，线下实体的阅读报纸、书籍已经完全被阅读软件中的电子书所替代。这一个迁移的过程并没有改变阅读的内容分类情况，而是和线下阅读的实体产品的分类方式完全相同。这个不变的形式可以让用户在使用过程中完全按照之前的行为习惯来进行阅读和使用，避免了用户重新体验、学习的繁复过程。

(2) 依据用户的行为进行分类。

用户使用产品的整个过程，实际上是一个从开始到结束的周期。而进入产品、使用产品、退出产品的使用流程是完全不一样的。所以，在对产品进行分类的时候，这个内容是一个强有力的依据。可以根据用户不一样的使用流程，为他们选择需要的功能及内容，同时可以让用户根据整个产品布局快速地找到需要的产品功能。

拿一个常见的产品设计案例来说，在电商购物类的产品中，一个用户购买的流程无非就是进行产品的挑选、收藏、加入购物车、购买、支付等一系列环节。只要根据用户购买产品的整个行为流程，调整好整个产品布局，进行功能分类之后，购买的用户就能在最快捷的使用方法下，轻易、准确地完成其使用行为，提升整体的产品体验好感。

(3) 依据产品的视觉设计进行分类。

人类都是视觉动物。只要能够一眼打动消费的用户，那么这个产品在其心中肯定就贴上了"好产品"的标签。所以在产品的视觉设计方面，可以通过颜色、图标、形状等将产品的特征展示在用户面前，让用户能够快速地被产品所吸引，从而发现产品中更有价值的信息。

在颜色方面，通过颜色的不同设计，利用与众不同的色彩吸引用户的眼球，从而打动用户，是完成整个推销产品的第一步。生活中最常见的就是城市里的地铁线路图，每一条地铁线路都用不同的颜色标注出来，让乘客能够一眼找到自己需要乘坐的那一条线路，不会再被地图中繁复交错的线条迷惑了眼睛。

在形状、大小方面，根据产品不同的功能，应设计出不同的形状和大小与之匹配，从而吸引、指导用户根据不同的需求完成最快速的购买流程。

**策略三：隐藏**

隐藏也是处理产品旁枝干扰的一个重要手段。隐藏就是使那些产品中不能删除的无关设计以及使用频率低的功能不会干扰核心应用的使用。也就是说，如果一款产品其中的某一个功能无法删除，那么就只能隐藏起来，从而提高产品的使用效率。

(1) 渐近展现。

这是一个循序渐进的过程，先给用户展示出最基础的选项，再逐步提供高级选项。在这个方面，最有代表性的例子就是产品的搜索功能。在搜索时，你们有没有发现这些特点。最开始，用户输入一个特别简单的内容，这时候搜索到的答案就会特别广泛，五花八门不同类型的内容也找出来一大堆。之后，在这个搜索的高级选项中填写了更精确的范围之后，找到的内容就会更贴近自己的想法。

(2) 适时出现。

"适时出现"就像一个理想中的"偶遇"产品将功能进行隐藏，在适当的时机展现给用户。接下来通过一个简单的案例进行分析，Kindle是一款阅读类的产品，如果使用的用户在阅读时发现了一个不懂的单词，在自己无法解释以及判断的时候，长按这个单词，就会触发这个产品的隐藏功能，出现帮助解决问题的搜索框，用户就可以进行单词搜索，解决自己的疑难。

(3) 提示。

隐藏起来并不是为了让用户无法使用这个产品的功能，而是从侧面设置了一个将隐藏揭示在视野中的关卡，那就是提示。没有任何产品的设计意图是希望用户不知道产品功能的，每一个功能存在的价值就是为了能够让用户体验到产品本身的效用。所以，提示的窗口是对隐藏功能的一个解放，目的就是为了给用户提供一个挖掘产品更多功能的入口。

**策略四：转移**

在这个科技飞速发展的时代，人工智能已经慢慢地出现在我们身边，很多人类能够完成的事情已经逐渐被机器人所代替，甚至是机器人做得比人工做得更加出色。而机器人出现的意义就在于减少人类的繁重负担，提升生活的享受体验。转移就是一个这样的功能，它将用户的工作移到产品本身。设计转移的目标就是减少用户的操作事项，用产品本身的一个功能去提升用户的整体体验。

现在手机市场也入驻了很多类似于手机助手、智能人机交互系统等一些帮忙分担用户繁重操作的功能。就像那些打电话、看新闻、查询天气预报等之前无法被代替的用户行为，现在只需要询问手机助手，那么，它都会为用户解答一系列问题，而不再需要用户自身的复杂操作。有了这些功能，用户的整体体验感也在随着交互行为的减少而不断提高。

通过上文的整体分析，大家应该对整个交互设计有一个清晰的了解了，接下来再一起去了解一下如何验证自己的设计策略是否有效。

做任何事情都没有一蹴而就的可能，完成一份产品的交互设计也是如此。只有经过不断的分析、修改、创新，才能够让产品与用户双方拥有一个最好的体验过程。在这个方面，可以依据使用产品之后用户的整体反馈，只有从使用者的角度去观察、分析产品本身，才能够突破设计者视角的弱点，公正地评判产品交互设计的好坏。依据产品的不同时期，通常会有以下两种检验方式。

(1) 对用户进行访谈及行为分析。

这个方法适用于产品还未正式上线的阶段，只能通过以高成本的方式对使用产品的用户进行访谈，因为这个时候产品还没有聚集高数量的用户，缺失分析对象。这时候通过个别的用户访谈，不断整合、分析用户的各方面行为，得到一个有效的参考数据。最后将依据这个分析情况形成的交互设计变成一个试用报告，邀请体验用户进行了解、访谈，逐一登记，从而挖掘出更多符合实情、更有参考价值的方式，达到不断完善的目的。

(2) 进行数据分析。

这个方法适用于产品正式上线且聚集了高数量的用户，可以通过收集用户资料的方式对产品进行数据分析，通过分析整合得到产品和用户两者间在使用过程中产生的问题和不足，更好地通过分析转换，不断地进行产品和用户之间的磨合，从而达到本次数据分析的目的。

## 4.2 视觉设计：并非所有产品均颜值当道

视觉设计已经成为连接现实与互联网虚拟产品的媒介，在进行视觉设计前必须建立起统一的产品视觉设计规范。与产品的功能设计相同，视觉设计规范也是围绕着用户的需求而建立的。

### 4.2.1 产品要有统一的视觉设计规范

Dribbble 是国内设计师们比较追捧的一个网站。这个网站有很多非常漂亮的设计作品，可以激发设计师们灵感的火花，但视觉设计师们不能在不了解产品使用场景和目标的情况下按照自己的设计喜好进行设计，视觉设计最终要落实在用户的问题上。业务场景之外的设计是不现实的，只有把视觉和体验统一起来，才能更好地占领市场，产品的视觉设计才具有商业价值。

视觉是一种感官功能。随着时代的进步，视觉设计在互联网时代显得愈发重要。环境的变化使设计的时尚趋势经历了商业艺术—工艺美术—印刷艺术设计—装饰设计—平面设计—界面设计等六个主要阶段。

首先，视觉设计要能够做到视觉传达与产品目标的统一。在传统的交易活动中，一个水杯没有被购买也就没有商业价值，水杯的视觉设计也就毫无价值可言。想实现设计的价值就必须了解用户，通过可视化的视觉设计将用户想要的功能传递给用户。要做好视觉设计，既要做到功能与视觉的统一，又要做到二者的完美结合才能走得更远。一个常见的例子是淘宝的购物，如图 4-5 所示，醒目的橙色提交按钮在视觉上起到了突出强化的作用。

图 4-5　淘宝视觉传达与产品目标的统一

其次，产品的视觉设计必须服务于用户体验。用户体验是用户在使用产品过程中建立起来的一种纯粹主观的心理体验，涉及产品内容、用户界面、操作流程、产品功能等方面，是产品成功的一个重要因素。随着互联网时代的进步，用户对体验的要求越来越高，对视觉设计的要求不仅局限于满足需求，已经上升到服务设计的水平，要求更新奇的创新体验。视觉设计要与用户的体验统一。视觉设计不仅是在视觉上给用户以美的享受，还可以辅助产品的功能给用户带来好的体验。

最后，产品视觉设计规范要全面。产品的视觉设计规范要涵盖色彩、文字、控件、布局等各个方面，与交互行为也要有统一的设置，这样才能带来一致的用户体验。设计规范一般涉及色彩、文字、控件、布局、图标等视觉感官，但对于什么样的设计和交互行为适应没有统一的设置。这导致了每个人在规范中经历的用户体验是不一致的。

以弹出窗口为例，在什么场景中使用模态，什么场景使用非模态，点击"×"才能关闭，还是点击屏幕上的任何地方都可以关闭？在产品设计中，不同的设计师往往对接不同的开发人员，对于这些细节问题，必须制定统一的规范，才可以在产品中实现视觉与体验的统一。

综合来看，规范的产品视觉设计有以下几点特征：美观、结构清晰、逻辑流畅、体验统一。总之，产品的视觉设计要有正确的目标导向，统一的设计规范才能实现视觉设计与用户体验的统一，让产品的视觉设计转化为商业价值。

## 4.2.2 视觉设计应从用户需求出发而非主观感受

随着整个社会潮流的发展，人类的审美观也随之发生变化。视觉设计这个行业也脱离了传统的轨道向网络时代逐步变迁，在整个设计格局方面展现出与传统审美相反的意向美。

视觉设计的流行趋势也发生了明显的转变，分流出了商业美术、工艺美术、印刷美术设计、装潢设计、平面设计、界面设计等几个板块的内容。关注的角度也产生了改变，从视觉转变成了视觉的表现，整个设计的关键点也从展示手段转移到了招揽用户这个层面。

在如今这个社会，视觉已经变成了反映产品整体效果的一种媒介，成为用户和产品之间一种沟通的桥梁。

在面对一款产品时，吸引顾客的往往是第一眼的视觉冲击，这时候就会形成用户对这款产品的第一印象，从而吸引用户通过实际操作继续了解整个产品。除了第一眼的视觉效果外，整个产品的操作页面也会对用户的实际操作产生很大的影响，从而决定了用户是否喜欢这个产品，决定了这个产品是否漂亮。在这个时候，漂亮这个词已经不仅仅代表着产品外观的美感，更代表了整个产品的综合体验，以及产品在功能方面的水准。

就拿操作页面来说，界面上的按钮和跳转方式是完成整个产品操作的唯一渠道，所以它成为用户心中无可替代的评判标准。对于用户来说，当这个操作页面能够完全符合其心目中的标准，那么这个产品就达到了他心中的期望值，成为一款名副其实的好产品。

但是，不被用户所接受的产品，往往是因为整个操作页面不符合用户心中对于产品整体美感的期望值，继而被指出产品不够漂亮，顺势成为评判一个烂产品的标准。

随着日益加剧的市场竞争，整个市场的产品差异程度也在慢慢缩小，用户对于产品体验的要求也在逐步增高。

优秀的产品体验必须依靠整个产品设计的创新程度。就拿 iOS 键盘的动态触摸热区这个例子来说，这应该是脱离了传统产品设计的一个独特方向，利用用户的触碰动态进行键盘热区的调整，大幅度增加了键盘上的有效触碰面积，从这个完全不影响整体使用效果的键盘视角,提高了键盘输入的精确程度。正因为有了这个大胆创新的产品设计,才彻底解决了键盘操作的难题,降低了产品用户在操作体验时的不满意程度,如图 4-6 所示。

图 4-6　iOS 键盘

以上案例分析向大家展现了产品设计的创新对于用户体验的影响程度。随之可见,只有产品功能设计的目的明确了,才能轻易解决用户的产品体验问题,进而采取高效率的改进措施,提高用户的产品体验感。

下面再说说列表案例。其实,列表在整个生活中的应用程度十分广泛,在日常使用的应用软件中也遍布它的身影。而列表存在的意义则是为了让用户得到更舒适、更方便的体验。不过,在进行列表的设计时,设计师总是执着于设计出一个创新、美观的列表,以此吸引用户的注意力。但是,仅仅依靠一个列表是根本不足以吸引用户、留住用户的,整个设计完全是为了提高产品的适用情况、提高用户的体验度,而不是仅仅是审美情趣上升了就完全能够以此作为产品的根本。

其实列表产生的意义在于展示商品,实现转化。无法为产品设计谋求商业价值的任何作品,都是空谈。

现在,随着市场竞争的激烈变化,产品展示已经开始向帮助用户查找产品的方向慢慢过渡。所以在整体的设计思路方面,必须依靠展示商品,方便用户浏览,帮助用户快捷、舒适地找到自己想要的东西,购买转化这几个环节进行。只要把产品展示变成产品查找销售,帮助用户进行最愉快、最便捷的购买产品的方式,才能够最高效率地提高用户消费的整体体验技能,从而实现产品展示的设计目标。

这时候，很多人就会对为什么要这样设计列表产生疑问。其实从产品展示具体到整个商品信息来说，商品的信息无非就是以下几个方面：商品名称、商品图片、价格、折扣、评价、购买数量等。虽然不同的商品会有不同的信息层面方面的变化，但是商品的三要素基本上离不开商品价格、商品名称、商品图片。

那么，这些商品的信息如何摆放又是一个极为关键的视觉设计问题。据了解，在现在的市场上，有很多商家建立了"s"形布局，在整体的摆放方面还是比较创新的。但是，对用户来说，在这种情况下进行大量的浏览会产生视觉疲劳，引起感官方面的整体不适。

这时候大家就会发现原来图片比文字更能刺激用户的感官体验，从而获得更加吸引用户的效果。这时候费茨(Fitts)定律在这方面就得到了很大的应用空间，当用户逐渐接近产品信息的时候，也会逐步减少价格距离，在更节约成本的基础上，大大提升了用户的吸引效果。

就拿现在大多数人都在使用的淘宝来说，在聚划算这个板块上，之前的设计是价格在商品的右边，经过创新改良之后，完全统一使用了产品卡这种设计方式，不仅统一了用户的阅读方式，更提升了用户的阅读效果，从而提升了产品的整体美感。

也就是说，在视觉设计获得完全统一之后，产品的整体水平才能得到大大的提升。说了那么多关于产品设计的注意事项，而对于设计师来说，不懂商业也是一个致命的弱点。作为一个优秀的设计师，应该具备在注重产品质量的同时保证产品视觉美感的双重能力。在产品的设计上，设计师不能够一味地追逐产品的美感方面，要有产品思维。就拿一张人体图来说，不管整体的布局美感如何，只有细致地分析其中的骨骼设定以及脉络组织，才能够从中清楚地了解完整的人体布局。

1. 在设计规范方面要全面

对于整个行业的普遍认定，颜色、文字、控件、布局、图标等视觉感官上的规定归属于设计规范。虽然有了整个基本的规定范围，但是对于一些更为具体的方面却没有固定的要求，例如什么样的场景下适合用什么类型的设计，这些完全没有固定的限制方向。因为没有统一的设定，所以不同的设计人员没有共同的目标,再加上各自的方向、灵感之间的差距,就会设计出类型不一样的产品,继而给用户带来不一样的产品体验。

比如应用中的弹窗设定,如果在进行产品设计时需要不同的设计人员,那么在整个完整的设计中就会出现五花八门的设计意见,就直接导致了一个应用中视觉体验的不统一。在工作对接的这个流程中,不同开发人员的用户场景设计就会失去意见的统一,在什么场景下使用模态、什么场景下使用非模态等一系列设计方案都会有所不同,在这些情况不固定的影响下,更不会有一模一样的类型出现。

在应用的非模态方面,如果同样没有完整、统一的规范要求,那么在整体的视觉设计方面也很难有精确的方向模板,就会对用户体验产生不良的影响。在这些日常场景的视觉设计上,如果没有针对应用在场景的设计进行统一、改良的话,用户在整个使用体验上将很难进行区分,就会影响使用的效果。以及在提示设定这个方面,简洁的提示和明显的提示之间的适用范围究竟如何区分,这也是一个值得密切关注的地方,否则产品在这些细小的设计方面产生了使用误区,那么就会对产品本身的销售产生极大的影响。

2. 要保证视觉评审拥有正确的标准

假如评判的规范已经完整地确立了,那么该如何进行视觉设计的评价又是一个值得研究的方向。其实,在评判标准这方面应该充分分析其侧重点,然后罗列出整体分类的主次顺序,这样才能够正确、清晰地对一个视觉设计进行评价。经过细致的整理,我们对主次顺序是这样排列的,如图4-7所示。

图4-7 主次顺序排列情况

结构设计在整个视觉方面尤为重要,所以设计的结构是否清晰则代表了评判的第一标准。在上文曾提到过,用户的第一眼首先放在产品的界面中,这时候是否吸引用户进行后续的操作是十分关键的。整个操作面板是用户和产品之间的第一桥梁,它的设计目的在于帮助用户简单、快速、愉悦地解决问题,只有这样才能提高产品在用户心中的地位。这时候,用户不会仅仅因为产品的外形美观而被轻易打动。

总而言之，在整个产品设计方面，目标导向、产品思维、设计规范、审核机制这四个关键要素缺一不可，只有在每个方面都进行了细致、严格的具体分析并加以调控，才能在整个产品的设计层面上符合用户心中的标准，从而让产品给用户带来真正完美的体验。

## 4.3 架构设计：打好产品轻装上阵的基础

产品架构设计的过程并非是一成不变的，在现实的产品架构设计中，架构设计师需要考虑产品的逻辑体系结构、物理体系结构等。架构设计师们需要有跳跃思维、创新思维，设计师们必须将所学的知识结合产品定位于用户需求灵活运用。

### 4.3.1 进行产品架构设计的三个方向

随着一款互联网产品的功能越来越齐全，整个产品的系统逐渐碎片化。如果不采取有效的措施，会变得越来越混乱，最终无法维护和扩展。产品架构的本质就是对软件系统进行有序的结构搭建，使产品系统得以稳定地演进。

1. 系统架构设计

产品的系统架构师往往是产品架构设计中的领导者，因为他不仅需要掌握全局，并且需要突破局部的瓶颈，并基于特定的业务场景提供解决方案。系统架构师需要有足够的创造力扩展不同维度的各种需求，以便为目标客户提供更全面的需求列表。

产品的系统架构在整个产品的开发过程中扮演着重要的角色，常见的互联网产品系统架构设计如图 4-8 所示，包括数据库、数据处理层、业务处理层、表示层四个部分。

系统架构是一个技术实现框架，用于识别需求、实现计划、使用一套完整的工具完成计划步骤中的任务。抽象地说，互联网产品的系统架构是计算机系统中最高层次的一个抽象概念。具体来说，产品的系统架构设计是指产品设计的理念和体系结构，描述了产品的设计原则。

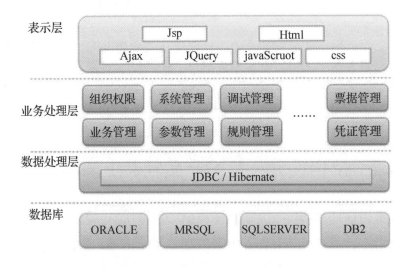

图 4-8　互联网产品的系统架构设计

### 2. 软件架构设计

软件架构是指根据一定的设计原则，从不同的角度对产品的各个部分进行匹配和排列，形成多个结构系统，包括系统的各个组成部分、各组成部分的外部可见属性以及各组成部分之间的关系。产品的软件架构设计是从宏观的角度来解释系统的组成和特征。

互联网产品的软件架构设计是一系列的层次决策，如功能决策、展现决策、技术体系结构决策、自主研发或合作的决策。

随着用户的业务需求越来越多样化；产品的软件系统变得越来越复杂，越来越多的问题被提出，技术发展突飞猛进。下面结合 ADMEMS(Architecture Design Method has been Extended to Method System)的架构方法描述产品软件架构的过程，如表 4-1 所示。

### 3. 网络架构设计

网络架构是整个互联网产品架构的核心，是整个互联网产品的主心骨，一个好的互联网产品必定有一个完美的网络架构设计。

产品的网络架构设计包括：系统架构的整体设计、技术架构，产品的功能模块设计、数据结构设计，以及产品的对外接口设计；负责产品技术瓶颈的突破，系统优化，协助其他产品部门解决项目开发过程中的难题。

表 4-1　产品软件架构设计

| 架构阶段 | 目标 | 方式方法 | 现实工作场景 |
|---|---|---|---|
| 预架构阶段 | 充分了解需求；构建需求结构，摒弃"需求清单"，建立需求二维视图(ADMEMS 矩阵) | 使用 ADMEMS 矩阵方法，明确需求间关系、发现衍生需求 | 1.与人：需要与项目经理、需求分析师等人员了解需求；了解客户的需求<br>2.与物：理解需求文档<br>3.将需求的问题反馈给销售，可以参与拜访客户或电话会议<br>4.销售或预售应提供设计师一个粗略的工作量，使相关人员能够初步评估项目的可行性 |
| 概念架构 | 高层组件及其关系 | 1.初步设计，基于产品的关键功能，找到职责(不是必需的)<br>2.高层分割，将复杂系统分为多个二级系统或多个子系统<br>3.考虑非功能性需求 | 1.参与内部讨论：从需求、技术、人力、风险等方面提出建议<br>2.项目投标准备：参与投标团队的技术提案，撰写系统架构章节，解答招标文件上的技术问题<br>3.参与项目演示：作为讲座团队的一员，参与项目演示，负责技术问答环节 |
| 细化架构 | | 视图法 | 在项目概要设计阶段，进行架构设计，制定规范和约定，为详细设计提供指导 |
| 实现 | 详细设计编码实现 | 架构设计形成详细设计文档 | 在项目实施阶段，对开发人员提供规范指引和技术支持 |

阿里云、新浪云、腾讯云等云应用的出现，推动了互联网应用的变革。云计算对互联网产生了深远的影响，也对互联网产品的网络架构提出了新的挑战。

## 4.3.2　【案例】美团如何做好供应链系统架构设计

随着时代的推进，市场的核心竞争力已经从企业转变成了供应链。有多少人知道美团这个公司能够在短短的时间内就以现今如此强势的姿态出现在大众面前的原因吗？其实，美团在这个变化多端的市场上拥有一个无懈可击的秘密武器，那就是供应链。在每一次市场份额的争夺战中，美团利用供应链频频击败竞争对手，取得了不俗的成绩。

1. 供应链的定义

相信大家对于供应链的含义以及整个运转过程已经有了大概的了解。SCP这个在市场中经常露面的专用名词，就是供应链的简称。线上的用户平台成了美团联系市场用户的一大渠道，借助整个平台的优势不断地与商家进行长期的合作。同时，美团和商家公司之间的合作方案顺势落地，变成了一份份设计条理严谨、设计规范的纸质契约。

当然，这时候这份纸质合约还没有真正公开露面，只有等到电子化的生产过程正式完成，用户才能够亲眼看到详细的内容。这个电子化的生产过程有如下所述。

第一个步骤是细化整个拟定方案。这样做的目的是将方案中的价格、产品图片、购买详情等一一展现在消费用户眼前。

第二个步骤是对这个方案进行多次审核。这样做的目的是让此方案得到国家法律的允许，保证消费者的权益。

整个生产过程只有完成了上述两个步骤的实施，消费用户才能够亲身接触到美团和商家之间合作的协定，继而在了解的基础上进行消费活动，如图4-9所示。

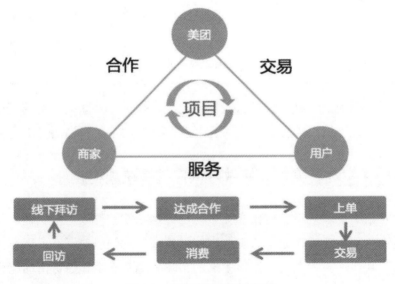

图4-9 美团的供应链示意图

就拿美团的线上产品——美团 App 来说，美团上的消费者看到某些产品而产生兴趣时，再进行购买，这就形成了一个消费项目的所有流程。实际上，用户在线下的门店进行消费时，在商家的服务中也形成了一个完整的消费流程，这一系列的过程都是依据项目这个概念进行的。所以，从合作到消费的每一个步骤都清楚地向大家展现了美团供应链的运转过程。

本文以传统的团购为例，从参与角色、生产项目这两个方面向大家进行详细的阐述。一个完整的上单过程由以下五个步骤组成。

(1) 这个发起的环节由一个美团业务员在城市端完成。

(2) 美团业务员和商家经双方同意后完成合作合同的签署。

(3) 由美团公司的录入员进行合作方案的详细登记。

(4) 将这份完整的合作方案提交给公司进行审核。这时候，参与合作方案审核的工作人员必须严格按照国家法律发布的审核条例进行判断、修改。

(5) 经过工作人员的严格审核后，达到审核标准的方案，再经过内容管理系统完成整个包装和适配的流程。

这是一个繁复的生产过程，要想提高流程的整体效率，可以采用减少人员比例、降低生产投入的方法。

美团能够在整个行业中产生如此大的影响，除了传统团购的工作方向外，还在不断地拓展其业务能力，比如酒店、旅游、外卖等也成为美团发展自身实力的各种渠道。

因此，这些行业项目也就成了美团的供应链系统所面临的强大挑战。原来，这些新开发的行业项目在整体的业务水平有着高低分化的明显差别，如何为这些项目打造协调统一的发展道路，确立出高效可靠的方向是特别困难、复杂的。

2. 面临的挑战

在淘宝这种类型的线上商铺购买衣服等产品时，用户关心的问题无非就是产品的规格是否符合要求、商家物流是不是便捷等问题，根本就不会注意到商家所在的具体位置。

可是，在进行餐饮团购的活动时，用户就转变了自己的关注点，从商家物流转变到了地理位置上，到底处于哪个城市的哪个具体地点。

那么如果同样是关于地点定位的行业，注重的关键点是否也会一样呢？不，也完全不同。即使同为线上的团购订单，在餐饮和酒店这两个行业依旧会有很大的区别。因为在餐饮方面，吃的才是最重要的。到底应该点多少分量的食物、到底是否需要支付餐具费用等一系列偏向于吃的方面才是用户关注的重点。而酒店则恰恰相反，这是一个专注于休息的地方，吃并不占太大的比重。用户关注的重点往往是房间的舒适程度，以及房间性价比等问题。

由此可以分析得出，整个行业领域中细分出了完全不一样的类型，在标准的划分方面也产生了很大的区别，导致了商品这个方面的一系列侧重点也因此改变。下火锅就可以成为这方面的标志性例子，当用户在团购餐饮时往往就会十分注重这些细化的特点，例如整个方案的信息，就一一分成了菜系、套餐、菜品等各种类型的标准；购买须知这一板块也成为逐步繁重的细化对象，分化成了交易类型、项目有效期、美团券有效期等。

这才两个方面就已经产生了那么多的分类评判标准，根据大致的分析，本文还统计到，整个产品行业几乎已经衍生出了将近 100 个不同的属性，并且随着整个行业标准的上移，今后还会越来越多。

这时候，粒度拆分的细度就成了值得探讨的一个问题。

本文经过细致的研究，再加上实际经验的不断收集，发现产生这个现象有下述两个原因。

1) 内容的结构化是搜索过程的基础

商家和用户这两个群体，被整个供应链连接起来，这个关键点的另一部分就是 B 端和 C 端的同时对接。

实际上，这个产品的地面销售人员成为 B 端的利益相关人，供应链与其录入效率息息相关。对于他们来说，只有效率高起来，身为销售人员才能完成这个工作任务。

原来，在不同的细分领域之间还存在值得共同关注的属性，比如说购买须知。可以从这些杂乱的数据中提取出有价值的、有共同点的可用数据，调整为购买须知的模块。以此为基础不断帮助 B 端增加那些默认值，这样就可以在整体上提升 B 端的工作效率。与此同时，为了提高搜索产品的大致效率，可以增加搜索的维度，以此提升 C 端消费者寻找预期商品的产品效率。

2) 内容的结构化是实现需求的必然路径

现在，美团的 C 端在各个行业的分布情况也越来越广，但那些项目方案也因 C 端渠道的不同要求在不断地进行调整和修改。解决了餐饮方案之后，复杂多变的售卖方式又成为需要研究的对象。

在酒店这个研究对象中，各式房间的售卖方式其实是多种多样的。酒店的套间、早餐、床价等各种条件不同的因素都可以分别做成很多个组合。当线下和线上的售卖联系到一起时，对于用户来说就有多种多样的选择类型了。那么这种情况又该如何应对呢？如果多出一个不同的售卖方式，B 端就要重新录入一个方案的话，肯定会导致工作效率的变化，产生工作时间无限增加的可能。更令人震惊的还在后头，如果因为一个方案发生了变化，那么其他与之相呼应的方案是否也需要随之改变呢？这肯定会导致整个方案系统的大幅度改变，这时候 B 端要付出的代价就太大了。所以，供应链系统的新考验就在这里：复杂多变的售卖方式必须只录入一次。

另外，整个产品类型的扩充，实际上就是从侧面反映团购这个产业在逐步变得更好的标志。例如自助餐这个餐饮类型，在 WiFi、停车位等方面必须加以说明，才能够满足消费用户的整体需求；而火锅这种餐饮类型，必须注明成都火锅或是潮汕火锅，这样才会从实际了解到用户的需求偏好。

以上两个例子就是对产品类型的扩充及拆分的说明。当进行扩充、拆分时，系统后台肯定会发生变化，产品的调整情况也要一一录入界面，重新排版。

在这种情况下，前、后端产品的实际情况就要相互呼应，完成更新。那么这方面的工作量就会不断增加，可能会给员工带来烦躁的情绪，降低工作完成效率。品类和属性调整的开发量就是对供应链的又一个要求。

其实，对于进行上单审核的卡控人员来说，要根据不同业务的标准进行整体设计难度还是挺大的。

我们以新业务形态发生整体变化后的买单为例子进行说明，公司总部的编审人员的工作其实很关键，需要考虑审核方案整体数据的一致性，才能够决定产品运营方面的可靠性，例如毛利、文案敏感词等方面的控制因素，就不能产生偏见心理，以及不能使用过于决断的方式进行评价。反观之，就团购渠道整体来说，在运营方面已经有了很多操控经验。但是，由于方案覆盖方面的复杂因素，城市端必须进行辅助工作的处理，最后让总部的中台人员接手，完成最后的运营部分。

哪怕整个流程很顺畅，没有突出的操作不当的问题，但是在整体的审核过程中，就会产生一些不利因素。因为这个过程不是固定不变的，如果在上单的过程中发生不可控的突发情况，线上的审核也必须立即调整，进行大板块的修改。这个审核过程可配置的难点也就是供应链要突破的重要方向，如图4-10所示。

图4-10　整体的审核过程示意图

3. 直面挑战

1）建立O2O生活服务模型

其实对于美团供应链来说，要实现上文中那三个关键的要求，还是有难度的。纵观供应链的整个发展历史，从之前强调高效率的作坊式开发到现今提升整个架构整体设定之间的转变，完全展示出了一种走上国际轨道的超高水准。可是，整个供应链的发展也并非是顺风顺水的，之前突破巨大难关才产生的代码和逻辑，终究不敌新需求的来势汹汹，非常需要突破旧架势，进行彻底反转的创新力量。

当然这并不是无药可解的，在如今这个科技发达的条件之下，供应链的技术团队在经过彻底思考之后，得出了一条能够彻底解决这个问题的新思路，它就是建立各个业务的生态模型，抽象出O2O行业的产品中心。

以酒店这个行业来说明，逐一去分析产品中心的整个映射关系。从商家的视角来看，能提供的服务单元包括大床房、酒水以及早餐、WiFi等，形成了一种新的售卖方式，这是其中一种服务单元。

服务单元指的是按照商家的销售意愿，将产品中不同类型的产品进行捆绑、组合销售，就形成了一种热销的组合体验。这些售卖单品可以一一进行组队发售，例如大床房+早餐、大床房+WiFi 等可以随意组合的服务单元。而对于 C 端用户而言，需要销售端进行感知限制就是销售规则；需要消费端进行感知限制的就是消费规则，这些统称为价格规则，或者统称为 SKU 属性。原来，C 端产品就是销售单元适配不同的 SKU 属性之后形成的一种新产品。

2) 事件驱动，过程解耦

其实，引入工作流是为了使不同的业务渠道更方便地设计不同的审核流程，而让整个审核过程动态，析释出不同方向的配置目标。

这时候，工作流系统的工作量就会大大增加，供应链系统中的信息流和射线流这两方面的工作任务，就完全转移到了它的身上。可是还远远不止这些，之前长时间累积在系统之中的那些过程数据，也都从业务系统一一释放了出来，工作数据的部分转移到了工作流的流程数据之中。

所以这时候供应链的整体工作量就从繁复的数据处理转移到了完整的工作重心之上，以此来提高自身的工作效能，提升自身的核心竞争力。

3) 自动化一切

(1) 908 项目。

知情人员介绍，908 项目是美团内部的一种工作目标。在供应链进行工作的审核环节，直接引入免审的阶段，将单均成本降低 90%以及效率提升 8 倍作为整个工作环节的最高目标。

上单这个工作流程的工作效率，已经得到了大大的提升，整个供应链所减少的成本已经为公司带来了很大的收益。

降低供应链的成本就意味着必须在保证产品质量的同时，缩短上单的工作时长，减少人工的使用量。在整个供应链的生产过程中采用完美定制的策略，让自动运营成为供应链生产的主流，这样就能获得化整为零的最大效果，从而提升整个供应链的工作效率，达到盈利的目的。

(2) 还在继续。

经过这么长时间的发展和变化，其实 908 早就成为自动化创新的最高思路。而现阶段的供应链正在进行不断的调整，力求达到最高的工作水平。例如工作流在之前的工作基础上引入了针对重复审单的工作方式，而整个属性中心则引入了品类动态扩展的整体实施方式。本文以这个属性中心的工作情况为例子加以分析。其实,在之前的工作中,重复开发和代码都是需要几天时间工作量的,而品类和属性的调整也慢慢和这些方面挂钩,增加了难以言喻的工作难度。而现在,终于在这些方面有了极大的突破,几分钟的时间就能够完成整个工作流程,业务人员的工作效率已经有了质的飞跃,几分钟的简单配置就足以让整个产品研发的速度提升好几倍。

4. 成就

1) 动作快

供应链在工作效率方面的提升速度,相信任何一个用户都有亲身体验。现在优惠买单这个方面,完整的供应链流程在开发成本方面最高可以支撑起 5 人日完成。其中包括商家入驻的整个完整过程、进行契约协定的个性化调整、方案录入程序以及整个结构储蓄和审核流程。在这之前,要完成这个商家入驻的完整流程,最少需要 30 人日。和之前比足足少了五倍的工作时长,这就是整个产品供应链在工作时间上的绝大突破。

2) 降低成本的同时也提高了效率

供应链整个生产流程实现了免审免写后,仅仅只是两个数字的变化,前后的对比让人产生了无与伦比的震撼感。第一个是审编部门的解散情况,原来,整个部门的工作人员将近百人全部都是负责上单过程的审核和撰写的,但现在无须一人就能够实现整个工作流程的完美实现。第二个是整个上单的成本在降低了 90%的同时,依旧能够获得供应链之前史无前例的工作效率,那就是上单量持续增长到了 1000%以上。

5. 总结

上文详细分析了整个供应链的架构设计,在本文的结尾和大家一起来回顾供应链整个工作流程中上单的技术部分。

(1) BD 工作人员发起上单的程序请求。

(2) 程序后台了解业务渠道、品类等一系列 BD 录单的基本情况,最后通过位于 DF 工作职位的人员加以调整后录入程序的页面之中。

(3) 整个调整后的程序请求到达系统后端之后,必须经过 AC 这个层面的工作完成整个 DF 的细致检查,判断是否拥有完整的合法性。

(4) 转换成后台产品中心所指定的数据格式。

(5) 完成录入的完整方案数据必须输入产品中心,并通过 Gravity 这个调度方案中的具体要求完成整个审核流程。

(6) 进行修改之后要输出到这个程序的变更中心。

(7) 变更这个环节也需要 Gravity 去完成。

(8) Gravity 审核通过之后,产品中心就需要 CMS 进行动态模板的拼装,最后输入不同的 C 端中心。

(9) 然后使产品和变更中心成为帮助 Model 沉淀的桥梁,以动态模板等工作程序完成 View 自动拼接。

(10) 在属性中心以及工作流程的共同配合之下进行 Control 逻辑的驱动。

(11) 最终在供应链系统的 MVC 完成最后的自动化流程。

# 第 5 章

# 用户体验:超预期才能产生用户势能

> 事实上,各行各业发展至今,用户所产生的需求基本上都在市场上能够找到相应的产品来获得满足。竞争相当激烈的市场如果出现产品竞争红海,那么能够提升用户体验的产品往往能够更好地满足用户的差异化需求。

## 5.1 如何正确理解用户体验

用户体验是一个自上而下的过程，是一个从具体到抽象的过程，但产品的设计和用户体验的顺序恰恰相反。在进行产品设计时，产品在战略上应该有一个定义，因为这样可以根据战略目标逐步具体到产品的功能点，最后，对于实现细节和设计风格都能够渐渐地具体到位。

### 5.1.1 用户体验的 5 个维度

被人称为"Ajax 之父的 Jesse James Garrett 对用户体验有着比较深刻的见解，他对用户体验的研究历经漫长的过程，最为著名的研究成果是其将用户的体验分为 5 个要素，这 5 个要素出自于他的《用户体验要素——围绕用户为主题的产品设计》(The elements of user experience — Product Design around User Themes)。不同的用户对于产品的印象有着各种各样的感受，作者将用户对产品的体验分为 5 个层次，如图 5-1 所示。

以上的 5 个层次都是自下而上地建设，各个层次之间相互联系，相互制约，并不是独立存在的个体。

自上而下的设计过程其实是一个很正常的过程，而这并不是说上层讨论的形式或内容不够仔细。原因在于我们自下而上地进行设计的时候，每一层的设计都是对上一层的设计进行具体和细化，并且下一个环节的设计中总能得到一些新的发现。同时，也会发现上一环节存在的一些问题，并立即对其采用合适的对策进行调整。

1. 战略层

战略层往往要解决"我们开发产品的用意是什么"的问题。这就需要我们清楚地了解我们的产品面向的是哪一些群体，他们的需求又是什么？这款产品对于公司来说是否存在商业价值，会不会给公司带来风险？

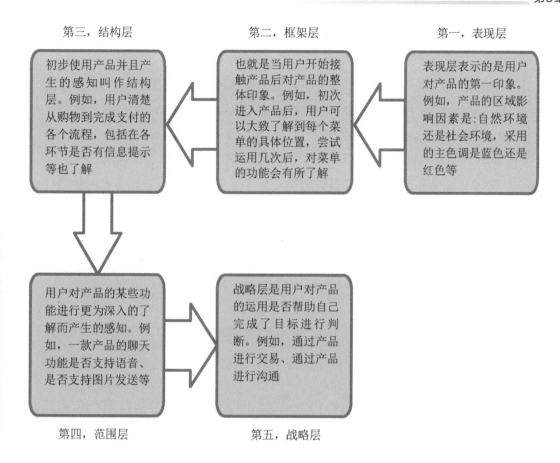

图 5-1　用户对产品的体验的 5 个层次

《用户体验要素》讲述的主体是用户，所以作者从用户的体验出发，主要讲述了"产品目标"和"用户需求"这两个方面。作为产品经理，考虑问题应更加全面，只识别"产品目标"和"用户需求"这两个方面是不够的。另外，对于战略层的分析，在我们的 BRD 和 MRD 里面经常会出现这些内容。主要包括以下各点。

1) 商业价值

产品如何给公司带来商业价值，带来什么样的商业价值，一些产品的商业价值可能不仅仅直接体现在盈利上面，比如战略型产品。

2) 用户痛点

抓住用户的痛点可以作为产品的切入点，所以应对我们的用户是哪一些人做到心中有数，对他们的性格特征以及消费观念等都有所了解，以帮助用户解决问题为导向，从而掌握用户通过使用我们的产品实现的目标是什么。

3) 市场现状和预期

随着社会的发展，各类产品之间的竞争越来越激烈，了解市场的动态并清楚市场的现状如何，掌握竞争产品的优缺点，有助于我们对市场预期进行规划，从而制定更多应对风险的对策。

4) 项目的风险

做项目总会存在风险，能否将风险转化才是最重要的一点，或者说能否找到应对风险的方案是最关键的一步。

5) 项目计划

就像一名老师需要对整个学期的授课内容制订教学计划一样，产品也需要制订整体的开发和推广计划，并且确定各个阶段的任务、内容和日期。

当然，随着市场中产品之间的相互竞争越来越激烈，竞品的相似度也越来越高，因而用户体验的作用成为更多产品经理需要加以利用的"工具"，我们在战略阶段，还可以考虑到用户体验这一层。

(1) 是否有价值的用户体验。

很多产品之所以受欢迎，主要原因是对用户体验的合理利用。比如提供超清晰像素、触感反应灵敏等。

(2) 是否存在严重影响用户体验的设计。

看电视中途突然插入广告常会引起追剧人的不满，就如同为了达成商业目标，我们可能会对产品进行一些商业化的设计，而这样或许也会给用户造成一定的影响。所以这就需要考虑到过度的商业化是否影响了用户的体验这一点，换句话说，应该怎么去平衡商业化和用户体验之间的关系。比如我们需要在产品上植入广告，应以什么样的方式进行才是最好的。使用时直接弹框、还是将广告内嵌到内容中？在这个时候可以预先对产品的一些细节进行思考，但不应钻牛角尖，陷入细节中无法自拔。

2. 范围层

有了目标才有动力，有动力还需有方向，故在战略目标明确后，范围层需要解决的问题是"什么样的产品适合我们开发"的问题。在这一阶段，需要考虑清楚"做什么产品""用户的痛点是什么，也就是用户需要什么"。

用户需求的数据收集来自产品经理，他们可通过用户、运营、市场等各个渠道进行收集，再将收集到的信息结合战略层确定的目标对用户需要进行层层筛选、分析、整理，最终形成一份相对来说比较完整的产品需求说明书，而该说明书可以明确产品需要做什么和产品不必做什么。

　　需求说明书的明确，也可促使我们形成这样的一个思维习惯，即作为产品我们总会首先想到 PRD 文档。但也并不表示这样的思维习惯是准确的，因为严格来说，有时模型里提到的范围层并不能百分之百对应到 PRD 文档上。在 PRD 里，不仅包含需求的说明，还会使用到其他的图形，如原型图、产品结构图等，但这些内容其实是属于结构层的，换言之，范围层只涵盖了部分的需求说明。

　　1) 项目背景和目标

　　项目的背景和目标尤为重要，它们可以使项目组成员对项目有个大致的了解，若项目组成员较少，则成员们在前期项目立项中参与度就会比较高，因此这部分进行简要书写就可以了。

　　2) 功能概述

　　对产品功能需要整体把握，至少做到能提供一份功能列表或手绘一份功能结构图。若是比较大的项目，还应提供产品模块的划分和结构，以帮助用户了解产品性能。

　　3) 需求说明

　　产品一般都会有说明书，我们对每个需求都应进行说明，简单的产品说明书常采用的方式有功能说明、注意事项、保质期等。对于较复杂的产品说明书，必要时可通过增加业务流程图等方式进行说明。

　　4) 非功能需求

　　产品的功能性需求一般都会体现在需求说明中，而其非功能性需求，如易使用性、安全性等。PRD 中的需求说明占据着很重要的成分，而《用户体验要素》中也阐述了对需求的三个标准，具体如下所述。

　　(1) 积极的。

　　生活中总会有很多意外，关键在于我们以什么样态度去对待它。一般在描述需求时，总会遇到一些突发情况，这时我们应以积极的角度去描述产品。例如这样描述："若用户余额不足，不支持用户支付。"

　　但操作者对于下一步的具体动作并不了解，这时应以更积极的方式来描述，改成:"若用户余额不足,则友情提示用户余额不足,并引导用户进行充值。"

(2) 具体的。

需求的描述越详细、越具体越好,因为这样的话,阅读者可以更好地理解。

例如"用户关注的内容突出显示",这样的描述就不是很具体,可再具体表达为:"用户点击了关注的内容,将会置顶于内容列表"。

(3) 客观的。

需求的描述若采用主观的语气,则容易让阅读者的理解产生歧义,故应避免使用。

例如"支持便捷的登录方式"的表述存在着歧义,就会使阅读者产生迷茫,而这并不是我们想要的结果,可改成"支持微信和 QQ 直接登录系统"。

3. 结构层

若团队里聘用了交互设计师的话,那么产品可和交互设计在这一层进行交接,若是没有专业的交互设计团队,产品就会对这部分进行设计。但不同的团队情况也会不一样,并不能以偏概全。

在范围层,我们可将需求予以明确定义,已经十分明确团队具体要做什么。那么到了结构层,便是将用户的抽象需求逐渐细化,进而转化为用户能够具体感知的需求。同时,结构层还将明确最终呈现给用户的框架,并且要为下一层工作内容的细化做准备。换言之,结构层的内容对应的是 PRD 文档的另一部分内容。

1) 产品结构

产品结构常会在产品的页面和功能结构中体现出来,例如,一款游戏产品,可能包括对话框、个人页面、排名界面等,其中排名界面包括排名信息、游戏积分等,此时建议使用思维导图的方式进行归纳列明。

2) 信息架构

产品呈现给用户的信息。例如一款电子产品,产品的内容包括了产品名称、功能属性等。其中功能信息又包括了使用步骤、功能参数等,这部分也可尝试采用思维导图的方式进行排列。

3) 页面结构

建议产品的功能和信息以低保真原型图的方式展现出来,因为这样可以使页面上的产品功能和信息一目了然,以及每个页面大致包含的内容有哪些。

4) 交互流程

交互流程包括用户的操作流程和页面的跳转流程。这一环节可以理解为用户对于产品的操作方式是什么,以及用户操作之后,产品以什么样的方式回应或跳转。这部分内容建议使用原型图注释说明。

4. 框架层

框架层是一个将产品逐步从抽象到具体的过程。到了框架层,已经可以看出基本的产品轮廓。这期间我们可以采用制定好的 PRD 和低保真原型图进行细化,逐步改变成为高保真的原型图。

这也就是说,框架层是结构层的细化,而框架层应包括下述的内容。

1) 信息设计

将已经明确的信息架构进行细化,例如,在结构层定义好的商品信息要求包含产品的大致信息,我们可以在框架层进一步细化,再详细地说明商品详情,如将商品名称、商品数量、商品产地等进行详细的展示。

2) 页面细化

页面细化是在结构层已经定义好的页面结构基础上,进行更进一步深化。如页面工具栏的具体位置,页面的具体布局等,这一步将实现从低保真的页面细化转向高保真的页面。

3) 交互设计

页面的交互设计简单来说就是用户操作后页面的响应。例如,是否需要循环提示、是否需要滑动图形完整后进行登录等。

5. 表现层

表现层是一个输出设计稿的步骤,即输出框架层设计好的高保真原型图,这同时也是产品设计的最后一步。

这一层的工作主要由 UI 设计师负责,其主要工作是对即将完成的产品的相关要素进行处理,比如对产品的配色方案、风格等进行选择和筛选。

需要注意的是,在应用用户体验五要素的模型时,切忌不能将其全部理论简单粗暴地运用于工作流程中,因为这个模型更多的是提供给我们一个思考的方式,而不能作为指导产品设计的一个流程。

在具体工作过程中，有些部分的设计环节有时甚至是跟以上所提到的层次内容反着来的。例如，有的产品经理经常是先利用思维导图将产品结构整理出来(结构层)，再细化分析出需求说明(范围层)。但本质上还是先要了解需求，再进一步细化出结构的。

另外，不同的团队由不同的成员构成，有些团队由于经费紧张，并没有交互设计师，那么该部分工作就由产品经理来负责，其将包揽从需求到交互的所有环节。产品经理的这个职位在不同的团队中负责的工作也不一样，在一些团队中，产品经理是主导者，负责从战略层到结构层的各个环节的工作，但有些团队的主导者却是交互设计师，负责完成战略层和范围层的工作。

但是，这个模型的本质都在体现一件事情，在进行产品设计时，都需要我们注重用户的需求，同时也十分看重从抽象到具体的逐步设计产品这一过程。

## 5.1.2 用户体验是主观感受，超预期才有势能

新的用户体验大于旧的用户体验和产品成本所带来的产品迭代成果，这样的用户体验便是超过用户预期的，故也称为超预期的用户体验。那么超预期的用户体验需要我们做好哪些工作呢？

首先，作为一个产品经理，确实需要先积累一些经验。因为做好用户体验本身就不是很容易的，像乔布斯之所以可以做到超用户预期的体验，这与他长时间的积累脱离不了关系。

其次，一个人对于问题的思考方式可以影响其思考的深度与广度，所以导致思考出来的答案各种各样。做产品其实没有唯一的答案，但清楚地知道是如何做好这个答案的，就是一门学问，所以才会一直存在着相差甚远的用户体验，也就是被大致划分为超级差、一般的、超预期的用户体验。

针对超预期的用户体验，产品经理或许可以参考一下以下的基本的思考方式：一般情况下，大家的基本思考模式是——问题→解答。

这样的思考方式其实相当于小学生解答问题的过程，思维的习惯比较短浅且思维角度非常单项，所以作为产品经理，若你还是习惯以这样的思维方式进行思考，那么你还是停留在执行的阶段，显而易见你的经验非常少。因而这样的思考方式带来的估计也只能是效果最不好的用户经验了。而稍有经验的人一般都会进行比较全面的思考：问题→拆解问题→分别解答并最终组合解答。

仅是思维过程的划分已经有很大的不同了,在思考问题时候,先拆分问题思考,最后再进行整合,即在思考的过程中加入了拆分组合的思想。但这样思考问题的方式也没能获得超预期的用户体验,只能获得一般的用户体验。因为这样的思考方式只能帮你从思考的深度上更深入一步,而这样的一步可以深入场景思考用户体验,但其实并不能使你真正完全地掌握用户体验。

而真正的产品经理高手,常习惯于这样思考:问题→思考问题本身→拆解问题→分别解答并最终组合解答。

真正的高手思考问题时,先去思考问题本身。而这种思考问题的方式,可以使大家在思考问题的广度上有所延伸。在此广度提升的基础上,再融入拆分组合的思想,那么这种广度结合深度的思考就会使用户体验初步获得超预期的效果,但却无法达到入境的效果。

要想真正获得超预期的用户体验,可以参照如下的思考模式:问题修改>提出质疑和反问修改>思考问题本身修改>拆解问题修改>分别解答并最终组合解答。

这种思考模式比上一个思考模式多了一步,质疑和反问,大家肯定会问,这一步和思考问题本身这一步有什么不同之处?不一样的,一般性思考问题本身的出发点都是在其正确性的基础上进行的思考,而这时的质疑和反问,或许可以带来新的创新,而这也是创造和创新的能力体现。因为对于问题本身带有疑问的成分在里面,所以回答也会有所不同,特别的回答会有创新的含义出现,这也就暗示了要获得超预期的用户体验,创新能力既是充分条件,也是必要条件。综上,我们可以总结出思考问题的要点,具体如图 5-2 所示。

1. 练就拆分组合思考的思维习惯
2. 学会将思考问题本身作为出发点
3. 学会质疑和反问,不断提高创新能力

图 5-2 思考问题方式的要点

上面讲述的是思考问题的一种方式,还有我们也要学会让左脑与右脑配合使用。左脑大多控制逻辑思维，右脑负责直观感受。在思考问题的时候，要讲究左脑与右脑的结合运用。换言之，不仅用逻辑，而且也用直觉去判断问题。在面对问题的时候，经验会协助我们做出第一次判断，而这就是直觉。但是经验并不是百分之百正确，所以我们可以将逻辑加入思考中。其实不管思考快还是思考慢都需要左脑与右脑的相互合作，因为要给予用户超预期的用户体验，思考方式的多样化是必备的条件。

思考方式确定后，接下来需要做的就是衡量场景、用户、需求这三者之间的关系。在合理的场景条件下用户的需求也会随之而产生，而这个需求是超预期的，最基本的场景如图 5-3 所示。

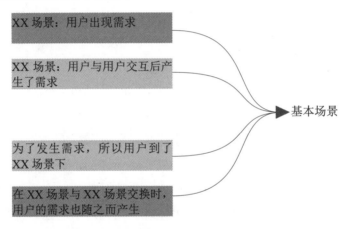

图 5-3 基本场景

类似的情况还有很多……

在第一种场景条件下，你需要做到满足的场景。比如：在服装店你要付款的时候，你可以选择使用微信或者支付宝。这里，你的场景得到了满足。因为即使你没有带钱，也可以买到你想买的东西，这其实就是超预期的用户体验的一种体现。

在第二种场景条件下，A 用户需要 B 用户帮忙维修自己电脑中的一个小问题，可是 A 用户没时间去 B 用户那里当面维修，于是打开 QQ 远程登录 B 用户的 QQ，这时登录 A 用户可远程操控 B 用户的电脑，进行远程操控维修。将这种场景换到产品当中，远程操控就是用户与用户之间交互使用户的体验获得超预期的效果。

在第三种场景条件下，在用户需要下载 App 才能获得某种产品的服务时，这时发现手机内存不足。这种场景之下，微信的小程序可帮用户完成服务并且无须下载 App 占据手机的内存，此时用户体验就是超预期的。

接下来的用户场景就不做描述了。从上面的分析来看，其实想要获得超预期的用户体验，就需要在场景、用户、需求这 3 个方面有所突破。在第一种场景条件下，就是在用户有需求时给予超预期满足。第二种场景条件下，是让用户本身去满足，以用户本身的感受为关键点。而第三种其实是对于场景满足而言。所以要想实现超预期，产品经理应在这三要素上有所突破。

接下来，我们以飞机上的航空服务体验为例来说明问题。其实航空服务有很多小细节，但是大家总会忽略掉很多小细节。

### 1. 超预期的需求满足

众所周知，机场安检后是绝对不允许带入液体的。这就是为什么在机场里大家总能找到饮水机的原因，因为这是最基本的需求满足。但是上了飞机后，我们却还可以享受到空中服务。实际上，这是用户对于水的需求已经进入超预期满足的状态。或许这只是坐飞机的一个习惯，很多人都不会将这件事放在心上。实际上，一段时间内不喝水也不会有太大的影响，但是这里可以做到超前满足，也就是超前满足我们对水的需求，所以这也是超预期的需求满足的一种体现。

### 2. 超预期的场景

大家都知道在坐飞机这个场景下，其实没有很多娱乐活动。其实你坐着静静享受难得的休息时间就可以，但是这样也会有人感觉这样的生活状态未免也太无趣了。所以在飞机场景下条件，座椅背后会提供阅读周刊，也有根据用户需求而提供的报纸。这一举措有助于帮助用户打发时间，满足当前的需求，很好地做到了场景的超预期。

### 3. 超预期的交互体验

若你乘坐的是一架大型客机，飞机上的屏幕和操作给你带来的直观感受是十分舒服的，而且其内部设置也十分到位，特别是其座位大小和舒适度恰好满足你的需求，以及内置的电影、音乐等。

### 4. 超预期的用户群体

坐飞机的群体很多，有老人也有小孩，这种在人群上不进行界定，就是超预期的体现。

### 5. 超预期的心理满足

飞机起飞前在跑道的长时间滑动，其实是在等待空中指挥中心的信号，这一过程比较漫长，容易引起大家心理上的急躁和不安。但飞机上所进行的语音提示可转达给大家现在飞机的真实状况，以打消不安的心理。其实这里做到的就是超预期的心理满足，获得超预期的用户体验。

举个例子，一个两岁的小孩儿看见手机里跳动的游戏就想玩，这时就可教她如何向上滑动手机屏幕，然后再输入密码打开手机。可是小孩还小，不能进行烦琐的操作，因而她只会滑动手机，但始终不能输入密码。其实在这件事上，哪怕两岁小孩子也能凭本能获得超预期的交互体验。

那么，如何使用户获得超预期的用户体验呢？这是从开篇到现在一直在阐述的问题：除了思考问题方式需要改进之外，还需要进行长时间思考，并利用经验进行长时间的推敲。最后，在场景、用户、需求这三者上多进行深入思考，花更多时间思考。还需要在生活中学会全方面的思考，并且不断地总结经验，这样才会有更大可能给予用户超预期的体验。

## 5.2 如何通过用户体验地图不断提升产品质量

用户体验地图既是用户增长策略体系的一部分，又是产品优化的重要工具。它站在用户的角度了解产品流程，进而帮助我们找到用户的痛点、并且发现产品存在的问题，从而能够"对症下药"，能够进行有的放矢的优化，这也就是为什么它更适用于产品从 1-∞ 的阶段的原因(因为 0-1 阶段的产品的用户是虚拟的、数据是不完整的，因此整个体验地图的可靠性不高)。

### 5.2.1 什么是用户体验地图

简单来说，用户体验地图是用来描述用户体验的一款产品，根据用户在使用产品过程中的实际体验,进而完善不足或者挖掘机会。曾被多次引用的欧洲铁路购票的体验地图,可以说是最典型的用户体验地图,如图 5-4 所示。

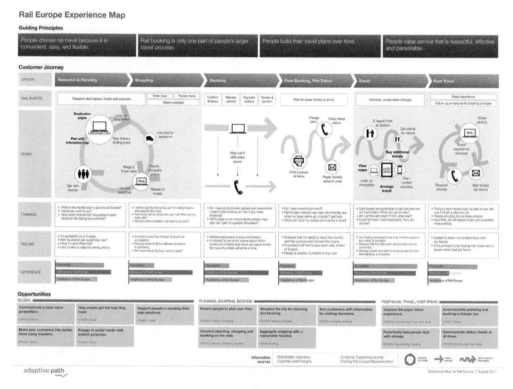

图 5-4 欧洲铁路购票的用户体验地图

用户体验地图的内容和元素其形式比较多,大致有以下 3 点,如图 5-5 所示。

区域 A:若想为地图提供描述范围,则需要用户模型分配①角色("谁")和②要验证的场景("什么")。

区域 B:地图的核心是直观的体验过程,通常我们会把体验过程的块状段落进行对齐排列③。然后再通过调研中的引用或者视频辅以展现,内容主要包括用户在整个体验过程中的行为④、想法⑤和情感体验⑥。

区域 C:由于分析的方向不同,所带来的结果也千差万别,故不可盲目地进行分析,分析应根据地图支持的业务目标而有所不同,它既可以发挥其功能性,去描述研究过程中的发现和用户痛点,也可以突破潜在的性能,去描述某个可聚焦方向的发展契机⑦,以及所有权⑧。

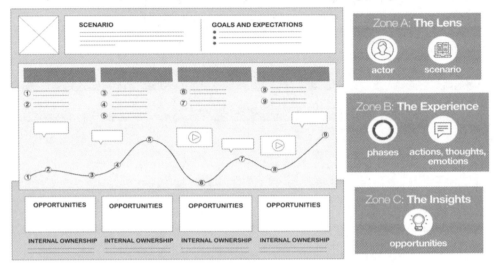

图 5-5 用户体验地图的内容和元素示意图

体验地图第一大优势：直观。用户在获得产品或服务的时候，体验地图能够将每一个节点分阶段展示出来，以便产品经理对产品或服务进行评估与改善。

体验地图的第二大优势：非常贴合时下流行的"情感化设计"。情感化设计几乎可以满足用户使用中的所有情感需求，因为体验地图能协助团队精准锁定产品引发用户强烈情绪反应的时刻，并以最快的速度找到最适合重新设计与改进的地图节点，即时满足用户需求。

体验地图的第三大优势：多人参与其中，力求让所有人都横向梳理一遍产品流程。具有讽刺意味的是，大多数产品团队中能够认真地从头到尾思考过产品流程的往往只有交互设计师；同时大多数产品，研究过程中一般没有人发现存在瑕疵，直到完成后才有人发现流程上的 bug，但此时这人很大可能假装没看见。

为什么有人觉得体验地图无用？因为这些人不知道，体验地图并不是一种独立的设计方法，它只是一部分，而且是产品前期用户研究过程中重要的一部分。依自己的真实经验为例，虽说体验地图往往是最终收尾、定结论的最关键节点——但是若脱离了前期其他设计方法的材料准备，比如，首要的是用户角色，其次是观察记录、行为研究、调查问卷、竞品分析。那么体验地图将是一个失败的设计方法。

(1) 用户角色：体验地图配合用户角色以及情境故事一起制作才是最有效

的。某个特定产品目标使用者的真实特性都应呈现于每个体验地图中，并且明确使用者的任务和目标。

(2) 观察记录、行为研究、调查问卷、竞品分析：目的都是为了获取大量真实、可靠的原材料。对于体验地图上每个节点的对应内容，并不是纸上谈兵，无可靠性的，而是应该经过长期的用户研究，分析获取资料。这也就是说用户体验地图可作为用户使用问题的一种有效梳理方式。

实践的重要性不言而喻，所以，我们现在结束理论部分的说明，进入实例说明。因为产品类型以及研究目的不同，所带来的每次体验地图方法的步骤也会存在差异，故每次体验地图方法的步骤都需要进行修改。在此，举如下 3 个例子。

第一，一个连基本原型还没有的产品，他们的出发点是靠感性推理，即从纯情感的角度来了解自己的产品应该为用户做些什么，因而协助团队开始产品功能设计。他们的体验地图可能会比较具有情感色彩，可能会导致每个节点位置的高低，缺少事实依据的推理。

第二，一款线下实体产品，他们希望根据用户真实需求来改善自己的服务功能。所以他们的体验地图较前面会有所改变，可能每个节点位置的高低，是有理有据的。

第三，一款拥有广泛用户群的产品，不同身份的用户角色往往也会对应不同的体验流程，若想在此次设计中找到具体需要改进的地方，则需要根据不同的用户角色，制作出多个不同的体验流程图，往往最后重合的部分，就是此次设计中需要具体改善的地方。

## 5.2.2 用户体验地图实用技巧 5 步走

在日常工作中，虽说用户体验地图通常是由产品或者研究团队负责制作，但是由于很多公司团队人员人数有限，因而其配置也受到限制，加上随着全链路设计师、产品设计师等职位的极力推行，UI/UE 设计师也参与了体验地图的制作过程，以此去增强自己的能力。

1) 了解用户

在绘制用户体验地图前，相关用户调研资料的查询能够帮助你更加深刻地了解用户。但若调研资源有限的话，你可以尝试自己做一些调研，下面推荐一些经济实用的调研方式。

(1) 用户访谈(定性研究)。

定性访谈的工作由设计师负责,该工作的落实可收集到真实用户在每个阶段的具体行为,针对用户的反馈,可对体验地图上具体的使用流程进行补充调整,除此之外,通过访谈还能收获目前产品存在的问题点、惊喜点、机会点,这些真实收获可作为数据,成为日后产品优化的切入点。

最后,将定性访谈的结果汇总,并以完整的体验卡片呈现出来。一个完整的体验卡片应该包括阶段、行为、问题点、惊喜点和机会点,缺一不可,如图 5-6 所示。

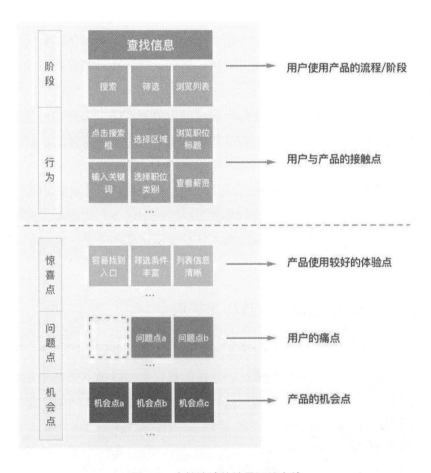

图 5-6　定性访谈的结果汇总卡片

对于在定性访谈中我们获得的用户使用产品的阶段和行为的这些信息,还可以对其通过问卷的形式将这些内容进行量化。

(2) 问卷调研。

问卷调研主要包括两部分，一部分是满意度调研，也就是获得用户的满意度，包括对各阶段，以及具体行为的满意度，而该调研结论可用于绘制体验地图的曲线；另一部分是痛点占比，指的是访谈中获得的关于问题点的严重程度的资料可用于绘制痛点占比图，如图 5-7 所示。

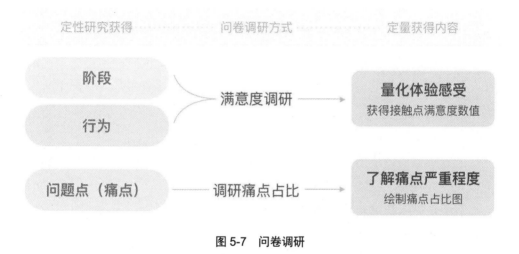

图 5-7　问卷调研

2) 创建角色模型

用户的行为特征各有千秋，对用户调研后，产品经理可以对大多数用户的典型行为特征进行总结，从而得到该产品的用户画像。用户画像决定了设计的方向，后续的设计都将围绕这个方向展开工作。

一般来说用户画像包含了用户五个方面的信息：基本信息、日常工作形态、对产品的印象如何、目标需求程度及期望值、痛点及面临的挑战。

用户创建角色模型之前，产品经理应先对产品的主要目标用户进行分类，为每个用户都创建一个角色模型，那么每个角色就将对应不同的用户体验地图。

3) 关键节点(或服务触点)

用户行为各具特点，若想掌握关键节点，则需根据实际场景，先将用户行为概括为几个阶段，再将其分解为节点，并且通过简洁的相对客观的词汇来进行描述，最后根据时间轴来将其排序。

产品经理需要先整合归纳出用户在体验现有产品过程中的关键节点以及对应

的用户感受，再通过思维突破，挖掘新的关键节点。

人本能地利用各种工具来满足自己需求的行为称为行为节点。例如：唱一句歌词，做一个动作，发现新想法，看一张 CD 想起某一首歌，或者买音乐盒等。在这些时刻，用户往往需要做出决定，形成一定的行为偏好。

接触点是指用户进行交互的对象，可以是人、网站、App、设备、物料、场所等。当用户碰到一个接触点时，就会习惯性地把预期体验与实际体验进行对比，然后形成对此产品或服务的体验认知。而这也就是说接触点就是影响用户体验的载体，产品设计者若想改变用户体验，可以通过改变其载体得以实现。

用户从接触到产品经理的服务，到实现他的目标的这段时间里，会跟产品经理在产品上有哪些互动，而产品经理又需要在哪些方面服务用户，下面给大家进行解释如下。

4) 一个合格的关键节点

定义关键节点合格的标准主要是看其是否客观、是否全面对应用户的感受。移情图是一个很好的工具，因为它恰恰是能够帮助团队产生合格关键节点的工具，移情图是可以在给定环境下对用户的所见、所想、所听、所说进行综合性的描述，并由此归纳出用户的痛点是什么以及用户不满意的地方有哪些，这能帮助团队进一步全面地了解用户，让关键节点真正地落实，使其更加客观和全面。

5) "lense"绞尽脑汁挖掘新的关键节点

"lense"的定义是"那些代表公司的关键文化观念、品牌属性、思维模式的词，这些词可以帮助我们学会多角度去思考公司的产品"。

具体做法是团队中的每个人参与其中，每人给出 3～5 个 lense，针对每个 lense 花两分钟尽可能快速地去挖掘出关键节点，以同样的方式继续下去，直到使用完所有的 lense。因为只有这样团队才能够在短时间内挖掘出更多新的关键节点，同时也可使挖掘出的关键节点的种类更加丰富。

6) 归纳关键节点

在完成上述步骤后，产品经理将得到一份种类繁多的关键节点清单，若想在绘制用户体验地图时更加方便，则接下来需要对关键节点进行分类。

一般人分类总习惯于采取简单的方式，比较常用的做法是利用便利贴的便捷性，将所有关键节点写在便利贴上并挂在墙上，然后将同类别的关键节点连在一起，并为每个类别贴上标签以表示不同。分类完成后，对关键节点进行筛选，去除重复、没有使用价值的内容。这方面的具体详细操作，有兴趣者可以去了解"亲和图 Affinity diagram"。

7) 绘制用户体验地图

将时间线、情感指数、关键节点、使用场景这四个方面组合在一起。下面我们将展示一下如何来绘制最基本的用户体验地图。

(1) 写好用户角色的基本信息，包括需求是什么、期望值、痛点在哪里。

(2) 一个可以尽情发挥产品经理想象力的环节。可以先画一条时间线，对于时间线的形状并没有特别规定，既可以画一条向上或向下的垂直线，也可以画一个圆圈或者螺旋，时间线的单位也没有强制要求，也就是说产品经理可以根据需要来定，既可以按照时间的长短进行排序，也可以按照用户行为依次排列。至于体验地图要画成什么样，要记住这并没规定，应尽情发挥产品经理的想象力。

(3) 加上关键节点，尝试着把自己想象成用户，对于已经归纳好的关键节点按照顺序依次排列后，再在每个节点写上真实的用户感受，同时特别注明每个关键动作的使用场景是什么。

(4) 画上情感指数，描述用户的情感变化一般采用的是曲线图或折线图。每个节点和关键动作是一一对应的。

一份最基本的用户体验地图就绘制完成了，若是不同的产品之间存有差异，产品经理可以在此基础上根据实际情况去丰富、完善它。

但是体验地图绘制完成并不能宣告项目结束，报告产出后，项目的组织者要积极与团队成员同步调研结果，这样可以对调研中发现的问题快速地制定解决方案。

因为体验地图一次发现的问题较多，而不同的问题的解决方案也会有所不同，所以我们可以通过将问题和解决方案汇总成表格，再根据痛点严重程度划分优先级，同时按计划分布落实的方式来提高问题的解决效率。

### 5.2.3 如何让用户对产品"上瘾"

有两种药品，一种是维生素，维生素只是一种普通的补充营养的药物，经常会被忽略；另一种是止痛片，止痛片是解决疼痛的药物，当你身体疼痛必会第一时间想起。

大多数人买了维生素，却总是忘了吃，直到偶然发现时，已经快过期了。想着赶紧吃吧，都是钱买来的，要不然就过期了，多浪费钱呀，然而事实是吃了两天又忘了，当哪天再次发现的时候，就真的已经过期了，就不得不扔了。

止痛片的情况就不一样，当疼痛难忍的时候，或许此时只要能解决疼痛，甭管什么有害成分你都会抛之于脑后了。这个时候的你对产品已经没有什么强制性的要求了，不需要产品有多么完美，只求能满足需要，对于什么用户体验，你已经不再去思考了，成语"望梅止渴"讲述的或许就是这么一个典型的例子。

上面讲的这些与产品经理有何关系呢？听我给大家慢慢细说。

首先我们用维生素来代表非刚需，非刚需表示没有明显使用价值的产品；用止痛片来代表刚需，刚需则表示有明显使用价值的产品。试问一下，如果是做产品的话，你选择做哪个？

如果你回答是"止痛片"，那我还想再问你：你觉得微信是止痛片吗？微信可以解决用户什么痛点呢？而又解决了QQ没有解决的什么痛点呢？

再将思维发散一点，香烟是止痛片吗？香烟可以解决用户什么痛点呢？不抽烟的人如何转化痛点呢？

试想下面两个场景。

第一，当你想发送信息给朋友时，你的第一反应是选择发短信给他？还是微信，或者QQ呢？

第二，当你遇到某个难题时，你的第一反应是百度还是搜狗来搜索答案，还是自己思考呢？

这些产品在解决痛点方面并没有太大的区别，微信能做到的事情，QQ都能做到；百度能做的，搜狗也都有。而之所以他们市场表现会有那么大的差距，都是因为习惯的力量！用户的习惯！

微信和百度真正的核心竞争力在于他们已经培育出用户习惯，并依靠这种用户习惯建立起竞争壁垒，从而将竞争对手远远甩开。

更多时候，出于惯性，想给朋友发消息时，你首先想到的一定是微信，而不是短信，更不是QQ；遇到问题时，你首先想到的肯定是百度，而不是搜狗，甚至不是依靠你的大脑来想解决办法。

这样看来，痛点的重要性似乎没有那么高，因为在同样切中了用户痛点的多个产品中，谁最先让用户养成了习惯，谁就抢占了先机，谁就能取得成功。

甚至那些看起来痛点并不高的产品，只要想方设法能让用户养成习惯，也照样能成功。

总结就一句话，培养用户的使用习惯，得用户习惯者得天下。

不同的失败产品其失败的原因也有所不同，但成功的产品一定是获得了大量用户。或者说，痛点本来就不存在，有可能只是有点痒而已，你经常地去挠啊挠啊，挠习惯了，不挠就会感到浑身难受，那么这就会变成痛点了。

换句话说，习惯的驱动力会使痒点慢慢变成痛点。就像你习惯了微信成为你生活中的一部分一样，你或许再也不能离开它了；你习惯了百度的界面之后，再看搜狗的页面时，总会不自觉进行对比，然后就会觉得搜狗的页面很不好看，怎么看怎么不顺眼。

所以，互联网产品运营想要取得成功，其重要目标就是培养用户的使用习惯。当然，套路得人心，所以培育用户的使用习惯应稍加点套路。好比河蚌里的珍珠，最初其实只是一粒沙子，经历一层一层的珍珠质不断的裹上去的过程，最后日积月累才会变成大珍珠。习惯也是如此，几个步骤不断地循环之后，人们就会慢慢养成习惯，而此时再不断地循环、加强，习惯就会慢慢变成瘾。

1) 诱因

诱因，即吸引用户开始使用你的产品或服务的因素，或者在用户开始使用后，没有放弃使用，而是还能持续不断地使用。诱因有两种，包括外部诱因和内部诱因。

外部诱因有很多方式，如硬广告、软广告、口碑传播等，比如土豪公司不惜重金在地铁里刷广告，在媒体上发软文，或者推送引爆朋友圈的文章，这些都是诱因。做生意就是要有联系才能继续，所以用户开始使用你的产品或服务后，你就应及时和用户之间建立联系，以此保持良好的关系，这种联系也能成为让用户再次使用你产品或服务的诱因。好比，如果你的产品是App，你可以推送消息给用户，利用用户习惯性打开链接这一点诱使用户打开。如果你的产品是网站，你可以尽可能地获取用户的邮箱、QQ、手机号之类的信息，通过给用户发送消息，提醒他回来。

用户之间也可以成为彼此的诱因，老板由于工作需要给你发一条微信消息，你会收到一条消息提醒，对你来说，你这次打开微信的诱因就来自你的老板。很多时候为了和社交网络上的朋友保持联络，导致用户不得不经常登录这个社交网络,紧跟社交生活的步伐,然后慢慢形成习惯。这也是很多产品都想要加上社交元素的原因,比如支付宝,一直对社交网络念念不忘。

外部诱因的成本相对来说比较高,因为无论发广告,还是通过 App 推送消息,都是需要成本的。有人会因为你推送消息感到厌烦而卸载,或者有的会设置屏蔽推送,这都是你的成本,尽管你的初衷是花钱获取这个用户的认可,但用户买不买账又是另一回事了,所以有的成本会有所收获,但有的成本就被损失掉了。

将外部诱因转化成内部诱因是培育用户养成习惯的关键一步。内部诱因代表的是用户的内在需求,通常是某种情绪,比如紧张。这种转换完成后,用户已被习惯驱使,此时你就不需要再用外部诱因来引诱或者说刺激用户了。就像很多人的微信从来不设置声音提醒,但也不会耽误他接受任何一条消息,因为早已习惯性地每隔几分钟就看一眼微信,不然总感觉自己会错过什么,这种焦虑就是内因。

外因是难以持久的,因为你很难保证持续地接触某一用户,让他继续对你的产品感兴趣,这其实也是很多产品留存率低的原因,没有及时将诱因从外部转移到内部,大部分用户不是习惯驱动自发地来使用产品。成功的产品离不开内因的驱动,稍加分析一下知名的产品,就会明白他们的内因是什么了,其实这也是一种良好的学习方法。

想想你的产品的诱因是什么,外部诱因有哪几种,内部诱因来自用户的哪种情感需求。诱因越多,越强烈,用户的使用频率就越高,就越容易养成习惯。

2) 动作

若用户被诱因触发之后,就付诸行动,那么你的产品就会成功得到用户的使用。斯坦福大学的 BJ Fogg 提出了一个行为模型,得到了广泛的认可,根据他的理论,只有同时具备 3 个要素:诱因,动机和能力,一个动作才真正完成。如果动作没有发生,说明要素缺失了,而且至少有一个要素缺失了。

举个简单的例子,跟教练学开车这个动作。如果教练不告诉你下一步是如何操作了,就是"诱因"这个要素缺失,开车这个动作就不会继续发生。如果教练还是继续给你讲述如何操作,但是由于你的个人接受能力比较差,你是在听,但已经听不明白教练在说什么了,所以你迟迟不想或者是不敢进行下一步的操作,这就是"能力"要素缺失。

诱因已讲得差不多了,现在再说一下动机。Fogg 把人类动机总结为 3 类:追求快乐,躲避痛苦;寻求希望,躲避恐慌;寻求被接纳,躲避被排斥。当诱因从外部转换到内部后,诱因其实就已经转变成为动机,动机可以给用户带来更多的行动力量,因为此时用户已经开始自发地使用你的产品,无须你的外在刺激了,有的用户甚至自己为自己创造诱因。

Fogg 行为模型的第三个要求是能力,能力的具备很重要,而在产品使用时,让用户具备执行动作的能力,也是非常关键的。很多产品之所以被淘汰,都是因为操作太复杂了,超出了用户的能力范围,因而就被用户抛弃了。所以,我们要尽可能降低产品的操作难度,尽可能简化流程,使用户能够易学易懂操作流程。

互联网行业这些年产品不断涌现,其中最主流的产品经历了一个不断简化的过程:从博客到微博再到朋友圈。博客有较高的要求,它需要用户有比较高的写作能力,而生活中绝大多数人是不具备这种能力的,所以博客用户仍是一个小圈子而已。微博将博客进行了简化,用户只需要写 140 字以内,写多了还不允许发表,这样要求被降低了很多,对于那些有思想有故事,但又不太会用文字来表达的人,就会一下子冒了出来,朋友圈就进一步简化了很多,随手拍张照片,或者转发一下朋友的朋友圈,就可以在朋友圈刷刷你的存在感了。

对具体的某一款产品,遵循的使用原理也是如此,能怎么减少用户的操作步骤就怎么来,能让用户怎么少动脑子少动手就怎么来。但也会有最简单的方法,如图 5-8 所示。

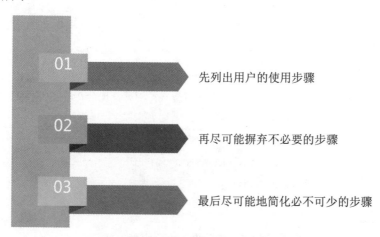

图 5-8  减少用户的操作步骤的思维

道理就是这么简单,不断优化,直到优化到用户上来就能使用的地步就可以了。好比在微信对话框中,如果你要发照片给对方,有四个步骤分别是先点+号,后点"照片",再选中照片,最后点"发送"。这个步骤其实已经够简化,但还是可以改进的吗?答案是可以的,例如当你刚刚拍了一张照片,这时只需要在对话框中点+号,微信就会自动把刚才拍的照片在右下角浮现出来,再轻点立即发送给对方即可。微信的简化就把原来的4个步骤,简化成了1个。

形成用户习惯的关键一环是降低用户的动作复杂性,使用户操作更加顺畅。优化其实是永无止境的,伴随着竞品的不断优化,你就应想想你的产品,还有哪些地方可以优化,对于那些用户经常要操作的地方应格外地注意。

3) 奖励

有次闲聊,不经意间聊到"为什么很多人对初恋念念不忘?"这个话题,最后讨论的结论是:大多是没得到,或者已失去。有的为初恋付出了很多精力和时间,最终却没有得到,或者是没有得到自己想要的预期回应。

很多时候,人们做事情都想得到一个完美的结局,只有不断地奖励,人们才能接受刺激并不断地完成新的动作,动物也是如此。马戏团利用这点原理,诱使动物在食物的刺激下"学会"表演,酒鬼因为每次喝酒后的刺激感而喝更多的酒。动作—奖励,再动作—再奖励,简单来说,奖励是让动作不断持续发生的驱动力。奖励有3种不同的类型,如图5-9所示。

| 奖励的3种不同类型 | （1）出自你所在的群体,比如家长的表扬,朋友的赞赏 |
| --- | --- |
| | （2）猎取的快感,从古至今,人类天生喜欢探索、猎取,人类在得到自己想要的东西时会获得快感。比如在游戏中取胜,在微信中晒照片、转发朋友圈优美文章 |
| | （3）自身的内在奖励,想要通过完成一个任务来证明自己,获得所谓的掌控感等。 |

图5-9 奖励的3种不同类型

很多让用户养成了习惯的产品，无一不是同时使用了上面的 3 种奖励。21 世纪，最容易让人上瘾的互联网产品莫过于游戏了，几乎老少通吃，无非是因为游戏中充满了各种奖励，越是赢得大量用户的游戏，设计得越是完美。在游戏中，你可以在虚拟世界满足自己的虚荣心，你可以通过探索未知的地图，并不断完成各种任务，使自己的游戏段位得到不断提升，日复一日的努力你最终获得了现实生活中无法获得的荣耀，你成为游戏世界的中心，你就是大神，你能掌控游戏中的一切，包括技巧、装备属性以及如何操作才能让自己快速取胜，等等。渐渐地直到有一天，你发现你对这个游戏产生了依赖性，它已经成为你日常生活的一部分，若有一天不玩你就总感觉少了点什么，浑身不得劲，就算卸载了还想着再装上，这时的你已经上瘾了。

设计奖励时，必须注重奖励的及时性。想想如果你在游戏中打出去一枪，要第二天才知道对方死没死，你会对这种游戏产生迷恋吗？用户的动作做完，就希望快速看到结果。京东商城这几年能够成功抢占市场的先机，离不开其高效的工作性质，他们通过自建物流，把订单的配送速度大大提高，做到了上午下单，下午送达，这其实就解决了用户想要快点收到货物的问题，同时还缓解了用户的焦虑，赢得了更多客户的信赖。磨磨唧唧总会让人产生厌烦心理，就像我们在倡导柔性生产的"必要 App"下单购买一件衣服，提示由于货物紧张，需要我等 20 天后才能收到货，这种漫长的等待周期，不可能让用户形成购买习惯，而且用户下次购买东西时也不会再使用，这就注定这种电商模式很难吸引用户，或者说很难做大，甚至会面临失败的威胁。

设计奖励还需要注意的另一个要点是奖励应具有随机性，是可变的奖励，难以预期的，让人感觉充满惊喜。每次刷新朋友圈时，你希望能遇到某种惊喜，比如谁结婚了，谁买了宝马等，而不是万年不变的信息。看偶像剧时特别怕别人剧透，因为想自己去感受，同时也是想给自己保留一份惊喜。所以用户每次打开产品时，也会希望能看到不一样的东西，至少应有所改变，因为这样他才会觉得有新鲜感，才能吸引他不断进来，慢慢养成习惯。

4）投入

有投入总想得到回报，所以要让用户不愿意离开产品，首先应让用户有所投入，让其再没得到回报前舍不得离开。这种投入的范围比较广，可以是时间，也可以是精力，或者是金钱。很多付费的互联网产品，比如小说、游戏，以及知识付费产品,都会在用户第一次付费的时候,首先给用户赠送优美的礼品,并美其名曰新手特惠。事实上,只不过是为了吸引用户先投入一点,用户会想反正只需要一点点又不是很多,但却没有想到,一旦开始,自己就会在不知不觉中投入更多。而投入得越多,就会觉得投入了太多,就越不舍得放弃自己之前的选择。

千万不要一开始就让用户投入太多,因为这很容易把用户吓跑。有的互联网产品很少有用户注册,败就败在当用户准备注册的时候,就恨不得让用户填写几十项内容,其实这样也会让用户认为是搜集其个人信息。这就不如改成只需要简单的账号、密码等两三项信息就能完成用户的注册流程,其次在用户的使用过程中,用户可以根据自己的需求不断地完善资料。比如一款社交产品,如果用户输入所在学院,就可以看到自己院系的同学;如果输入姓氏,就可以查看到与自己同姓的朋友;如果输入自己某个方面的特长,那么就可以看到很多有才华的人……用户在不知不觉中,就会把自己非常细致的资料都提供给你。

有些产品会故意设计一些让用户参与的环节,比如拼图,需要你带回家自己拼。同样两张拼图,一张是别人拼好的你买回来,一张是你买回来零散的拼图,最后自己拼好,你会觉得第二张拼图更好一些,因为它里面凝结了你的劳动,包括你的价值。人们在一件事情上付出的心思和精力越多,就越觉得这个东西有意义、有价值。对互联网产品来说,让用户加入个性化设置的东西越多的产品,用户的参与感就会越强,更会觉得这是自己的东西,越觉得这个东西好,越会倾向于选择。

此外,让用户在产品里存储价值是十分必要的,也就是说把用户的投入,尽快转换成价值,存储在你的产品里是最好的选择。价值存储类型多样,可以是照片,比如你在微信中上传了很多与恋人的照片,或许有几千张照片,所以别的社交产品再好,估计你也不会轻易转换,除非你们分手了;也可能是段位,比如你在游戏中一直是神一样的存在;还有很多粉丝崇拜你的技术够硬,如果你在微博中是某区域里小有名气的人,有一百多万粉丝,你是很难下定决心放弃的;还可以是声望,淘宝在这个方面做得很好,卖家为了皇冠、钻石不惜砸重金去弄个刷单、弄虚作假;也可能是操作技能,写 PHP 和写 Java 者互相鄙视就是最典型的例子。这也是因为人们学会了某项技术后,就会非常不愿意再切换到竞争性的技术上。

换位思考,试想一下你的产品让用户存储价值的空间有多少。因为用户在你的产品中存储的价值越多，就越不愿意放弃这个产品，毕竟都有心血在里面。所以即使有些产品，可能本身不能带来良好的收益，但却能让用户存储价值，使用户舍不得离开，那么这种产品黏性，就可以成为其他产品的流量切入口，间接地获得更多的效益。就像电子邮箱服务，本身很难带来收益，但却偏偏能为服务提供商的其他产品带来流量，这也算是一种成功。

诱因、动作、奖励、投入这 4 者的结合构成了一个用户习惯培育模型，互联网产品经理和运营经理要做的是，想方设法地吸引用户在这个模型中多走几遍，直到用户养成习惯，最后成为忠实用户。这个模型很有魔力，因为即使是非刚需产品它也适用，即也能在这个模型下，让用户养成习惯，使非刚需产品变成用户离不开的产品。

你也许已经发现，只要设计得当，很多产品都会吸引用户的眼球，逐渐让用户养成习惯，甚至上瘾。这种方法，使用得当加上端正思想，定能创造出有竞争力的产品；用到邪道，也会产生让人无法接受的恶果。

因此，在设计产品的时候，有两个重要的原则：自己会不会用是首要的一点，而是否能提升用户的生活质量又是关键的一点。

若这两个条件能同时满足，那么这个产品成功的概率就会大大提高很多。如果两个条件都不能满足，那就是无原则，无底线了，为了赚钱，抛弃道德底线，就像毒品、赌博这些领域，一定不会走得很远。

## 5.3 产品经理如何通过产品体验报告获得更多思路

阐述清楚现阶段用户有什么需求，说明了当前这个行业有哪些好的机会，毕竟市场广阔，用户需求量大，会是一个不错的发展契机。但是，如果当前市场上的产品或者服务存在缺陷，无法很好地满足用户的某个需求，甚至是满足不了这个需求，此时用户的需求没能得到真正满足就会找一个"突破口"，这时只有一个更好的产品才能满足他们的需求了，这样的情况下，由于需要一个更好的产品，所以需要建立一个更优的解决方案，以上的种种内容，都需要通过产品体验报告来获得思路。

### 5.3.1 产品体验报告主要包含的内容

众所周知,产品体验报告可以帮助产品经理优化产品,进而提升用户体验,而这一目标则是通过深度了解相应的竞品情况来实现的,通常来说主要包括以下6部分内容。

1. 产品概述

1) 体验环境

以 App 为例,体验环境包括体验产品所用的机型、系统、App 版本,体验时间以及体验人等方面的信息。

2) 产品的概括或简介说明

用简洁的语言概括产品是什么,可以用来做什么。

3) 产品定位

产品定位是指阐述清楚针对什么样的目标对象,提供什么样的产品或服务,可以解决目标用户的什么需求。

4) 用户需求分析

(1) 目标用户——"谁"。

了解清楚产品的目标用户是谁。

(2) 用户特征——"谁"。

目标用户的特征可以通过角色分析,用户画像等方式获取。

(3) 目标用户的需求——"什么需求"。

(4) 解决方案——"什么办法"。

在当前的市场环境下,用户的相应需求没办法获得满足,那么这个产品应如何改进呢?也就是说,采取什么样的解决方案才能更好地满足用户的这个需求呢?

通常情况下,可以从两方面着手:一个是核心功能点,即在核心功能上添加特色创新后,对比之前能给用户带来那些更好的服务;另外在效果体验方面,不管是视觉还是交互,阐述清楚能提供哪些更好的体验。

需要注意的是,上述的解决方案并不需要太多的操作,结合产品界面来具体阐释就不需要了,只需要简单将产品所能提供的解决办法(功能或服务)罗列出来即可。

(5) 用户使用场景。

既然有了这样的一套解决方案，我们对用户一般会在什么情况下使用我们的产品进行分析才有意义，分析内容包括这款产品的用户使用场景，以及每个使用场景的情况。

5) 市场现状和分析

对于市场现状的分析，实际上在前面的各种分析中，产品经理已经获得了很多数据，另外通过各种渠道查找的数据也具有可行性，可用来分析当前的市场现状，并且结合现状给出一些个人的看法，主要体现以下两个方面，如图 5-10 所示。

第一，行业分析：根据数据分析，对这个市场的未来提出一些自己有理有据的看法。

第二，市场数据（产品数据）：将产品所占据的市场份额与主要的竞争对手进行比较。然后根据比较数据，分析、归纳出一些结论和改进建议。

图 5-10　市场状况现状和分析

2. 产品分析

1) 产品结构图

产品结构图是根据产品经理对产品的了解而画出来的，结构图可呈现出这个产品的各个功能所在的层级，直观地体现出核心功能的深浅，具体的功能是如何进行分类规划的。

然后产品经理就可以根据这个结论，进一步从两个相反的方向进行分类，比如分出不合理的地方在哪里，功能的分类比较合理的地方在哪里？如功能入口太隐蔽，不重要的功能又放在了用户极易发现的地方，这时产品经理就可以根据这些问题，提出一些自己的看法和建议。

2) 用户使用流程图

关于这个问题可以换位思考，假设产品经理自己是用户，将所有的功能进行实际的操作，对功能的属性都熟悉了之后，尝试把用户的使用流程图画出来，流程图可以辅助产品经理获取用户在实现需求过程中的一些有效数据,如会经历哪些事情,需要用到产品的哪些功能。

不同的产品能解决不同的需求,若一个产品将所有的重心只放在解决一个需求上,那么用户使用流程图的路线就很简化,也许就只有一条,如此则分析时不用复杂化,以这条路线为引线进行分析即可;若这个产品比较复杂,功能多,那么可以解决的问题也多,这样的情况下,用户使用流程图的路线不可能只有一条,可能会有很多条,这么多路线一个个去分析也不现实,那怎么办?这时产品经理可以挑出少数几个核心的使用流程路线,对这几个核心路线进行重点分析即可。

3) 功能体验分析——可以说是体验报告的核心

在这个过程中,可以以前面的用户使用流程图中的步骤为依据,需要产品经理采用任务走查法,以用户的角色,在需要经历的页面中实际走一次,找出存在的问题。经历完这个过程,产品经理会清晰地了解到用户在实现需求的过程中需要经历哪些事情,需要用到哪些功能。了解后还需要进行适当的分析,而对这个过程,产品经理可以从两个层面进行分析,如图5-11所示。

图 5-11　功能体验分析

需要注意的是,体验方面应注重第一感觉。此外,除了功能和体验方面的优点要讲出来,缺点也不应藏着掖着,指出缺点后要给出建设性的建议,具体说说异于前面的什么做法才能更好。

3. 竞品分析

对产品本身进行深入分析可以帮助我们了解用户,要想更好地赢得市场,还需要对竞品进行横向方面的分析。对于竞品分析,可以从以下两个角度去思考。

(1) 宏观层面:了解这款产品主要有哪些竞争对手,当下市场格局的真实情况是什么?竞争对手通过什么特殊的方式或者创新的解决方案来满足用户的需求?竞争对手的优缺点对我们有什么借鉴作用?

(2) 具体层面：竞品有什么优秀的功能？我们与其是否存在差异？有哪些差异？UI 或者交互方面又存在哪些区别？有没有可借鉴的地方？通过这样的比较之后，我们可以不断完善我们的产品。

4. 用户意见

用户对于产品的评论意见可从 App store、微博、知乎等相关渠道去搜索，有时评论非常多，这时只需挑出一些比较有代表性的评论，将它们罗列出来即可，其主要目的是为了将其他用户的评论与前面产品经理的产品功能体验方面的一些说法进行验证，看是否一致。虽然对这些评论不需要进行分析，但产品经理可以对这些用户的意见适当地进行总结，并附在旁边，比如说大家都认为某个产品的功能属性好或者不好，大家使用过程中都出现过什么问题或者产品有什么优势的地方，等等。

5. 如果自己是 PM

把自己假设成是这款产品的 PM，此时，我们需要把自己定位在产品的战略层面，然后对产品进行分析。

对产品的总结性的建议可以从这个分析中获取，但需要产品经理站在更高层面去思考产品问题，然后提出建议，比如说对产品的功能有一个更全的思考，对产品的营销模式有更深刻的理解或见地，未来有没有什么可挖掘的需求等方面。

同时，产品经理也可以适当地进行总结，可以是自己对这个产品与竞品的使用感想，也可以是对用户群体市场的理解，以及可以深入挖掘的需求有哪些。

注意：若产品经理对产品以及行情没有足够的把握，那些过于战略性的内容在这里最好还是不要涉及，因为经验不足，就会闹出"关公面前耍大刀"的笑话。

6. 运营

运营方面在产品体验报告里面可以适当地少提，一方面因为这是产品体验报告而不是运营体验报告；另一方面，产品经理作为门外汉，对产品运营规划的情况既不熟悉，也没有经验，所以产品经理很难掌控运营思路，但可以稍微提一些产品经理的建议。

到了这里，产品体验报告的写作框架就基本成型了，后面要做的就是专注于具体内容的撰写，当然，这只是一个框架，具体的产品体验报告还需要结合其他的情况，比如报告面向的对象。毕竟不同的对象其写作和思考的方式也会有所不同，侧重点也不一样。但是总体的思路还是可以参照的，当一个产品需要做产品体验报告时，产品经理需要做的事情十分清晰明了，就是在这个总体思路的基础上，根据面向对象的具体情况进行修改调整即可。

## 5.3.2 【案例】App 应用如何提升用户首次使用体验满意度

Wayne Chang 是一位在事业上十分成功的企业家、投资者。他是创业公司的联合创始人，他名下所有的公司价值总计超过 100 亿美元。除此之外，他还是一名资深的投资者，累计投资过的公司就有 50 多家。Wayne Chang 就自己的创业经验，曾经给创业公司提出一个很好的建议：开发产品要注重用户的首次使用体验，学会合理利用最好的资源，努力让新用户爱上产品。

首次使用体验就是新用户对产品有什么样的初步印象，即刚开始知道你是谁，知道你们是做什么的。如果他们体验的产品步骤烦琐，那么这一产品就会给他们留下不好的印象，并且会将这种第一印象深深记在心里，当下次再接触到这个产品时甚至会产生抵触心理。

针对这一问题，有一个数据我们可以加以分析并适当借鉴：App 安装之后的 3 天内的日活跃用户平均流失达到 77%。这也侧面反映出，用户的时间相对来说很有限，如果产品经理想争夺更多的用户使用量，就必须努力抢占先机。

这一理念并没有获得大多数创业公司的认可。创业公司有自己的创业理念，他们认为他们只需要思考产品的特色，清楚地了解本公司的"价值主张"是什么，即使最糟糕的东西他们也是心中有数的，再一个就是有自己的一套营销战略。至于新用户使用产品前 30 秒的体验，他们不会用很多心思去思考，好不好那是以后再考虑的事。

试想一下，钻戒采用这样的方法会怎样呢？例如，将新的钻戒放在纸盒内，而不是装在珍珠白真空玻璃柜里，用户会有什么不同的体验？同样的道理，当你打开新 MacBook，却发现没有电池在里面，或者无法定位到 WiFi 信号，无法快速、轻松连接到互联网。这样的情况下，作为一名新用户，你肯定会特别沮丧、失望，对产品的兴致甚至会直接降低，也不想快点进入使用产品的状态了。

就像数学老师想吸引学生的注意力采用先讲一个幽默的故事作为课堂的开始一样，如果你想开发出用户喜欢的产品，必须打造出属于自己产品的、独特的、出色的首次使用体验，讲述一个充满情感的故事，赢得用户的青睐。

举一个例子，对比之后可以体会到用户首次使用体验的重要性。在 Crashlytics 的开发过程中，移动开发者工具的首次使用体验令人失望透顶是最典型的反例。Facebook 的工具算是"精品"中的"精品"，冗长的指导页面，无数的链接，导致用户滚到最底部要 20～30 秒。像 Wiki 的 72 个步骤很容易让用户失去耐心。有些企业更加糟糕，放上 10 分钟长的视频，视频中还有个人下指令："现在……往下拉这个东西……到这里。然后……进入……下一步。"

最可怕的就是一开始就给用户留下不好的印象，导致关系弄得一团糟。所以，解决这个问题是十分必要的。

但是我们也会疑惑："如何才能让首次使用体验更具趣味性、让人愉快体验，做 Facebook？谷歌？亚马逊？还是其他企业明显无法做到的事呢？"

为此，Wayne Chang 开发了一个消费级安装程序。针对开发者的需求，在上面设计有一个图标，并且需要拖动它。看似容易，但若想开发一个安装程序，并实现在几百万台甚至几千万台电脑上运行，而且开发者不定时进行修改设置、定制设置。这样一来，要做到就不会那么容易了。因此，开发初次体验的时间多于开发核心代码的时间。

但是，一分耕耘，一分收获，付出总会得到相应的回报。最终，Wayne Chang 团队开发出来的产品其首次使用体验非常成功，且是独特的和开发者从未见过的。这是开发者在 Twitter 发消息谈论这种体验时，传达给朋友的。最终，当 Twitter 决定收购 Wayne Chang 的企业时，产品已获得用户的广泛信赖，已经装进 3 亿台设备了。时至今日，程序的月活跃设备数量不断上涨，达到了 30 亿。

对此，大家都应该想知道如何才能创造有趣、令人高兴的首次使用体验？关键在于"时间知觉"。

新用户的耐心有限。这源于他们不信任你，同时他们并不知道自己具有怎样的期待，那影响他们做出决定(而且以最快的速度)的因素，一是看你的产品是否能让他们的生活变得更便捷，二是看是否能提高速度，提高效率，三是与二相反，看能否减缓生活节奏，让速度变慢。

作为产品经理的 Wayne Chang，应经常将产品设计与视频游戏对比分析，因为游戏产业是所有行业中最重视"时间知觉"的。它让你感觉时间飞逝，享受快感，游戏中用户感觉飞逝的速度越快，游戏越成功；这种快感能刺激用户投入更多时间，不知不觉地在游戏世界多待一小时。游戏行业持续火爆，原因在于其首次使用体验方面做得比任何行业都好。启动一款新游戏，喜欢的人定会沉浸其中，再不然就直接离开了。

以动视暴雪开发的多玩家游戏《守望先锋》为例，我觉得这款游戏非常珍惜用户的时间，是一个完美案例。原因在于我们在漫长的等待时间里，暴雪从顾客耐心有限这点出发，会展示一些有趣的东西，打造出一款可爱的产品，以此分散顾客等待的焦虑。对比一下传统设计方式，暴雪就有自己独特的优势。传统设计方式是当你在线上玩多玩家对战游戏时，人数不够时你不能启动匹配程序。按照传统方式设计，6V6 模式的游戏，需要 12 名玩家，估计很难能让顾客愿意等待；因为玩家要等待人数凑够后，才能寻找服务器。

暴雪《守望先锋》机智的地方在于，它利用玩家的好奇心理，邀请玩家玩一些无目标、无规则的迷你游戏，玩家沉迷迷你游戏，时间不知不觉就过去了。换句话说，用休闲方式来打发时间你更容易接受，比如在游戏世界与其他人互动，你会充满期待。暴雪还有一个区别于其他游戏的优势：它不会让玩家像个傻子似的跑来跑去，更不会让玩家互相攻击，在《守望先锋》内玩家会做一些更有意思的事，比如向其他人挥手、协作等这些无聊的事，玩家不屑于玩。虽然是同一款游戏，但体验时给人的感觉却是全新的。

很多时候，创业公司很容易忽略用户等待的时间，原因在于他们将自己的产品变成了视觉化的形式。创业公司会努力完善各屏幕的模型，比如填入图表、数据、各种数据集等，但却忽略了一点：新用户开始使用时，没有数据，甚至是一无所有，所以用户不会选择长期使用。

这就引发我们去思考：新用户使用时在控制面板能看到什么呢？第一次使用时，"朋友列表"和信息框会弹出什么消息呢？

作为产品经理，你的工作就是要检查特殊时间点，不断反思问自己："我们应该采取什么样的方式去做一些事，才能将用户的感觉融入产品？让用户形成一种感觉，这种感觉是很奇幻的：似乎他们不太在意接下来会发生什么事情，难道事情已经发生了？"

另外，许多创业公司开发产品时缺少将人作为中心点考虑的意识，常习惯性地站在工程的角度来开发。人对时间的付出与回报是否成正比高度敏感：即花了多少时间，做某件事占用了多少时间，人们常常会将投入时间与所获回报进行对比。换句话说，人在对时间感知时主观意识比较强烈。

等待是漫长的，同时也是煎熬的，如何将用户的注意力转移到其他地方？以让时间过得快些。这是因为用户的注意力转移之后，就会感觉时间过得很快，以此方式来提高用户的参与度，让用户更愿意等待。下面介绍一些让用户觉得时间过得比实际更快的方法。

大体来讲，这些方法可以按照"Progress Indicators"(进程指示器)的形式进行归类。

第一，产品小贴士：小贴士可以给新用户提供帮助，减少用户摸索的时间，提高使用效率。提示还能吸引用户愿意逗留更长的时间，主要是因为提示能继续吸引他们参与进来。但提示讲究策略，不能打扰用户。

或许你也注意到：有很多有趣的事情与产品高度相关，这些有趣的事情稍加利用甚至就是一个完美的策略，用例场景也是一个不错的策略，这些东西非常适合放在加载屏幕上，以吸引更多用户。

第二，引述：Slack 在这方面做得很"漂亮"。在等待 Slack 频道加载的空隙，用户在屏幕上会看到一些古怪的引言。这些引言能够将用户的注意力从事实移开，消除他们等待的焦虑，让用户更愿意等待。

第三，动画：新鲜事物总能分散用户的注意力，制作创意十足的、独特的作品，在用户等待时进行播放，也可以放一些加载动画，这时用户不会觉得等待无聊，用户还会觉得时间过得很快。

第四，后续序列：当用户离开你的产品之时，应保持与他们的联系，不要忘了他们。例如，在用户离开你的产品时，设计一个小弹幕，弹幕中输入一些动态信息，表达一下你的产品对用户离开的不舍，比如："主人公，你要记得回来哦。"这样的小弹幕会让用户感觉心情愉悦，让他们更愿意再次回来使用产品。

产品的首次使用体验的重要性从前面的分析可以知道，作为产品经理，你准备开发一款产品，想让同一个团队的多个用户进行登录，你应该怎么做才能让所有人的首次使用体验同样难忘？

这样的问题在开发 Crashlytics 时，Wayne Chang 就碰到了。Wayne Chang 时

常被询问，为什么他们的产品一上市，就能在社区快速流行起来，赢得这么多人的喜欢？

实际上，Wayne Chang 团队花了很多时间去思考这样一个问题：让产品融入日常用户的自然工作流是一个非常棒的想法，但关键是如何融入呢？理论上，许多创业公司开发的产品都做得很好，但是他们容易忽略产品是否能够融入目标群体的自然日节律、自然工作流这一点。

有一点做得很精辟：分享原理。许多公司开发的产品都利用这样的原理增加用户量：允许用户注册一个账号后，使用控制面板，将自己的账号、密码和团队其他 10 个人共享，一起使用。事实上，这是一种不错的增长策略，强调以人为中心，其效果就像细胞分化一样。

当我们开发产品时，关注开发者的自然工作流已形成一种惯性，我们通常会有一种这样的意识：他们每天都有一个工作要做，有每隔几小时查一次的，也有每天只查一次的。

根据开发者的日常工作流，Wayne Chang 的团队创造了一种用户体验，即当公司的第二名用户下载时，就会弹出一个带有第一名开发者档案照片的小窗口，还有验证信息说："你好，布里想核查一下你是不是团队的成员，请输入你的邮箱地址。"

他们输入邮箱地址的可能性很大，凡是输入邮箱地址的用户，他就是 Crashlytics 用户了：期间他们还会收到同样的通知和邮件，这些信息的不断刺激，会让他们更喜欢产品。

凡是开通 Crashlytics 账户的 App 公司，每个 App 都有自己的特点，各个 App 之间会稍有不同，而公司内的所有开发者都有 Crashlytics 账户，并且是每一人有专属的 Crashlytics 账户。

因为只有一次机会，所以留下一个好印象就尤为重要。"首次使用体验"与产品的许多功能一样，对产品的成功都至关重要。但有时首次体验更重要一些，因为它是用户与产品的初次互动。

# 第 6 章

# 产品上线：产品经理如何有条不紊完成产品上线

产品经理的能力要相当全面，不仅要分析数据，更要根据数据做好产品的开发、测试、上线的相关工作以及后续维护。用户永远在变，因此产品经理需要面对用户，找准用户痛点来优化产品。

# 6.1 产品经理如何做好开发进度管理

其实，每一个管理层的负责人都算得上是一个小小的经理负责人，项目管理也不例外。项目是否能够成功的完成工作进度，完全取决于项目团队成员是否拥有一致的目标，并且愿意在项目完成之前为之不断地努力奋斗。

## 6.1.1 产品经理做好项目管理实战方法

优秀的人所散发出来的光芒是无法被掩盖的，那么这时候，他肯定会位于整个集体的重要地位。

就拿产品经理为例，一个优秀的产品经理，在整个产品系统进行更新的过程中拥有着无可替代的作用。但是，对于大多数互联网公司来说，在团队规模方面还未正式步入正轨的时候，产品经理手上就要增加许多工作。作为一个各方面统领基础工作的负责人，通常会承担起某些项目的管理职能，那么在面对这种情况时，产品经理应该如何进行所管理项目的整体安排呢？

现在，网络上到处都是项目管理干货去教你如何管理项目，使用哪些工具，使用哪种方法，简直数不胜数。但是，很少有言论是在人类管理这个角度去向大家分享、解析如何进行管理项目这方面工作的。

在前面的文章中，谈到了项目管理过程中可以使用的工具和方法。那么在本文，我们可以从管理者的角度谈谈项目管理这个问题。

不管是一个多么优秀、多么受领导喜欢的人，在整个公司运营的工作效益表中，他往往只能创造价值，而增加价值的通常是那些通过完成他人目标来实现自我提升的人。在此，我们简要介绍一下产品经理做好项目管理的实战方法，如图6-1所示。

1. 项目开始设定目标阶段

曾有幸参与了公司整个核心的早期产品开发的那些过程，经过整个团队的艰苦奋斗，最终以快速推出战略产品的方式，以极高的效率完成了占领市场的突击任务。

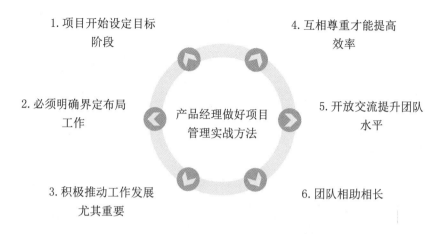

图 6-1　产品经理做好项目管理实战方法

那时候我们已经形成了一个初具规模的产品技术研发团队,但也可以算得上是一个进行封闭式开发的精英团队了。在整个项目正式启动之前,产品总监在项目演示的这个阶段中,给精英团队分析了当前的形势、市场情况,以及在我们的产品问世之后会产生什么不可避免的突发情况。当时,整个讲解的核心理念是,我们在通过自己的努力去完成整个外卖产业所赋予大众的突破环节,这是在为社会创造价值、为整个营销市场开创未来,所以我们每个人所负责的分内工作都将有助于这一重大价值的实现。

在产品总监的积极鼓动下,我们研发团队士气大涨,整个团队在不停地加班赶进度,有时候甚至不停不休地连续工作,整整持续了 2 周,丝毫没有半分的松懈之感。值得肯定的是,经过我们的努力,得到了一个激动人心的结果。我们完成的工作效率整整比项目计划所用的时间快了一倍,并留出了大量的准备时间为产品进行营销推广。通过这个研发事例,整个团队的工作效率让我觉得特别震撼,因为能够亲自参与到整个过程中去,所以感触才会如此深刻。只有整个团队的每一个成员能够齐心协力、团结一致朝着同一个目标去努力,那么这些从体内突然爆发出来的能量是势不可挡的,可以克服研发路上所有的困难。而在我担任产品经理时,我也注意到了这个团队合作的关键,并将它充分运用在整个项目管理之中,使得经过共同的努力之后完成了几个重要产品的推出,效果良好。

以上案例是一个产品经理的真实自述。设定一个可以让团队一起努力去实现的目标,尽管这个目标未必如此的雄心勃勃,但是依旧可以改变一个产品的细节，从而可以带来整个团队工作效率的提升。这就是一个模块的重建过程，它可以在整个过程中为我们带来更流畅、更舒心的体验，或者它可以成为一个新的功能，为公司的整体工作支出而带来真正意义上的成本节约。这个目标可以帮助团队形成统一的意志，让团队认识到集体目标的重要性，把自己和整个团队融为一体，从而提高团队凝聚力，提高整个公司的生产效率。

2. 必须明确界定布局工作

不知道有多少人做过研究外卖小票图像的识别功能的工作，我曾经为项目团队的一位同事安排过的一项预研任务。那时候，因为公司事务繁忙，没有整理出一份完整的工作事项报告让他作为参考，就仅仅是在口头上交代他去完成这个任务的。一周后，我去检查这个预研工作的工作进度，在总体上来说，工作确实是完成了，但是整个结果令人极度失望，导致了这个预研任务最终没有应用到产品上的直接后果。

后来，我总结了这次预研任务失败的原因，大致可分为这几点：首先，我没有告诉他，整个预研技术的背景到底是什么，跟什么工作内容相关，并且为什么我要让他去进行这个识别小票信息的工作；其次，我没有告诉他，预研技术应该需要实现什么样的标准，比如识别的速度，应该达到多少准确度，以及需要确定识别的信息是什么等；最后，我没有向他解释应该要什么时候完成，这个预研任务到底是否是紧急的任务，是否需要抓紧时间紧急完成等详细内容。

有时候，当你布置工作任务之后，工作时间到期了，却发现整个工作流程却没有获得预期的效果，那么这时候并不是你的团队工作没做好，导致这个结果在于自己的工作安排及布置任务的表述不明。

在正常的情况下，如果最初作为一个处于管理职位的人来说，这些都属于易犯的错误。当你在安排工作时，你需要详细告知工作人员整个任务的背景以及目的，以帮助他们了解需要完成什么细致的工作；而详细的工作验收标准将帮助他们认真完成整个任务而不会出现工作认知偏差；告知他们必须彻底完成工作，以便他们能够做好工作计划，继而不会影响这个工作流程的进度。并且，有时完成一项工作任务所需要的工作人员数量会比较多，不仅仅只涉及一个人，那么这时候，身为负责人的你就必须清楚地安排好每个人的分工和主要负责人。

### 3. 积极推动工作发展尤其重要

在项目管理方面，有关的管理文件和方法网上都有，如果还不能够让你完整理解整个的工作需求以及运作程序，那么还可以通过在线搜索各种敏捷理论的方法去加深了解。

其实，经过查阅资料对整个系统了解之后，很多人纷纷尝试将这些管理方法应用到这个项目管理的工作当中去。但是，应该怎样去做才能获得最好的效果呢？大多数人在问题分析上并没有进行多么细致的阐述，所以这些人都只能盲目地运用，不断纠缠于使用看板的物理形式，或者完全将侧重点放在了软件的形式上；注重板上的贴纸格式是否正确；项目周报的格式应该是什么，然后希望通过这些工具和方法将项目管理做好。可事实上，项目管理就仅仅围绕着这些方面吗？肯定远不止于此。

身为项目的工作人员，肯定会经历项目迭代这个过程。首先，不要指望开发人员每天自动更新任务的进度。实际上，我们经常会看到他们总是在迭代结束时更改多个需求的状态。另外，不应该期望通过项目周报来掌握项目迭代的进度，当我们发现一周后项目有延迟的风险时，为时已晚。我们需要经常要求项目成员完成工作的布置，一方面，必须根据成员的完成情况来进行对接或根据变化来进行调整；另一方面，当发现项目存在着风险时，最好能够提前规避。直到最后，项目团队确认了成员完成的需求，我们需要对成员予以肯定来增强其工作满足感，并帮助项目团队成员清除迭代中的障碍。

在整个项目管理工作完成的过程中，除了了解项目成员完成任务的情况这个必要的环节外，我们还应该去主动发现这个过程中存在的某些问题，并且细致地去发现工作过程中的缺点，进而以此为基础，不断调整改进过程，并将所存在的问题作为工作过程中的反面例子予以警示，让团队成员进行不断反省，以促使其突破自身不足，向更高的工作水平发展。

即使方法十分优秀，哪怕整体需求已经得到了不断的细化，这个项目迭代的过程也不会自动化实现。所以无论整个工作过程是多么复杂多变，身为项目管理的人员依旧要坚守自己的工作岗位，从而不断突破，力求完成工作任务。

### 4. 互相尊重才能提高效率

身为项目管理的工作人员，在工作过程中可能会遇到某些无法避免的突发情况，进而导致整个项目无法正常进行。在这种情况下，有的产品经理并没有注重提供让员工自己解决问题的锻炼机会，让他们错失了成长的良好时机，甚至直接为工作团队安排了一个简单粗暴的解决方案，让项目成员直接执行。虽然，团队是一个有领导指挥的组织，但依旧要尊重团队中每一个成员的工作能力，要以发展成员各自专业的不同能力为中心。项目经理不仅代表了他所拥有的专业能力，还必须引导整个团队不断发展，他必须充分考虑这个群体的整体利益。

那么在这种情况下，我们唯一要完成的工作无非就是给他们一点小建议，从侧面帮助他们排除工作障碍。除此之外，还应该给他们提供一个讨论的平台，让每一个成员都能够拥有各抒己见的机会，在此过程中，还可以为他们提供相关的资料，辅助其能够产生一个更为完整、妥善的方案。这就向我们揭示了一个亘古不变的道理：只有你充分让他们得到展示的机会，你才会成为一个优秀的领导者。

5. 开放交流提升团队水平

项目经理不仅在工作方面要细致安排，还要多关注员工的情绪，这是做项目管理的必要事项之一。其实，不良的情绪很容易影响团队的价值取向，在进行项目管理工作时，身为管理者必须时刻关注员工思想状态。比如，抽空跟项目成员进行沟通，了解他们在工作中是否遇到了难以解决的问题。

6. 团队相助相长

最后，一个优秀的产品经理的最宝贵的经验就是意识到团队整体利益在整个工作中占据着重要的地位。其实，对于外界来说，认可仅仅只是在于团队方面，哪怕身居产品经理的高位，但从始至终都不过是因为自己的团队是执行力最强的团队。这些成就全部都来自团队成员的集体努力，那些认可便来自团队成员每一个人的付出。如果没有他们的努力，自己除了挂名之外，什么都不是。

为了提高整个团队的综合水平，激励成员们不断突破自己、拥有更大的工作效力，你应该让上级及时了解团队中每一个成员的努力状态，为他们争取到更多的锻炼机会和表彰。另外，增加成员间互相交流的机会，让成员不断地去体验分享的过程，共同成长。

另外，如果工作中出现了问题，不能一味地将责任推在团队成员身上，必须对自己进行剖析，这样才有利于整个团队的成长。除了这些，在面对团队的各方面提升时，应该时刻为团队争取荣誉以及谋求福利，组织成员之间进行交流以及合作等活动，这才是一个标准的项目管理者。

## 6.1.2　提前做好产品规划

很多人认为，产品规划这个工作本身就是适合高级产品经理或产品总监这些身居高位者应该考虑的，而初级产品经理往往更适合考虑执行层面的问题。

可是从大多数产品经理的工作经验来看，一款没有进行详细规划的产品，在整个执行方面也会产生很大的困难。甚至整个团队在处理这些问题的时候，很有可能会产生手忙脚乱的状态，有一些没有清晰的设计方向的人甚至还会感觉到一种无名的迷茫和焦虑。那么在这种时候，该如何解决这种问题呢？这时往往就需要培养产品规划的意识和能力。如何做好产品规划，这是一个值得研究的问题。

1. 初始版本：MVP最小可行性设计

以一个实际的例子来说：当我们要进行新产品的开发工作时，如果根本不了解整个行业、用户以及市场的整体情况的话，在开发的过程中就很难找准切入点。

首先，验证这个产品方案的可行性是整个开发流程的第一步。为了能够以最小的成本去检验产品是否拥有开发价值，是否可以顺利执行，是否会吸引用户的关注，所以在这个环节，整个产品的生成，不一定要经过多么复杂的工序，只要注重这个核心流程是否会实现，必须确保单品的功能是符合用户体验的。在这两个方面通过了细致的验证，对其他方面的关注点可以不必太过考究，就可以将产品投放市场了。

而在这个环节，很多公司都把注意力放在了整个产品功能的开发上力求让产品拥有各种功能，但是开发功能是需要时间的。如果要完成所有功能的全部研发，就错过了产品投放到市场中的最佳时机，就直接错过了产品日后在市场上能够产生巨大影响力的机会。所以，这个事例告诉我们，做产品的第一步，应该是实现核心部分的研发。

2. 根据需求制定迭代策略

根据统计，从事产品不开发工作的人大多都会对卡诺模型有一定的了解。其实,卡诺模型曾经指出,需求可以划分为 5 个不同的维度,如图 6-2 所示。

| 需求的 5 个不同的维度 | 第一个是基本型需求:这个需求指的是用户最基本的,同时也必不可少的需求,如果用户少了这方面的需求体验,会在整体的适应方面产生极大的影响 |
| --- | --- |
| | 第二个是期望型需求:这个需求指的是用户对于某个方面产生了极度渴望的需求,只有满足用户这个需求,才能极大地提升产品体验感 |
| | 第三个是兴奋型需求:这个需求指的是用户在特殊的情况下才会产生的,不一定能够每时每刻都会感受到,但是必须细致地挖掘出这种需求,同时予以实现,这样用户才会感到满足,会觉得产生非常惊喜的体验 |
| | 第四个是无差异型需求:这个需求是指这个产品的功能是否对用户毫无影响,那么即使这个功能没有实现也不会改变用户自身的整体体验 |
| | 第五个是反向型需求:这个需求指的是如果这个功能没有经用户认可而直接实施的话,反而会让用户觉得产品体验感变低 |

图 6-2 需求的 5 个不同的维度

这时候,在做产品规划时,辨别需求的类型,就非常考验产品经理的专业水平了。其实,应该优先需要考虑的就是基本型和期望型这两个需求,只能把优先级的整体标准提高,放在最前面的顺序去做;同时将反向型需求直接省略,不会给用户带来降低体验的机会;在无差异型这个需求上可以进行简单的改变;最后再利用剩余时间去细细挖掘兴奋型需求,这样的操作顺序才是提升效率的好方法。

3. 根据类型制定迭代策略

上面的分析说到,在从 0 到 1 完成一个产品时,只需要先搞定第一个试用产品的核心功能和流程,就可以投放到市场上进行最初的用户体验。产品经过了使用体验之后,必然会有很多用户对整个产品的体验提出质疑,那么针对这个已上线试用产品,就必须针对各种问题进行调整,再推出一个更加完善的版本来提升用户的体验,必须让开发人员认真、细致的对整体功能进行修复、创新,以此来保证用户的更佳体验。

同时,在针对竞品的方面,不能够给予他们反攻的机会,因此应该推出一个单纯针对竞品的产品升级版。对升级版的调整应该放在对方有的而我们还没有的一些功能上，在这方面进行特别的研究，思考为什么会推出这个功能？它的效用在哪里？对于用户的吸引力在哪个突出点？如果已经确定了这方面的工作，那就必须时刻注意，完全调动创设团队进行进度跟进。当然，对方竞品的功能是否真的值得进行仿照，这个必须经过严谨的考查才能下定结论，不能盲目地进行跟风、比较。

最后，还应该设计一款专门完善通用功能的产品，例如在意见反馈、清除缓存、帮助中心等这些板块的设计上，再针对实际情况进行不断的完善、调整，得出一款能够在这方面掌控全局的产品。总体来说，不同的类型，有不同的版本相对应，在整个产品的更新换代方面一定要以实际需求为准。

### 4. 根据数据制定迭代策略

一般来说，整个产品到了后期应该根据用户使用、销售情况完成一份总结式报告，可以根据用户反馈的情况来确定新产品的合理定位，同时必须制作相应的情况统计表格。在这个流程中，用户数据和操作行为可以成为参考的一个重要依据，再加上后台数据反馈，以此来完成这些迭代策略的修订。就拿这个适用范围甚广的应用——微信来说，这个线上应用的使用人流量很高，这就说明了产品已经积累了大量的用户数据。根据用户在产品中经常出现的操作行为来看，就能够对产品的功能进行细致的判断。就比如三天可见的朋友圈等功能，它们的产生必定是依据线上用户在朋友圈中发布的规律来作为数据支撑的。由此可见研发产品的某个功能时，用户的操作体验可以作为一个有力的研发参考条件。

综上所述，在进行产品规划的时候，产品整个发展的阶段以及不同时期的体验分析可以作为迭代策略制定的标准。在产品早期，MVP 策略或是依据卡诺模型是整个总结、研发的基本依据，必须时刻注意主要功能和流程这两个方面。在产品中期，产品本身的性能和竞品分析这两个方面的内容已经可以作为迭代产品调整的依据策略了，只要进行细致的参考、调整就大致能够完成这个阶段的工作。在产品后期，线上用户的反馈和产品使用的数据分析，以及运营需求这三个方面才是迭代产品改进策略的重要依据。

俗话说得好，心中有规划，脚下才有力量。好的产品在第一步预备实施的环节中，就应该完成第九步的需求策划。

## 6.2 产品上线前消除产品可能出现的问题

产品测试在产品的完整生命周期中有重要意义,从对用户的需求分析到产品功能的开发、交付,中间必须有一个过程。就像我们做一项工作时,必须有标准来判断是否完成了工作。产品测试的测试结果就是这个任务完成的标准。在进行产品测试前要先列出测试要求,即测试文档,以保证产品上线后的质量。

### 6.2.1 产品测试文档的撰写技巧

大多数产品的测试文档主要可分为两大模块,即非功能性测试需求与功能性测试需求。非功能性测试主要是指产品在各种各样的极端环境下是否可以正常运行,功能性测试则是指产品的每个特定的功能是否按照之前的设计运行。作为一个新产品,测试文档无须太复杂。可以使用 Excel 直接编辑。如表 6-1 所示。

表 6-1 注册登录测试文档

| 用例名称 | 前置条件 | 操作步骤 | 预期结果 |
| --- | --- | --- | --- |
| 输入账号 | 输入账号格式正确 | 1. 在登录页面单击"账号输入框"弹出英文字母键盘<br>2. 在键盘中输入正确的账号<br>3. 单击"密码输入框" | 页面显示正常 |
| 账号不合规 | 输入账号格式错误 | 1. 在登录页面单击"账号输入框"弹出英文字母键盘<br>2. 在键盘中输入格式错误的账号<br>3. 单击"密码输入框" | 气泡提示:账号格式错误,请重新输入 |
| 输入密码 | 输入密码格式正确 | 1. 在登录页面单击"账号输入框"弹出英文字母键盘<br>2. 在键盘中输入格式正确的账号<br>3. 单击其他任意地方 | 页面显示正常 |
| 密码不合规 | 输入密码格式错误 | 1. 在登录页面单击"账号输入框"弹出英文字母键盘<br>2. 在键盘中输入格式错误的密码<br>3. 单击其他任意地方 | 气泡提示:密码格式错误,请重新输入 |

续表

| 用例名称 | 前置条件 | 操作步骤 | 预期结果 |
|---|---|---|---|
| 账号密码合法性验证账号存在 | 1．输入账号正确<br>2．输入密码正确 | 1．在登录页面单击"账号输入框"弹出英文字母键盘<br>2．在键盘中输入正确的账号<br>3．单击"密码输入框"，在弹出的英文字母键盘中输入正确的密码<br>4．单击"登录"按钮 | 1．弹出气泡提示登录成功<br>2．跳转至首页 |
| 账号密码合法性验证账号不存在 | 1．输入账号格式正确<br>2．输入密码正确 | 1．在登录页面单击"账号输入框"弹出英文字母键盘<br>2．在键盘中输入正确的账号<br>3．单击"密码输入框"，在弹出的英文字母键盘中输入正确的密码<br>4．单击"登录"按钮 | 1、弹出气泡提示：该账号不存在 |
| 账号密码不合法验证密码错误 | 1．输入账号正确<br>2．输入密码错误 | 1．在登录页面单击"账号输入框"弹出英文字母键盘<br>2．在键盘中输入正确的账号<br>3．单击"密码输入框"，在弹出的英文字母键盘中输入错误的密码<br>4．单击"登录"按钮 | 1．弹出气泡提示："登录失败密码错误"<br>2．跳转至首页 |
| 账号密码不合格验证账号错误 | 1．输入账号错误<br>2．输入密码正确 | 1．在登录页面单击"账号输入框"弹出英文字母键盘<br>2．在键盘中输入错误的账号<br>3．单击"密码输入框"，在弹出的英文字母键盘中输入正确的密码<br>4．单击"登录"按钮 | 1．弹出气泡提示："登录失败，账号错误" |

功能点：账号登录。

子功能：账号密码登录。

具体编写方法：

在编写测试用例之前，撰写人必须考虑先决条件。满足这些先决条件就可以实现对产品的期望。例如，账户密码登录。前提条件是账户和密码同时正确。这个时候程序员要编写出的条件不匹配的各种情况，如果在条件不符的情况下也会登录成功，就是一个bug(漏洞)，需要技术修复。

总体来说，在编写产品测试文档时应考虑以下几个问题。

(1) 产品的页面布局合理吗？例如，导航栏在正常情况下应该显示三个按钮，但实际上显示了两个。

(2) 产品页面上的文字描述准确吗？如气泡提示、账号格式错误，那么就应该重新输入。事实上确是用户输入的账户密码是错误的。

(3) 是否符合加载规则。例如，页面需要加载 20 个项目时，实际上只加载了 10 个。

(4) 是否与排列规则一致？

**测试用例。**

负责产品测试的人员根据用户需求组织编写测试用例。测试用例是产品测试的质量保证，可以指导整个产品测试过程的实施，并计划数据，设计脚本，评估结果，分析产品缺陷。

测试用例通常应详细记录测试工程师的操作信息，这有助于产品测试的有序进行。产品测试文档通常包括产品的修订记录、测试用例与数据。测试用例可以在项目管理系统 TAPD 中直接创建。然后使用 bug 跟踪管理工具来跟踪和解决产品在测试中出现的问题。以账号的注册测试用例为例，如表 6-2 所示。

表 6-2　账号注册测试用例

| 编　号 | 输入/动作 | 期望的输出/相应 |
| --- | --- | --- |
| 001 | 必填项分别为空注册 | 显示必填项提示信息 |
| 002 | 用户名含有非法字符注册 | 显示用户名字符验证提示信息 |
| 003 | 两次输入密码不一致进行注册 | 显示两次输入密码不一致提示信息 |
| 004 | 密码含有非法字符注册 | 显示密码字符验证提示信息 |
| 005 | 邮箱格式不正确做出正确的响应 | 显示"邮箱地址格式有错误" |
| 006 | 以已经注册的用户名进行注册 | 显示用户名已存在提示信息 |
| 007 | 用户名和密码长度都为(最大值)，进行注册 | 注册成功 |
| 008 | 密码长度(最大值)+1，进行注册 | 显示用户名长度提示信息 |
| 009 | 用户名和密码长度都为(最小值)进行注册 | 注册成功 |
| 010 | 用户名长度为(最小值)-1，进行注册 | 显示密码长度验证提示信息 |
| 011 | 用户名和密码长度在(最小值~最大值之间)，进行注册 | 注册成功 |
| 012 | 改变已存在用户的用户名的大小写进行注册 | 根据需求看是否区分大小写 |
| 013 | Tab 按键是否正确响应 | Tab 按键是正确响应顺序 |

有许多通用的功能模块可以被总结归纳到用例库中，然后不断地优化以减少重复的设计测试用例，提高了产品测试用例的效率。例如，上表中的注册功能测试用例可以建立起用例规范，然后每隔一段时间更新一次，当以后在需要进行注册的测试用例时，测试工程师就可以直接根据先前的规范进行测试，而不必重复编写新的测试用例。

## 6.2.2　团队权责分明应对突发问题

身为一个团队管理者，需要注意的问题是多个方面的，而如何处理一个团队随时可能发生的突发事件，这将是对产品经理的能力的巨大考验。在很多时候，一些十分强大的公司往往不会失败于竞争公司的强悍程度，反而会因为自身对于突发事件的应变能力太过差劲。说到这里，并不是要产生一种引起恐慌的言论引导，而是针对这个问题，一起进行详细的研究。

那么对于这种情况的发生，需要通过整个团队的严格要求和调整，从而在整个团队内部形成一种被大众所接受和自动执行的制度。这个制度需要整个团队以丰富经验作为基础，再针对各方面的例子加以协调，从而研发出适合自己的任用条例。

当然，在整个行业市场上，每一种猝不及防的事故都会对整个公司产生极大的影响。这些后果常常是不可估量的，当你认为仅仅只是中断了公司的运营情况的时候，事实上却可能面临着公司内任何工作部门在短时间内无法进行正常工作的巨大损失。从另一个角度上看，如果自身的工作也随之不保，如果面临的是公司破产、公司裁员等一系列不可估量的后果，那么该怎么办？作为产品经理的你，是否已经想好了应对这些意外事故的对策？当然，天无绝人之路，办法总是会有的，接下来就一起去看看这些救命的良方有哪些？

首先，确定问题是解决问题的关键点。

在面临这种情况时，全面的风险评估是重中之重，应该马上进行风险排查。在整个意外事件得不到掌控的时候，评估所面临的威胁和风险是唯一能够解决的途径，这些风险它包含着运作过程、设备等各方面的问题，不管它是什么，只有找出来，才能够进行分析，以此成为解决整个事件的着力点。只有确定了到底是哪里出了问题，才能够从这里找到突破口。要进行有条不紊的思考，才能将损失降到最低。

一旦确定了问题所在,接下来就是评估团队针对问题的分析,要综合所有方面进行问题后果统计。就比如即将射过来一颗子弹,必须了解自己身上的防弹衣是否能够抵挡住这次的伤害一样,这样在面临问题的时候,才能在危险中获取一点点抵抗的底气。

在这个方面,最后要完成的工作就是对于所有突发问题的损失程度进行重要排序。按照发生的频率,必须将隐患问题的严重性一一列出来,这样才能进行损失对比。

其次,要及时制定应对方案。

为了防止突发问题发生后,出现整个公司毫无应对措施的局面,在分析问题之后,应该整理出紧急应对的方案,以书面形式的行动指南来应对问题来临时自乱阵脚的恐慌。这份方案必须全面、清晰,针对不同的问题都应该有应对的方法。当然,应对的方法不能违法,不能以困兽之争作为不择手段的理由,同时也不能以剥削员工为解决问题的出路。在这份紧急应对方案中,下面的因素缺一不可,如图 6-3 所示。

图 6-3 紧急应对方案的因素

最后,做好应对的准备。

制定好完整的应对方案之后,每个员工都必须清楚地了解自己应该做的事。那么在这时候,仅仅了解是远远不够的,产品经理应该充分考虑到各方面的紧急情况，让员工进行应对问题的实时演练，只有这样，才能够充分展现出这个方面的不足之处，以及员工的用心程度。并且，在经历这个过程之后，整体的应对方案肯定会有所不同，那么这时候，员工的意见就非常关键了。当方案经过修改之后，才能不断提升整个应对措施的有效力。

除此之外，在准备工作中还有一点值得特别注意，那就是向专业人士讨教解决问题的方法。在解决这个磨难时，除了团队人员的重大作用之外，业界内的专业人士的处理经验往往也是一种援助之手。我相信，讨论、调整得出的应对方案经过他们的专业目光，应该会得到充分的评判和解析，这样就可以提供最有价值的观点，从而达到提高方案完善程度的目的。之后就是必不可少的员工培训了，每一个员工都是这个公司的一分子，在面临突发问题这种紧急的情况下，他们都应该为此贡献出自己的一分力量，以便减轻紧急事件对于公司的消极影响。只有这样，才能够帮助公司脱离困境，同时还可以提高员工的满意度，维护公司的名誉，增强客户对于公司、对于团队的信心。

完成了以上的工作环节，接下来就应制订恢复计划。你必须挖掘出那些有价值的问题，之后对它们进行分析、解答。例如以下列举的这些问题，如图 6-4 所示。

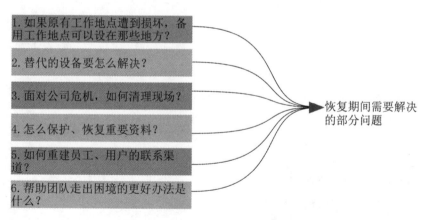

图 6-4  恢复期间需要解决的部分问题

除了以上列举出来的这些问题之外，该进行解决、研究的问题还有很多，但是不要灰心。能够清楚地掌握以上的解决途径就代表你已经有了可以自行解决公司难题的能力，只要你能够熟练地进行一些工作布置，那么就可以相信在未来不远的日子里，一切都会走上正轨。

可是，如果在面临同样的危机情况下，竞争对手在整个工作安排、应对能力等方面比你更加强大，可能仅仅花了一个星期的时间就完全度过了这场劫难，整个公司恢复了生龙活虎的状态，而你们却在同样的危机下长时间处于挣扎与迷茫的阶段。你无法准确估量出自己的抗击能力是不是完全低于你的对手？你的客户是否会流失？你的公司名誉是否会遭受损害？你的团队是否低人一等？这些又统统变成了你该考虑的问题。

所以，在整个行业竞争方面，从来都没有风平浪静的时候。你只能时刻为来临的危机而做好准备，这样，你才能够随机应变地面对突如其来的麻烦。

总而言之，你的团队进入了工作轨道，并不代表着未来就会顺风顺水，是否能够一直处于工作效率的前端，这取决于你提前做好的计划，以及平常的演练情况。因为当整个突发事件来临，这不只是你一个人面对的问题，整个公司里的每一个人员都是应对考验的对象。所以，团队里每一个人的精心准备、日常训练以及意志等无数的因素，都代表了这场风暴考验中缺一不可的秘密武器。只有万事俱备，风暴来临的时候才会拥有最亮眼的成绩。

## 6.3　如何井然有序地完成产品上线

互联网产品在上线前需要进行发布环境的营造，包含对产品预发布环境、生产环境、灰度发布环境的营造。而产品的正式上线，则囊括了数据库上线、程序文件上线的工作，需要在多方面做好准备才能有条不紊地执行。

### 6.3.1　产品上线工作的主要流程

在产品上线工作的流程方面，不同的产品在各自上线的内容中会拥有不一样的过程体验，根据不同的需求可以进行相应的调整。

第一步是测试，这属于一个正式的流程，整个时间周期是没有任何限定的。

在整个过程中，应该进行不定时的测试，而最后正式提交的各版本的bug测试就必须在项目组之前申请的测试周期内完成，且依据测试后的相关问题反馈进行整合、修改。对此，我们应当要求项目成员尽快提供一个不会出现程序难以运行、系统屡屡崩溃等影响正常操作的、相对稳定的产品版本。如果出现这些不稳定状况，那么产品应尽快进入下一个测试周期。

第二步：要进行的是外部测试，时间周期为两天，必须完成的工作就是提交第三方测试。这个工作中由兼容性测试、压力测试这两个方面组成。如果在具备相应实力的情况下，建议自行组建性能测试团队来进行这一工作。

第三步：要进行的是正式测试，时间周期是3天，要完成的工作是按照自测文档的情况进行测试，测试完毕后根据不通过的问题得出相应反馈。有关这方面的要求是项目组首先需要了解自测文档中内容是否符合实际情况、是否得到了全部的实施。另一方面，产品的稳定版本必须实现正常使用。

第四步：这时候要完成产品、运营对产品测试以及轻微调整的工作，时间周期为7天。具体的工作要求是，产品体验测试要明确地指出，必须是针对产品本身、系统功能、bug、UI适配等这些问题而进行的。而在运营体验测试这方面，进行研发沟通，确认修改时间是极为重要的。提供使用说明文档，宣传图等是必须执行的要求。

第五步：在这个步骤应该是正式提审要求的工作，必须完成渠道接入、自测文档流程，同时要保证产品的推广版本能够进行稳定的运行，不存在影响正常操作的bug，还必须在提交审核这个阶段取消更新工作。

第六步：这里必须要强调后台搭建以及权限这两方面的内容。这些工作在实施时间上可以与第四步的工作同时进行，不会产生影响。另外，运营人员要注意相关数据需求，这是极为重要的，要保证产品在上线前，实行密切的数据追踪。

第七步：这里到了第一次上线封测的工作流程，时间周期应该是一个月，那么在这个工作中必须注意的是如果第四步的工作内容已经完成了，并且完成了审核，才能够进行第一次上线测试。

第八步：整个工作流程的最后一个工作要点，那就是数据分析，工作时长大约为期一个月。在整个产品进入封测阶段的时候，运营部门必须完成数据分析的工作，根据分析的结果提交相应的改进策略，同时要与研发部门进行沟通，进而确定后续的工作。

第九步：这是整个产品经数据分析展示阶段，那就是产品项目的首发。大致的工作范围就是经过封测阶段的测试，将产品的相关内容更新完毕后，所进行的正式上线运营工作。

### 6.3.2 产品上线时的灰度发布技巧

相信很多人都了解过灰度发布测试,它就是将本身的产品拿出来给一小部分的人群进行使用,以得出的使用结果和反馈来进行修改和调整,逐一完善产品的整体功能,使产品的质量得到提高。其实灰度发布是一个典型的应用发布场景,它是一种发布方式,它是指在黑与白之间,进行平滑过渡的过程。首先,我们来谈谈灰度发布的作用,如图 6-5 所示。

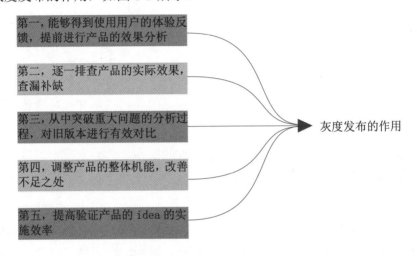

图 6-5　灰度发布的作用

接下来,我们了解一下产品上线时的灰度发布技巧,主要有以下 5 点。

1. 易于发布到云平台

在正常情况下,具备自主研发产品以及有一定硬件部署能力的企业可以考虑灰度发布。在进行发布的时候一般都具有自主产品的平台模式,采用灰度发布这个方式更为合适,而不是直接在客户服务器端口进行发布的企业。

另外,灰度发布一般都是在云的需要的基础上进行的,例如在负载均衡、用户隔离等方面。举个例子,大型的电商网站,比如京东、淘宝,每年电商节的时候用户访问量激增,通常是采用分布式部署方式并且结合负载均衡,进一步实现服务器分发,将用户访问在各地域的服务器之间得以平衡,进而确保用户访问能够保持在正常使用水平,提升用户体验。

为了方便产品进行发布的工作进程能够顺利推行，建议有一定硬件以及经济实力的企业开通云服务模式。强调这一点，主要是因为企业具备自己可操作的云服务设备，易于进行灰度发布的工作，甚至率先在用户毫无察觉的情况下进行测试部署，以通过这样的渠道不断提升产品质量，快速实现产品的新旧迭代。

2. 设置用户标识策略

设置用户标识能够有效避免产品用户在新旧版本之间反复跳变的问题，尤其是在比较容易出现这一问题的匿名 Web 当中。设置用户标识不仅可以用于区分用户之间的实际情况，还可以辅助数据统计，保证用户在灰度发布这个过程中的产品体验水平。

3. 目标用户选取策略

这个方面的工作内容无非就是选取一些可以体验产品新版本的目标用户，当然，在获取新版本的渠道上必须要符合用户的意愿，千万不能进行强制性升级。通常情况下，进行目标用户选取策略需要考虑的因素较多，如图6-6所示。

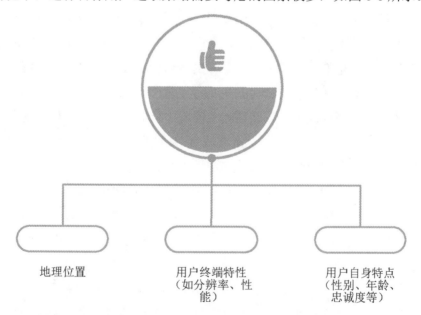

图6-6　进行目标用户选取策略需要考虑的部分因素

可考虑的因素很多，包括但不限于地理位置、用户终端特性（如分辨率、性能）、用户自身特点（性别、年龄、忠诚度等）。

在数据反馈方面，有关因素有很多都是可以供参考但不仅仅局限参考。除了这种情况，用户自主选择的渠道其实是非常广泛的，类似新浪微博这种大规模应用的更新升级是完全依靠他们的选择情况的，那么在产品的细微修改方面，大可实施强制升级的方法，以此提升产品的整体效用。

特别是在客户端的实际应用方面，可以依据实际情况进行类似于 Chrome 的升级策略，展示出可以根据自主需求而选择 stable、beta、unstable channel 等版本，让用户自主选择。

4. 提供数据反馈入口

从工作方面来看，用户的使用数据对整个工作的参考作用是非常大的。在得到用户允许的情况下，将产品新版本的使用情况做一次密切的调查，例如客户端性能、客户端稳定性、用户使用次数、使用频率等这些方面，将获取到的资料和旧版产品进行对比，以此确定产品是要扩大新版本的投放范围还是回滚。

5. 新版本回滚策略

在产品进行灰度发布环节，如果发现这个新版本的整体表现难以获得预期效果的话，应该调整回旧版本，这就是一个回滚的过程。在纯粹的 Web 应用来说，回滚是比较简单的一个环节，其面临的核心问题在于用户数据进行无缝切换的这个方面。而对于客户端的应用来说，可以考虑快速发布产品新版本，利用升级的这个环节进行"回滚"，直接覆盖灰度发布修改的内容。这样来说，整个安排是比较可取的。因为如果通过自行安装旧版本的途径来完成整个回滚环节的话，在整个成本以及用户流失率将会产生巨大的损失。

而对于移动客户端来说，反而是在新版本的发布这个方面产生了更大的成本消耗，还需要通过 Appstore、Market 这两个渠道的审核。针对这一问题，建议将客户端尽量打造成 Web App，这样在运行的方面才会对产品在升级和回滚这个环节进行更快捷的转换。在这里需要注意的是，苹果客户端对纯 Web App 类的应用设置了很强的限制，似乎已经禁用了 Appstore 这类应用。

新版本公关运营支持对于产品来说，在进行改版环节需要这种级别的大型升级来进行辅助，同时还可以配合公关运营的大力支持，以便能够及时处理用户在微博、博客等线上渠道提出的"显式反馈"。最后，通过对比、整理得出数据结论后，要进行综合考虑想出一个应对的策略。

# 第 7 章

# 产品运营：产品经理如何实现用户数稳健增长

宾夕法尼亚大学的营销学教授 Jonah Berger(乔纳·伯杰)曾经说过，用户间的口碑传播是传统广告传播效果的 10 倍。针对该理论，产品经理或许可以想方设法地创造口碑效应，以获取更多用户。

## 7.1 产品如何获得种子用户

种子用户不等于产品的初始用户，种子用户必须有一个选择标准。尽量选择影响力大的用户作为种子用户。否则，不仅无助于目标用户数量的扩大，还有可能给产品开发者造成产品很火爆的错觉。种子用户的质量比数量更重要。用户的个性应尽可能接近产品的调性，低质量的用户不如没有用户。

### 7.1.1 低成本获得种子用户的 4 种方法

我们的目标是引入大量的种子用户，而不是大量的注册用户。那么如何精准引进产品的种子用户呢？下文将重点介绍最靠谱的 4 类种子用户获取方式。

1. 用产品定位抓住市场痛点

即使产品的概念再好、功能再突出，如果在项目的冷启动阶段出了问题，若引入与产品定位不符的用户群，不仅不利于产品个性的塑造，也不利于产品的进一步发展。更重要的是，由于用户群与产品定位不符，就无法通过用户反馈完善产品，刚上线的产品版本通常会出现很多问题。如果获取了错误的用户群，就会引发一系列的负面效应。因此，以产品定位抓住市场的痛点，以高效的方式精准获取目标用户群尤为重要。这样的用户不仅可以起到产品推广的作用，还可以为产品开发提供很好的建议。

如何利用产品定位抓住市场痛点获取种子用户呢？产品团队首先要根据产品定位的三要素来完成对产品的市场定位。

(1) 做什么：对产品进行综合性、概括性的描述，它解决了用户哪方面的需要？让用户知道产品的价值。用几个字来概括产品在做什么，不要连篇累牍，就像麦当劳就是卖快餐，海尔专注于家用电器一样。

(2) 做给谁：有两种方式可以明确产品的用户群。一是主观设定，先确定目标用户，然后根据目标用户的特征确定产品定位。如爱马仕、GUCCI 等奢侈品品牌专注高端消费人群。二是客观确定：通过调查研究分析用户需求的强度区分不同目标用户群。如手机行业通过新机购买和换购，区分出高端手机用户和中低端手机用户两大类。

（3）做成什么样：在产品诞生之初就要对产品发展的目标有一个清晰的高度。可以找同类型的成功产品作为参照物，有了参照物以后可以避免在发展的大方向上出错，并逐步建立起自己的核心竞争力。比如产品团队在研发一个拍照的应用程序，就可以确定一个大概的发展高度，在多少年内力争成为像美图秀秀那样的同类型产品中的巨头。

利用产品的市场定位抓住用户的痛点，以腾讯的质量监控软件——腾讯Bugly为例。

腾讯Bugly是一款监测软件，它的主要功能是在App发布以后，对用户使用过程中发生的闪退或卡顿等现象进行监控并上报，让开发者可以快速及时地了解到App的使用情况，马上针对问题进行修改。目前腾讯内部的所有产品，都在使用Bugly进行线上产品的崩溃监控。

腾讯开始着手扩展移动端产品后，安卓手机的碎片化问题导致各种各样的软件使用bug使腾讯的团队不堪其扰，每天都要处理各种各样的用户反馈，想办法解决不同机型上的运行问题。于是，腾讯的研发团队，想到了一个自检的方法，开发一款App，专门用来监控腾讯旗下的移动端产品。及时发现客户需求，帮助项目团队来提高工作效率。在与用户进行充分沟通后，开发团队利用客户端的数据深入分析用户需求，瞄准用户痛点，打造了面向所有移动开发者的产品Bugly作为腾讯内部产品质量监控平台的外发版本。帮助不少App开发者尤其是没什么经验的初创团队解决了不少问题。

从腾讯Bugly的发展我们不难看出，好的产品一定能满足用户需求，解决用户的痛点。随着移动互联网行业的迅猛发展，专业工具为开发者甚至企业带来的积极影响也不容小视，将同行业的开发者当成自己的用户群。而对用户而言，具有价值、针对痛点的产品永远都值得期待。

接下来要说的是如何根据产品的定位获取种子用户，不同的产品类型有不同的获取方式。互联网类产品可以进一步细化为5大类，如图7-1所示，这五种类别获取种子用户的手段也各不相同。

第一类是用户社区。用户社区是最需要运营的互联网产品类型，因为从产品层面来说，各个用户社区的差异都不大，也许有的用户社区在功能层面会比较集中，但总体来说它是靠特定的内容来吸引特定的用户群。

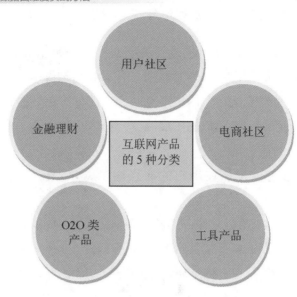

图 7-1　互联网产品的 5 种分类

第二类是电子商务社区。电子商务社区与用户社区一样都属于社区型的商业模式。由于用户社区的产品目标不同,这导致了二者之间获客方式的不同。用户社区要聚集起一部分用户后,才能考虑如何盈利。电子商务社区本身生成的所有内容都是为了刺激用户的消费,所以电子商务类型的产品需要通过高质量的产品或活动促销获取种子用户。

第三类是工具类产品。这类产品没有很强的用户登录需求。用户的目的是使用产品的工具功能,只在用户有特定的需求时才会使用。此类产品获取种子用户的关键是做好自己,不断提升产品的功能,吸引目的性明确的用户。

第四类是 O2O 类产品。这类产品的热度正在由盛转衰,但仍然有很大的用户量,这类产品想要获取种子用户,在进行产品宣发时可以采用线上+线下的宣传方式,最有效的获客方式是用户之间的口碑传播。

第五类是金融理财类产品。前些年 P2P 出现时,财务管理尤为火爆。该产品具有特定的用户属性。但由于一系列爆雷事件,这类产品的热度正在由盛转衰,但仍然有很大的用户量,这类产品想要获取种子用户,在进行产品宣发时要将重点放在平台的资质与安全性上。

在获取种子用户前,先想一下自己的产品定位是什么?运营的产品分属于哪一种类?这样可以帮助产品经理缩小寻找范围快速找到种子用户。

2. 非公开市场精准渠道获取

说到渠道，大多数人都认为渠道运营和用户运营没有必然的联系。许多负责产品运营的团队成员认为，一款产品上线后的当务之急是把产品推出去，无论是App类的产品还是公众号，首先要做的就是通过各种各样的渠道宣传产品。第一批用户进来后，然后开始用户运营的操作。

事实上，很多互联网类产品公司都很小，所以会有员工一人多职的情况，在产品上线后先负责渠道，用户聚集后再转为做运营。但事实上，选择产品推广渠道的时候，就可以开始为用户运营铺路，注意渠道本身的自有活动，尤其是非公开市场的渠道，充分利用这些渠道获取种子用户。

例如，小米市场已经连续多年在4月举办"踏青季"的活动，"618"又做了电商的"消费季"，产品团队可以提交产品到活动中去吸引关注度，因为在这段活动时间内，使用产品的用户一定是对电子商务消费感兴趣者，这些用户的转换率肯定比一般客户的转换率更高，有种子用户的潜质。

其实这和手机内App的预安装是一样的道理。在过去，手机软件预安装是多少装机容量和一个用户多少钱，但是随着商业模式的逐渐成熟，预安装的软件厂家会与手机生产商做更加深入的合作。如果你的产品有自己独特的价值，就可以和这些手机生产商进行更深层次的合作。例如，美颜相机类的手机App，就可以与手机的生产商合作将美颜软件直接植入手机的自带相机中，与手机厂家共享用户。

在产品的冷启动阶段，也是积累最原始的种子用户的阶段。产品冷启动后，注意那些从非公开市场渠道进入产品的用户。首先要区分该用户是否会成为种子用户。一般的产品用户会消费产品推荐页面上的内容。有些用户不会消费只是随便看看就离开，这些用户都不能成为产品的种子用户，而有些用户则会离开产品首页，进入第二页，甚至可能多次跳转，直到对产品内容毫无兴趣后才会离开产品，这种用户就有成为种子用户的潜质。

通过观察用户的浏览习惯，可以过滤出一批用户。更深一步的筛选还要观察用户在产品不同内容上的停留时间是否不同，通过对停留时间的筛查，产品团队可以把愿意在产品上花钱的用户提取出来做二次推荐观察转化率，然后慢慢地把这些用户变成产品的种子用户。

从非公开的市场渠道上来讲,可以通过参与适合产品的应用市场活动和观察用户路径两种方式积累种子用户。具体如何操作还需要产品经理举一反三,灵活变通。以产品活动中的邀请机制为例。

糗事百科与知乎都是首先利用产品自带的邀请码机制完成了对种子用户的积累。近年来,比较受欢迎的小米也使用了类似于邀请码的"F码"来推广自己的产品。

首先,由于"F码"的数量是有限的,这造成了资源稀缺的假象。在用户的潜意识中,稀缺的资源往往代表着优秀的品质,会激发人们的好奇心。其次,"一码难寻"的现象也激起了人们的胜负欲。

一旦获得邀请码,用户会珍惜这个难得的机会,更加积极地使用邀请码,更好地推广产品。在心理学中有一条理论,即人们对一样东西付出的越多,这个东西在他心中的价值也就越高。甚至在淘宝上都出现了转售邀请码的商家。

但这也存在风险。如果产品做得不够好,用户付出的努力并没有得到等价的回报。用户对产品的满意度就会大打折扣,幸运的是,小米、知乎等产品在质量上还是比较好的。

除了线上的非公开市场渠道推广外,还有线下的推广渠道。如鼓励亲朋好友注册成为产品用户,给纸媒投稿,或者聘请大量的线下推广人员,如饿了么之类的订餐软件可以直接到线下的餐馆中谈生意,打车软件可以开办网课对每个司机进行软件教学,团购网站也可以进行线下的商务谈判。但这种方法人力成本大,获取种子用户的速度慢,适用于有一定财务实力的产品团队。

3. 主流渠道的短平快创新

利用主流渠道创新的形式,短平快的特点获取种子用户。目前,我国最主流的营销渠道就是微信。2011年1月21日腾讯公司正式发布微信,不到三年的时间里注册用户超过4亿。微信营销是对传统营销模式的颠覆和新的探索。

微信,一个包含语言、文字、图片、视频的多功能组合软件,正在改变着中国人的日常生活。随着移动互联网和智能手机的普及,微信迅速发展,获得公众的广泛青睐,2018年,微信的用户数量突破十亿。朋友圈成为人们分享心情与活动的线上社交圈。微信用户可以通过朋友圈分享一些图片、文字、文章或者音乐。微信好友可以对朋友圈中发布的内容进行"评论"或"点赞",但只有相同好友才能看到评论或点赞。朋友圈不仅仅是向潜在用户推广产品也是在获取关注度，而对于产品团队而言，产品有了关注度，就距离成功又近了一大步。

产品经理们蓦然发现，传统的宣传、营销方式，已经到了发展的"瓶颈期"，而以口碑营销为主的微信，因为实时、全面的互动功能异军突起，成为新的营销利器。利用微信获取种子客户已经成为产品团队的新渠道。以电商通过微信小程序渠道获取种子用户的方式为例，有 4 种常见的小程序电商新玩法，如图 7-2 所示。

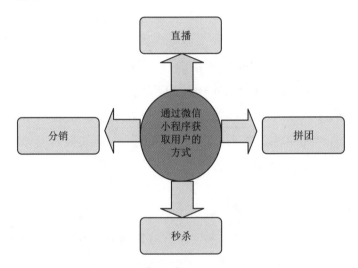

图 7-2　通过微信小程序获取用户的方式

1) 直播

直播的形式并非小程序电商的原创，它用于营销最初出现在淘宝上，淘宝发展的初期就有商家使用直播平台介绍产品，同样还有像微博这样的社交媒体。也经常利用直播与粉丝交流。直播已经成为互联网产品推广的一种新趋势。

2) 拼团

最典型的拼团代表就是拼多多，基于这种方式，可能互不相识的两个或两个以上的用户可以联合起来享受优惠。用户则获得了低价商品，产品获得了更多的消费者。拼团模式的前期，很多商家为了吸引用户甚至会以低于成本价的价格出售产品，获取了足够多的种子用户后，再提高销售额。

3) 分销

在小程序尚未出现之前，一些大型公司使用公众号创建了微信平台上的分销商场,通过流通回扣招募更多分销商,推广产品,产生裂变效应。然而小程序出现之后,它既不需要关注,也不需要下载,这种更加简便快捷的方式优于微信公众号,瞬间就吸引了广大商家的注意力。大部分商家转换阵地开始利用小程序推广产品,获取用户。小程序的分销模式在支付完成后,可以通过分享获得折扣等奖励。这种熟人之间的分享,起到了很好的宣传作用。

4) 秒杀

秒杀多用于小程序电商的促销活动。在规定时间内抢购商品可以获得平时没有的价格优惠。用户可以分享秒杀活动链接获得朋友的支持,如果朋友打开了活动页面,用户将获得一定的"积分",获得的积分的多少由商家设置。秒杀活动进入小程序后,为小程序带来了更多的流量,利用宣传吸引了更多用户,促进了销售业绩,满足了商家规模化业务的更高运营需求。

除了微信这一营销性质明显的社区渠道外,有些产品自身就是一个社区,可以根据自己的产品属性,将自己的平台活动发布到其他拥有众多用户的多个平台上,收集种子用户。以这种方式收集的用户,必须及时跟进,建立后续的沟通路径。

比如,有一个健身软件之前在微博上发帖子,召集健身人士,一起跑多少公里,或者一起实现什么健身目标。事实上,从数量的角度来看,转发帖子的用户并不多,大约200个左右,最后回复的用户也是一到两百人。然而,这些用户群更准确,素质也相对更高,大多数都可以转化为种子用户。在做主流渠道活动的时候,产品团队必须首先确定活动的目的是什么?吸引什么样的用户?这些用户是不是我想要的?以保证用户的质量。

社会化的媒体宣传也是一种主流的渠道,借助媒体宣传产品,例如:36氪、虎嗅等行业网站报道。这些网站本身的知名度足够高,会带来许多圈内的高质量种子用户。还有那些主流社区、QQ 群和百度贴吧等选择目标用户聚集的主流平台,从目标用户群中获取种子用户。

4. 关键人物法则

为什么有些产品广告打的遍地都是,用户还是很少,有些产品广告宣传看似很少却发展蒸蒸日上,这是因为营销不是针对大多数用户,而是针对少数的关键用户。

饮料业在过去几年中行业低迷。康师傅等大牌企业也逐渐衰落。饮料行业是完全以市场为导向的行业，每个产品团队都在寻找一个机会，逆势而上。在这种氛围中，乳酸菌饮料应运而生。一时间，市场上乳酸菌饮料遍地开花。

乳酸菌饮料分为活菌型和杀菌型。前者低温冷藏如蒙牛的优益 C、伊利、唯唯、光明等企业都有类似产品。后者是常温产品如太子奶、娃哈哈、君乐宝等知名企业也参与其中，蒙牛、光明等，在推出低温产品时，也会携带一些常温产品。

稍微了解乳酸菌的人都知道，常温乳酸菌饮料中的"菌"是被杀死的。广告宣传中的"百亿"只是噱头，没有生理作用。从营养角度看，乳酸菌牛奶含量低，蛋白质在 1%左右。此外，含糖量大多在 10%以上，食品添加剂的用量也不低于大多数饮料。然而此类乳酸菌饮料却很受用户的欢迎，销量节节攀升。

许多人可能会疑惑，为什么有些产品并没有实际宣传中的效果，却有用户愿意买账，这就涉及营销学中一个重要的理论——Diffusion of Innovations Theory(创新扩散理论)，这个理论的关键就是关键人物法则。

创新扩散理论创始人是美国的社会学大师 E.M.Rogers(埃弗雷特·罗杰斯)。在创新扩散理论中，埃弗雷特·罗杰斯按照对不同人群对新事物的态度和行为，把人群分成了如图 7-3 所示的 5 种类型。

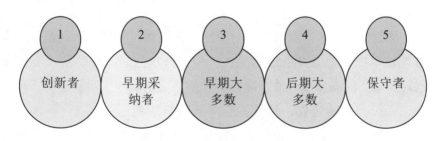

图 7-3 创新扩散理论的 5 种类型人群

(1) 创新者。

埃弗雷特·罗杰斯认为创新者最具冒险精神。在大多数人的眼中，他们是不可靠的、不受欢迎的。他们对产品的接受不能影响更多的人，甚至会带来负面影响。如果产品的用户定位是大多数的普通人，想产品为大多数人所接受，首先要做的就是避开创新者，如果创新者夸赞你的新产品，它有很大的可能会消亡。

据统计，创新者约占总人数的 2.5%。我国的人口基数很大，2.5%的绝对数量也非常可观。在市场营销中，许多公司都讨厌创新者的角色。因为一个新产品上线时，广告宣发可能会迅速吸引创新者用户，当企业增加生产力时，创新者又突然不买了。他们的快速接受有可能导致产品团队产生一种错觉，认为产品策略与传播策略是正确的，从而导致决策的失误。

创新者购买你的新产品，是因为产品是新的。他想成为早期的尝试者。尝试过后，就会转而尝试别的新产品，产品后续的促销活动对他们影响不大。

(2) 早期采纳者。

这类人群是"典型的地方主义者"，能把握舆论导向，在沟通中被称为"意见领袖"。即使"意见领袖"的意见不一定是准确的，也仍然具有一定的作用。他们具有以下三个特点。

① 内行：我们身边总有这样一群人，在我们不知道如何选择时，提出他们的建议。我们处在一个深受局内人影响的时代。他们可能是专业人士，如医生、律师、教师，但更多的时候他是一个交友圈中掌握某类知识最多的人。而营销依赖于信息运作，毫无疑问，拥有最多信息的人就是最关键的人。

不同产品，对应的内部人群是不同的，一些人对于这一行业是"专家"，在另一个行业可能就是"新手"。但所有的"内行人"共同的特点，是喜欢收集信息，并以此为傲。

② 分享和帮助他人：人类作为一种社会性动物，分享和帮助是一种本能，但这一本能在早期采纳者身上最为明显。他们分享信息，帮助别人实现自我价值，他们对新产品的态度既开放又谨慎。他们认为正确地采用新事物，可以增强权威地位，而一旦出现错误，地位就会降低。早期采纳者小心翼翼地分享新产品。一旦产品被这类人采用，他们会以较强的号召力推广产品。早期采纳者接受新事物的程度低于创新者，他们的接受程度是市场营销成败的首要因素。

③ 话语权：这类人群的话语权适用于特定的领域。一般来自收入、地位、文化上与其他人的差距，差距要适中，如果差距太大，就不会建立话语权。因为一旦差距太大，就会脱离其特定领域，言论的权利将不复存在。

根据创新扩散理论，早期采纳者占目标人群的 12.5%。他们是最重要的一群人。抓住他们就抓住了一大半的产品市场。

(3) 早期大多数与后期大多数。

这类人是人数众多的普通群体，占总目标用户的 70%以上。"不要成为第一个下海的人，也不要成为最后接受新事物的人。"这是早期大多数与后期大多数人群的心理写照。他们行为从众、喜欢随大流，群体之间存在一定的互动关系，但缺乏引导民意的能力。

这类人是构成产品用户的主力军，营销的最终目标就是获得这类人群的认可，他们很容易听从早期采纳者的号召。

(4) 保守者。

保守者指的不仅仅是那些守旧的、拒绝接受新事物的人，也包括那些不认同你的产品理念的人，或者竞争对手的忠实用户。在某种程度上，这类人是竞品的"早期采纳者"。例如，"米粉"是小米手机的种子用户，但是对于华为手机来说可能就是保守者。

创新扩散理论认为保守者占总目标人群的 15%。如果产品团队想让他们接受你的产品，这在大多数情况下是不可能的，聪明的产品团队不会针对保守者耗费大量资源。更好的方法是直接把保守派排除出目标用户，更有利于产品被市场接受。

了解罗杰斯的五步划分法，你就会发现为什么一般消费者的产品总是很遥远。对于他们来说，很难找到行业内的专家、分享和有发言权的早期采纳者。他们的市场只能由公司自身投入的资源来驱动。更不幸的是，他们虽是一些保守人士，但也是竞争产品的早期采用者，将找到机会攻击他们，破坏他们耗尽资源的影响。

遵循创新扩散理论，找到关键人物，将关键人物作为产品的种子用户对于产品的宣传推广、拉新、引流有很大的益处。

## 7.1.2 【案例】脉脉：社区类产品如何获取种子用户

脉脉在 2013 年 10 月正式上线，是一个实名制的商业社交平台。2018 年 8 月，脉脉宣布 D 轮融资获得二亿美元。作为一个社区类的互联网产品，脉脉在产品营销上做得极为出色并获得了业内人士的一致认可，2017 年 11 月，脉脉 App 获得了第六届金蜜蜂奖——"2017—2018 最值得关注的社交网络营销公司奖""最佳整合营销类金奖""最佳品牌营销类金奖",同时荣获第五届梅花年度最佳事件营销创新奖金奖。脉脉的营销为何屡屡获奖?他们的营销有何特色?主要体现在产品的广告宣传上。

在北京、上海、广州、深圳、杭州工作的社会工作者们,一定在地铁上看到过脉脉的广告。即使没有在地铁里见过,在办公楼的电梯里也一定见到过。脉脉斥资六千万人民币在北上广深杭进行第一轮的广告投放,涉及建筑、商场、电影放映前广告;地铁、机场LCD(液晶显示器)广告等。

广告上线后,有业内人士不断地询问脉脉的CEO广告推广的效果、投放策略以及一些广告的细节问题。还有人说脉脉作为一个社交类的App,不是花钱在网上做推广,而是在线下做传统的硬广,是互联网产品的门外汉才会做的事。脉脉作为一个社区类App是怎样通过线下的广告获取种子用户的呢?其要回答的问题如下所述。

1. 广告效果好不好?

答案是,出乎意料的好,从用户数据来看,大范围的广告推广期间,脉脉的每日活跃用户从16万猛增至80万。在用户大量激增的同时,保持着较高的用户留存率(40~45%)。在为期一个半月的广告投放中,脉脉共新增用户260万。广告投放获得的用户总价值超过3亿美元。

大众的直观感受是,提起脉脉大家都觉得很熟悉了,找脉脉进行合作的公司也越来越多。很多互联网社区类产品的公司都默默地把脉脉当作自己的竞争产品。从社会工作场所的角度来看,脉脉已经成为互联网商业社交平台中的一匹黑马。

2. 为什么投硬广不投渠道?

这个问题与脉脉的产品定位有关,涉及脉脉的用户特点和发展阶段。首先职场社交只是众多的社交场景之一,并不适合于所有手机用户。没有工作场所社交需求的用户,即使注册了产品,也不会留存下来,还会对用户造成干扰。因此,脉脉不适合大多数互联网产品的线上推广渠道。

其次,对于职场社交类的互联网产品来说,用户信任尤为重要,建立信任先要建立品牌。从品牌建设的角度来看,线下渠道的用户认知度比线上的广告推广更强。

顺便说一下促销策略的选择。到底是线下广告投资还是线上的渠道投资？是斥巨资投资还是免费？取决于三个因素，即产品对象、产品阶段以及产品团队是否有足够的资金。

产品的目标用户群决定了推广的媒体或渠道效率。公开市场上的大多数推广渠道，价格都是透明的，只要资金充裕，无论新老产品、大小企业都可以做推广。但是对于不同的产品，渠道推广效果是非常不同的。因此，在选择产品的推广渠道时，要明确渠道特点和覆盖人群，优先选择高度覆盖目标用户的推广渠道。

产品阶段决定推广的力度。如果产品刚刚上线还不成熟，那么只适合小范围、小力度的推广，开发一些种子用户来帮助产品团队改进产品；如果产品已经成熟，必须建立自己的竞争壁垒，不同的产品用户与品牌建设的优先级不同，推广策略也就不一样，还应综合考虑推广的成本、时间成本、机会成本、团队的推广预算等信息。

3. 广告排期和策略

广告的排期与推广策略主要解决的是什么时间投、如何投的问题，如图 7-4 所示。

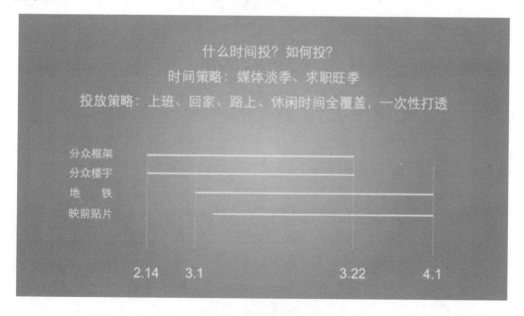

图 7-4　广告排期与策略

需要补充的一点是，既然决定了要投资硬广，就必须一次性地渗透进目标用户群，否则最好不要投资硬广。例如，脉脉曾投资过公寓大楼里的广告推广，购买了 30 秒的广告时长，每隔 5 分钟一次循环播放，后来发现效果较差，这样的低频很难打动用户。脉脉改变策略购买了 3 分钟的时长间隔，基本上每隔 3 个广告就会出现脉脉的广告，保证用户在等电梯时，肯定能看到脉脉的广告。

此外，除了办公大楼，脉脉在地铁、分众框架多管齐下，增强了目标用户对脉脉的认知度。事实也证明了，这种组合非常有效。

4. 广告创意和策略

脉脉的广告策略仍然是常见的代言人模式，但又不同于普通的"站台"模式。要建立用户对品牌的信任感，找到一个具有知名度的代言人确实是一个不错的选择。然而很多的代言模式都是明星出来露个脸，说一句广告语，脉脉却在此基础上尝试新的广告创意。

在商业精英们光环的背后，其实有很多普通人的艰辛。所以，请"大佬"们说说他们的苦难史。给普通人留下深刻印象，这也是脉脉在广告创意上的突破。

首先，通过研究众多的知名商业"大佬"的成长史，脉脉最终选择了分众集团的 CEO 江南春先生，搜狗的首席执行官职业经理人王小川先生，利用他们的发迹史作为脚本拍摄了两部商业电影。

然后，脉脉将商业电影分别制作成 5 秒、15 秒、45 秒共三个版本，分别对应不同的媒体渠道。

最后，在投放策略上，脉脉首先对建筑、框架、地铁进行广告投放，让每个看过广告的用户都对"打通职场人脉"这句话留下深刻印象，然后在中后期的广告投放中，放出完整版的商业电影，让用户知道这句话的背后有感人至深的故事，进一步加深用户对脉脉的了解，进而成为脉脉的用户。

## 7.2 如何利用产品优势实现自传播

一款产品的整个建设过程是需要一定时间的，在经过不断的磨合、调整之后才能慢慢提高用户的体验感，继而成为一款好产品。现在的整个市场，很多产品都是通过各种广告宣传来进行推广的，这种广告宣传的方法虽然能够引起用户的广泛注意,但是却不能忽视其费用太高的缺点。那么这时候,通过"品牌自传播"来降低成本,便是一个好方法。

## 7.2.1 好产品一定具备自传播能力

"品牌自传播"是指通过产品本身来完成传播品牌知名度的工作,或者是通过产品的使用者来扩大品牌知名度。通常情况下,产品想要具备自传播能力,需要在以下的4个方面具备相应的特征,如图7-5所示。

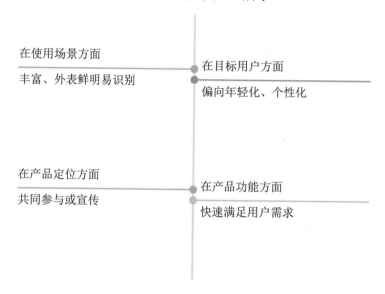

图 7-5　产品具备自传播能力的 4 个方面特征

第一,在使用场景方面。

在正常情况下,往往使用场景丰富、外表鲜明易识别的产品更容易吸引用户的关注度,因此更容易具备品牌自传播能力。这种使用场景极其丰富的产品,往往它的出现就是在为自己打广告,进行一种无意识的品牌营销;而这种外表鲜明、一眼就吸引了用户目光的产品,肯定是为产品进行了一个"一见钟情的"产品设定,让人在几秒钟之内除了喜欢上它之外,还能够让人一眼看出它的品牌。

就拿我们日常生活中的方便面和挂面这两种产品来说,它们除了在各自的产品特点方面有所不同之外,两者在比较之下就会得出更便捷的就是方便面这个结论。比如在家、在火车上以及在办公室等生活、工作场合中,方便面都被广泛食用，提高了产品自身的知名度。同时，这些场所都是人们聚集度比较高的地方，这就达到了品牌自主传播的目的。反之，挂面出现最多的场景就是在家，这样就大大降低了品牌传播效率。所以，在整个市场上，有很多方便面的品牌，挂面则很少。

再比如说，像衣服这种产品，外套、T 恤、连衣裙等产品都具备产品自传播能力。因为只要有人穿上衣服出门，就是在为这个品牌做广告。爱美之心，人皆有之，穿衣打扮就是一种爱美的方式。这时候，别人就会因为你的衣服漂亮，在视觉上产生整个人都更加漂亮、帅气、有品位的感官效果。而像穿在里面的秋衣秋裤等不外露的衣服等，通常情况下是得不到展示机会的，整个品牌得到宣传的机会也寥寥无几，从而导致品牌的自传播能力较弱。

第二，在目标用户方面。

就整个社会的人流量来说，年轻群体占的比重较大。如果是偏年轻化的、个性化的产品，品牌容易具备自传播能力。随着时代的发展，年轻人所接触的东西越来越多，任何新鲜、前卫的东西都是他们希望能够得到体验的，他们就是这样在隐隐约约中提升产品的自传播能力。

对于大多数产品来说，年轻人已经成为消费主流，所以他们是新事物、高消费、爱分享的代表人群。看到了同龄人在分享各种各样的好东西时，自己也渴望得到，于是形成了一种传染的风气。而相对来说，中老年已没有极力追求潮流的积极性，大多数人都更愿意默默地生活在自己熟悉的圈子里。拿现在中老年人中极度火爆的广场舞来说，哪怕广场舞是中老年人疯狂追求的运动，但对于相关产品却没有表现出更大的热情，这就是为什么许多关于广场舞的产品得不到热卖的原因：产品得不到推广、宣传，品牌建设更是无法进行。

第三，在产品定位方面。

一般情况下，在用户的共同参与或宣传帮助下，产品更容易得到发展。其实，每个用户都自带产品推广的光环，只要是自己用的产品，都成了一个外带的"朋友圈"，能够比较容易给朋友"种草"，把他们发展成产品用户，这时候不断发展下去，产品的推广目的也就达到了。

就像游戏热潮一样，大街小巷都有人在玩的游戏，肯定就是一传十十传百这样慢慢火起来的。一个人想玩游戏，为了获得游戏效果、完成游戏任务，那么必定就需要别人的帮忙，很多人一起玩，就间接地帮助产品进行了传播、推广。拿小米饥饿营销的例子来说，新品手机进行售卖的环节往往就会有官网预售这一形式的推广，这样就会获得很多用户发动身边的朋友帮忙抢购这种效果，这样就无声无息地进入了卖家的"圈套"当中，给产品创造了推广的机会，为品牌进行了传播。

第四，在产品功能方面。

对于一款产品来说，能够快速满足用户需求的产品更容易具备这种自传播能力。比如上文提到的方便面，它快速便捷的食用效率能够满足用户的急切需要。在食用的时候，一碗热水就可以轻松解决。而热水这种大范围存在的物品俯拾皆是，确实达到了"方便"这个目的。而与之相反的挂面，要食用需要的步骤还有很多，煮、锅、燃气、调料等，而这些只有在特定场所才会有。综上所述，挂面相对而言并不是一个好的"解决方案"。

再比如感冒药这种救急的产品，人体免疫力虽然高低不同，但是几乎每个人都会有很大概率会因为感冒而引起身体的不适感，这时候就急需感冒药的帮忙，才能缓解这种不适感，避免感冒的症状越来越重。

还有火车票刷票软件这种产品，在各种节假日的抢票大军中，有多少人日夜苦等，等那一张回家过年的车票。往往在这种时候，会有很多用户因为买不到火车票而被迫更改自己的行程，继而引发一系列相关问题。这时候，刷票软件的出现有效降低用户抢不到票的概率，在提高购票率的同时，还解决了用户买不到票的问题，降低用户自身的损失。通过以上前后情况的对比，除了提高效益之外，还能有效提升用户体验，从而达到提升品牌影响力的目的。

## 7.2.2 可实现产品"疯传"的6种实用策略

在现在这个高速运转的信息时代里，每一天从人们眼前闪过的信息可能有成百上千条，哪一条"幸运"的信息会成为被细细阅读的消息，哪一条又是在停留了几秒钟后被无情地划过，这些可能我们都不知道。那么这些能够被人们细细传阅，疯狂传播的消息到底依靠什么媒介呢？这些消息到底是如何在口耳相传中，形成了一张瞬息万变的传播网呢？这些疑问可能曾被每个人留在心中产生了很久的疑惑，也很可能被无数个营销人员夜以继日地苦苦钻研。事实上，实现产品"疯传"是有依据的，通常情况下，通过以下6大策略便能够实现"疯传"的目标。

### 1. 产品疯传离不开社交货币

不知道多少人对这个"社交货币"有多深的理解，其实这个词要了解起来是非常简单的。举一个简单的例子，在微信成为流行的社交应用之后，有很多人每天在问"你微信号是多少呀？"其实，这就是腾讯潜移默化让用户之间使用起来的社交货币！而同样的，买东西时没带现金，脱口而出的"能用支付宝付款吗？"这时候，这是阿里巴巴的社交货币！

在现实生活中，这样的案例比比皆是。像快手、滴滴等这样的生活社交软件，最初的普及率是非常低的，一般都是从某一个地域当中慢慢兴起的，之后才能够成为生活中不可或缺的软件。不知道有多少人了解过，一开始推出的时候，滴滴是没有人坐的。即便那个时候宣扬着"免费坐车"，也没有人肯相信滴滴，后来通过熟人带动，从身边的朋友开始，再影响其他人，这样慢慢去开拓市场。

据了解，最初开拓滴滴这个市场的时候，一位负责人提起，他们只需要3个人就可以撬动一个城市。具体情况是这样的，每个新注册的用户都可以获得一次免费乘车的机会，但唯一的条件必须和别人分享这个消息，这样自己才能坐车。这时候一个不需要付出任何代价的"免费馅饼"就这样掉在你面前，你愿意拿起来试试看，还是就此走开？我相信，很多人都是选择去分享啊，哪怕分享之后不能坐车也没关系，反正也不会让自己产生什么损失，何乐而不为呢？于是，当第一个人把信息分享给第二个人且成功地免费坐车之后，就会把滴滴介绍给自己的朋友，告诉他们赶紧注册滴滴打车，可以免费坐车。而同样的，第二个人要是也想免费坐车，就必须分享给第三个人。人传人，传遍整个城市。当每一个人都去注册使用之后，滴滴进行免费宣传的目的就达到了。所以，这"三个人"就撬动了一个市场。

对比上面的例子，产品经理需要好好想想自己的产品有没有实现这种让用户主动分享的目标呢？

不知道现在还有没有人知道，在济南的芙蓉街有一个叫作"胥记面馆"的小餐馆。现在，每提起一次它的名字，就相当于又使用一次它的社交货币。相信现在济南的朋友们应该有这么一个深刻的体会，那就是每次路过那家餐馆都能看到门口有很多人在排队吃饭。可想而知，日复一日、年复一年，这就形成了一个突出的现象，那就是在济南的芙蓉街里，那么多小吃店之中，大多数人往往只对"芙蓉街有一家排队的胥记面馆"这样的场景有印象！就这样，"胥记面馆"就成为这家面馆的社交货币。

总而言之，社交货币能够让产品信息或者企业名称在人们的日常生活中不断地进行传播，就跟我们手里拿的人民币一样，慢慢地就成为生活中不可缺少的一分子，进而广泛流通。这种无形的力量，才是永远不会止息，无限蔓延的营销永动机。

2. 诱因

简单来说，诱因就是诱使人们进行某一项活动的原因和动机。那么接下来，就从高频事件以及口碑传播这两个方面来进行分析。

在高频事件这一方面，被人所熟知的事件就是很多年前对用户疯狂洗脑的广告语"送礼就送脑白金"。其实，这是史玉柱为脑白金设计的用于宣传的广告语，相信很多人都还记得！

在脑白金还没有成名前，很多人自然不了解脑白金到底是什么。如果没有巧妙的营销手段，任何产品都不可能直接以热销产品的方式出现在大众面前。所以，为了使产品成功地出现在人们的眼前，脑白金选择通过那时推广效率最大的电视广告，来开发营销市场。

推广时负责人史玉柱突然冒出了这样的想法，对于人们来说，在逢年过节的时候，送礼就是人们频繁使用的词语，所以"送礼"就是人们生活中当之无愧的"高频事件"。后来，这个想法运用到实践当中，电视的广告语"送礼就送脑白金"就这样潜入人们的日常生活，而后来的更新版本"今年过节不收礼，收礼只收脑白金"更是成为那个年代无法被超越的广告金句，"收礼只收脑白金"中的一个"只"字，就直接把消费者和脑白金通过无声无息的广告营销方式进行了消费捆绑。

如果你的品牌现在还没有达到人尽皆知的程度，那么你就应该想想换一个推广方式，可以找一个大众熟悉、且和品牌词有关的词语进行推广；如果是文章这方面还没有得到群众的广泛传播，那就可以通过挖掘"热点"来进行推广工作。

在口碑传播这个方面，最值得思考的问题就是如何才能让这个品牌拥有持续的口碑传播力，而口碑的传播分为临时性口碑传播和持续性口碑传播这两种。

先来看第一个例子，如果拿美国佛罗里达州的迪士尼乐园和燕麦圈早餐这两个对象进行对比，哪个人气高呢？

我相信，对于大家来说，结果肯定是更偏向于迪士尼乐园，有人肯定会指出，在人流量这方面，当之无愧的肯定就是迪士尼乐园。根据详细的统计数据，迪士尼乐园每年的游玩流量几乎达到了 2000 万人次，那里非常刺激的过山车、惊险的冒险岛等无数的娱乐游戏光听着都觉得非常吸引人。

然而，哪怕迪士尼的人流量再多，也无法改变几乎大半的人只是在心里默默憧憬着迪士尼乐园的好玩程度，而事实是根本就不会有多少次去游玩的机会。有的人可能到现在还没去过，毕竟游玩的价钱足以购买更多有用的东西；有的人可能一年只去了一次，有的人可能在几年内去一次。那么脱开游玩的次数这个方面，接着来讲讲分享这个方面。如果你去游玩回来之后，你肯定会跟身边的人分享游玩的经历，那么在这个基础上，你会分享多久？一天？一周？还是一个月？在很大的程度上，可能也就只会跟每个人都说上一遍，等这个兴趣消失了之后，连你自己都会淡忘。

接下来，我们再谈谈这个燕麦圈早餐。其实，对于大多数人来说，早餐都是必不可少的。燕麦圈的营养非常丰富、喜欢甜味的人很难抵挡它的诱惑，是美国很多家庭中的主要早餐。在这种情况下，一年 365 天人们几乎每一天都在与它进行接触。

分析完了这两个案例，很明显的就能看出来，迪士尼乐园就是我们所认识的临时性口碑传播，而燕麦圈早餐就是持续性的口碑传播。

再来谈谈这第二个案例，那就是微信和支付宝。说到这两个软件，相信人人都在使用，那么现在就到了角逐的时候，这两个问题，请大家都来谈谈自己的选择："这两个软件中，你用得最多的是哪个？""如果只能二选一，你选择留下哪一个？"经过大众的分析，得出了一个普遍高票的答案，那就是微信！

原因是什么？相信大家都心知肚明。微信是一款通信软件，有联系的功能，同时，它也是一款支付软件，可以进行购物支付。在现在这个普及了网络的时代，除了电话之外，微信对于大部分移动手机用户来说应该是使用频率最高的软件。而另一个软件——支付宝，它的主要功能是支付，作为一个软件，它的属性应该是作为一个支付软件，当然还有一些金融方面的功能。不过，这些功能几乎在微信中都可以找到。

并且，对于人们平常的交流来说，出现的频率最高的无非就是"你的微信号是多少？"这种问题。所以，进行二者的比较之后，我们都能比较清楚地知道，支付宝就是一个临时性的口碑传播，而微信才是那个持续性的口碑传播。

所以，通过以上的两个例子，我们总结得出的一个最简单的结论就是：产品想要获得"疯传"，还需要通过高频率事件来进行。

3. 情绪

在分析之前，我们应先了解一下如表 7-1 所示的表格。

表7-1 情绪表格

|  | 高唤醒 | 低唤醒 |
| --- | --- | --- |
| 积极情绪 | 惊奇 兴奋 快乐 | 满足 |
| 消极情绪 | 愤怒 焦虑 | 悲伤 |

之前在网络上传得沸沸扬扬的一件新闻事件当中，一位家长因为陪着一个孩子写作业，结果被气出了脑梗，最后被送进医院。许多人感到疑惑，为什么这种生气进医院的消极情绪也能在社会上掀起那么大的波澜呢？那是因为，很多人也曾经历过辅导孩子作业生气的事情，这算得上是一个频繁的事件。因为太多人和新闻里的主人公一样，只有经历过的人才会产生如此深刻的心理共鸣。类似于这种情况的事件，都属于高唤醒事件。

其实，这个事件和 2009 年美国歌手的吉他事件的性质是一样的。具体的情况是这样的，一位美国歌手在坐飞机时，因事故把吉他摔坏了，可美联航这个公司没有赔付他摔碎的吉他。这个歌手因为极度生气而创作了一首《美联航摔坏吉他》的歌曲，这时候令人惊叹的事情发生了，这首歌在社会上产生了很大的影响，从而导致美联航的股票下跌，损失 1.8 亿美元。

这两个例子都向我们揭示了同一个道理：人们有喜怒哀乐的变化，而愤怒尤其是有力量的一种情绪，所以引起了广泛的共鸣。

不过，消极的情绪共鸣事件对整个社会来说还是比较少的，经过详细的数据分析，正面的情绪更容易被传染，引起大众的共鸣。原因很简单，就像电视中一直循环的那个巧克力广告一样，这时就有人开始产生疑问"有那么滑吗？""是不是该尝一尝？"这种情况是属于积极快乐的情绪，所以更容易被人们所接受，就更易于被广泛传播。

所以，在设计产品广告或者撰写推广产品的文章时，往往是正能量、积极向上的主题更容易引起用户的广泛阅读、推广传播，这样对于产品的宣传才会更有利。当然，这样说并不是反对悲剧的传播效果，悲剧的推广意义要设计得恰到好处才能够给用户致命一击。就像《泰坦尼克号》这样红遍全球的影片一样，在精心策划的设计中，即使悲剧，仍然具有威慑人心的强大力量。但是如果没有把握好力度，可能会变为"画虎不成反类犬"。

4. 公共性

其实，在这方面的工作中，公共性营销的"可视化"也是一个值得研究的要点。就拿生活中很多常见软件的视觉设计来说，例如微信的绿色、支付宝的蓝色或者麦当劳的 M 等，只要人们一看到这种颜色标志，就会想到这个品牌。

在这方面，依次给大家分析下面的三个例子，了解清楚之后，就会明白什么是公开性了。

第一个是苹果品牌。相信大家都对 Logo 很了解，这个被吃了一口的苹果已经成为世界最前端的技术代表。但是，苹果公司在设计笔记本电脑这个产品的时候，苹果的标志并不是现在这个样子。

据了解，苹果最初的设计是，笔记本电脑的产品用户在打开电脑前，能够看到的只是一个面朝着自己这个方向的一个苹果标志。但是打开电脑后，对于别人来说，那就是一个反向的苹果形状，这样不清楚的视觉效果，难以给人留下强烈的印象，更不会达到宣传品牌的目的。所以，经过乔布斯的分析与设计，他为了给其他人留下一种抢眼的视觉效果，就把苹果的标志改成现在这样朝上的苹果。所以这个标志一直使用到现在，相信你看到的苹果笔记本电脑都是这样的。而渐渐地，其他品牌的电脑也发现了这个宣传渠道，就一一效仿了起来。

除了苹果电脑，苹果的耳机也是一样的。最初，苹果在做 iPod 的配套耳机时，当时整个市场中全部都是清一色的黑色耳机，仿佛耳机只能用黑色这个标准色。但是对于乔布斯来说，他崇尚的并不是千篇一律，他要突破，他要吸引用户，所以他就提出了使用白色的耳机，后来他设计的白色耳机就轰轰烈烈地打入了市场，在整个市场上掀起了一片时尚风潮。这时候，在一片黑色的耳机中，用户只要一看到白色的耳机，就会想到苹果公司这个品牌，这就是通过产品本身而获得的产品自我推广的公开性效果。

除了苹果这个突出时尚前沿的品牌，还有一个公开性的代表，那就是Hotmail。这是一个 1996 年推出的新电子邮件服务，对比于其他的邮件产品，它的突出特点就是在以万维网使用的基础上，它可以在任何一台电脑上登录电子邮箱。这简直就是那个时代电子邮件服务行业的一大突破。原来，在它的开发之前，邮箱这种类型的服务产品只能在一台电脑上登录。这就使 Hotmail 这个产品的一上线，就引起了整个市场的强烈反应，掀起了一股先进科技的风暴。另外，在整个产品的推广和使用方面，还有很关键的一点就是他们的宣传团队在邮件的末尾处标注了一句话以及掌握全局重点的一个跳转链接，这就是他们所设计的一个公共性的营销技巧，因为使用 Hotmail 的每一个用户也都会给自己的朋友推荐这个产品。所以，这家公司既做到了用户口口相传的社交货币，也完成了整个产品进行营销的公开性。这就是他们的品牌必火的原因。

由此可见，营造具备公共性可视化效果，通过这一方面的设计，让产品自带传递光环以及广告效益，这就是产品营销中必不可少的一步。

5. 实用价值

在整个产品营销方面，产品的实用价值是非常重要的因素。营销的整个理念无非就是"了解需求、满足需求、超越期望"，对于大部分人来说，如果某件商品不是需要的，那么你在免费赠送的时候我还要仔细思考一番，是否能够带来用处。就像是盲人收到一副眼镜来说，对他除了装饰的意义，别无他用，并且还极有可能被冠上一种歧视盲人的意味，所以产品的实用价值是至关重要的。实用价值可分成两个层面：一个是实际的实用价值，一个是虚恍的实用价值。

实际的实用价值，就像是当面临着无法打开一瓶啤酒的时候，有人问需要酒起子吗？能够真真切切给予帮助的东西，那就具有实用价值。反之，虚恍的实用价值，就相当于全场衣服打八折。

经过上面酒起子的例子，相信大家都已经明白了实用价值，那么在这个层面就不必进行详细的阐述了。那我们就来着重看看虚的实用价值到底都有些什么，其实，那无非就是给用户营造一种贪了便宜的错觉。人是功利性很强的动物，都曾产生过要占点小便宜的想法。那么，针对用户的这种心理，产品公司就会进行一系列的降价活动。

降价打折也是一门深厚的学问。这里先给大家分析一个商业活动中最常见的"100 法则"。这个法则的中心就是低于 100 元用百分比，高于 100 元用数字。

为什么这样说呢？一起来看看这个例子，大家就会明白了。假如一个产品的原价是 90 元，那么可以给客户打个八折。其实，八折就等于便宜了 18 元。八折和 18 元之间的对比，在不知道原价的情况下，肯定是八折更吸引客户的关注了。反之，假如这个产品是 300 元，也同时打八折，那么这就成了八折和 60 元之间的比较了，在这个数据的比较之下，肯定是 60 元更吸引客户。

这就是现在产品营销的常用手法了。现在很多实体店在营销策略方面改变了方法，从以前的打折，变成了现在的满减。但是，对于客户来说，关键点在于"减"这个字眼，他们的消费观念无非就是有优惠总比没有好，所以后者才更具有吸引力。

所以在满减和打折这两个营销策略方面，客户还是更认同满减。因为客户对于打折产生的想法，是不再认为自己真正占到了便宜，而是会产生商家已经将原价上提再打折的想法。所以，打 8 折已经不能满足客户了，换成每满 500 元减 100 元才会更吸引客户。只有满足了消费者那种"占便宜"的渴望，才能更大程度上去吸引用户的消费。

## 6. 故事

故事在传播信息的方面也具有极大的作用。对于古希腊的特洛伊木马这个故事，大家都不会感到很陌生。当然也会有人产生疑问，一个暗度陈仓的翻版能流传至今的原因到底是什么呢？同时，大禹治水、神农尝百草这一系列的神话传说也为何能够流传到现在呢？还有，仓颉造字这个成语故事都清楚地被人所知，可是却很少有人去分析造字的过程。上述的一切疑问，其实都指向了一个明确的信息：故事是信息的载体。

在没有网络传播的时代，信息的传递只能通过讲故事的方式进行。所以，大家有没有留意到，很多古老的故事，都是以"相传……"开头。"相传在 200 年……"等许许多多的故事可能都是以这种方式传承下来的。就拿《伊索寓言》《山海经》等古老的故事集来说，这些都在故事里向我们揭示了很多道理，在明白道理的同时，其实听故事的人已经将内容融入自己的知识体系内了。

现在很多品牌都有自己创立、发展的故事，这就慢慢地形成了一个流行的趋势,让很多没故事的人也学会了编造故事,也就慢慢产生了"包装"这个词。大多数产品开创者都知道,把故事讲好了,打动了消费者,才能提高产品销量。

总而言之,如果一个好的产品离不开一个好的故事,那么一个好的故事也同样离不开社交货币、诱因、情绪、公开性以及实用价值等重要的信息。

创意可能随时会来,好产品也可以通过不断的努力就能够慢慢实现,只有对整个未来有规划,只有对整个规划有明确的目标,那么,成功就离自己不远了。

## 7.3 产品烧钱推广如何更高效

要想实现产品的推广先要赋予产品分享的属性。事实上,马斯洛需求层次理论已经完全概括了用户的分享动机,即要符合社交的需求,尊重需求或自我实现的需求。以上3个需求几乎可以概括当前所有分享行为的内在动机,针对这些需求,产品经理可以更有针对性地设计产品的推广方案。

### 7.3.1 让用户有参与感,自发传播

随着小米科技的成功,小米联合创始人黎万强的《参与感》一书被互联网企业奉为圭臬。书中提出的"参与感三三法则",如图7-6所示,让无数的产品经理们一再进行效仿。以至于产品经理们做产品营销时都心心念念"开放参与节点,做口碑营销"。

然而,当我们谈到"参与感"时,真的理解了参与感的意义吗?试着回忆上次的跟团旅游,导游在到达目的地后号召游客们一起去购物。这实际上增强了用户的参与感,但用户为什么很反感这种参与?

这就涉及什么才是真正的参与感的问题,参与感是在产品或服务过程中,用户必须提供相应的资源(时间、情感、行为),才能享受服务体验。关键点是参与意识意味着用户已经从纯粹的享乐变成了生产者。用户的参与感变得越来越重要,不外乎两点原因。

1)可以提升用户的感知控制

心理学家们曾做过这样一个实验:掷骰子获得奖励,点数越高,奖励的力度越大。掷骰子时有两种方式。

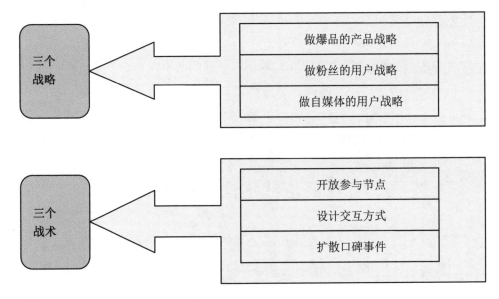

图 7-6　参与感三三法则

(1) 付两美元，自己掷骰子。

(2) 不付任何代价，别人帮你掷骰子。

在不同的目标群体中结果都是惊人的一致：超过 80%的实验者都选择花费两美元自己掷骰子。这个实验结果也证明了，给予用户控制感会提高用户的满意度。提供用户参与感，给予用户改变的权利，让用户从纯粹的享乐转变为生产的参与者。

2）竞争的同质化，让心理价值变得重要

随着市场竞争的愈演愈烈，产品同质化越来越严重。因此，当产品的功能价值难以同竞品的功能价值区分开时，产品的心理价值就变得尤为重要。用一个具有参与性的商业模式，搭建起产品与用户之间的情感联系，为用户提供心理价值。

在设计参与感之前，需要先明确参与感的使用条件与规律，主要有以下 3 点需要注意。

1）注意目标的一致性

前文中已经指出，参与感可以提高用户对产品的满意度。这是因为在参与产品创造和获得服务的过程中，用户的感知控制欲得到了满足。

例如，理发时，发型师会主动询问用户"想做什么样的发型？"，即使是告诉他"稍微修理一下"，也是一种参与，所以用户会感到满意。因此，参与感就是让用户做他想做的事情，应该打开参与节点，而不是控制参与节点。同时，用户是否参与必须由用户自己选择。如在一开始提到的组团旅游的例子，为什么用户不满意导游以购物的方式增强参与感？因为这种方式剥夺了用户的控制感。用户的计划是来这里看风景，怎么就被带入商店？这种参与不是用户最初想要的。

2) 通过设计明确的规则为用户提供参与感

大多数产品经理认为，为了增强参与感，应该鼓励用户自发地参与活动设计与交流。

因此，在管理社区时并没有定义规则，这种想法是错误的，规则的存在不是为了控制用户的参与度，而是为了让用户有序参与，获得更好的参与体验。

用户自发设计的规则不一，效率会降低。在运营社区时，首先应明确用户在社区中应该遵循的规则，只有这样，才能在规则的基础上最大化每个用户的价值。

3) 通过独特的体验，提供参与感

用户为什么想要参与，除了控制感，还有一个重要的动机——为了获得独特的体验，在传统的产品模式中，用户购买的是固定的、标准化的东西。每个用户购买到的产品都是一样的。但参与感的独特之处在于，它可以让用户自己动手——相当于用户自己创造了一个独一无二的产品。例如，Nike 的 DIY 鞋：用户可以选择是否需要碳板，选择鞋面材质、运动鞋的颜色，甚至可以在鞋上写上自己的名字，这是一种非常独特的体验。

在设计参与感活动，从而让用户自发地传播产品时，产品经理要思考，活动本身是否满足了用户的控制感？是否提供了独特性的体验？是否为用户提供了心理价值？在适用条件和范围内尽量满足用户的参与感，提升用户对产品的满意度，用户满意了自然会自发地为产品做宣传。

## 7.3.2　事半功倍的借势营销

借势营销不仅仅是一种营销的手段，更是一门产品营销的学问。本文讨论的借势营销是指一种借力热点进行产品营销的方式。借势营销不仅成本低，而且可以快速发酵,无须活动预热,节省了时间和金钱成本,给许多产品团队带来了便利,被广泛用于营销传播中。通过用户对热点话题的关注,将产品的价值和情感诉求成功地传达给用户,从而加强产品的传播广度与传播力度。

出现一个社交热点,产品经理是否应该立即采取行动跟进呢?事实并非如此,有些热点借势可以事半功倍,有些热点却会让营销事倍功半。首先需要知道一些指导方针,如图7-7所示。

> 1、是否符合社会主义核心价值观:尽量不要借势自然灾害、社会悲剧、种族冲突等。也不要借势萨德之类的政治事件,不得戏化民族英雄,对于侵犯个人隐私的热点也要小心谨慎。
> 2、是否与品牌有关:找不到联系,就不要强行借势。不要把热点和产品硬性地联系在一起。例如,在借势高考热点时,"Swiss made"(瑞士拜戈)的海报用文字组成了一只表。网络术语"表(意为不要)"反复出现,罗列出高考需要携带的东西,不仅创意新颖,也很好地体现了热点与产品的相关性。
> 3、是否合理合法:许多产品在借力热点时直接使用明星肖像。这种做法是侵权的。
> 4、是否会引发用户不良情绪:语言上的歧义会导致产品营销的灾难。
> 5、是否卡在临界点:如果在6~12小时内不能完成营销,就没有必要借势了,因为一般的热点事件持续的热度都在12小时内。

图7-7 借势营销的指导方针

知道了哪些热点可以借势,接下来需要总结梳理一下产品借势营销的6个关键点。

### 1. 有差异化才能有关注度

产品利用热点与用户进行良好的沟通,而不是在用户面前刷存在感。借势热点前,首先要把握热点趋势,找到热点与产品、用户的良好结合点。这要求策划人员深入了解产品与用户,做好前期的洞察工作;找出最适合的切入点。

同样的热点,不同的品牌可以结合自身产品特征,展现创意的独特性。根据产品定位借势热点延伸产品价值。

例如,在父亲节到来时,就可以借力父亲节进行营销,父亲的话题,永远都经久不衰,每个用户关于自己的父亲都有不同的回忆,品牌借势父亲节,不能只是从送礼的角度出发，这太老套也缺乏人文关怀。吉列在父亲节时策划父亲和儿子的主题活动，发起话题号召用户参与，并制作了一个小游戏，让用户分享图片。

2. 蹭热点的目的是让用户增强对产品的印象

热点是什么？许多人会说，是为了获得更多的阅读和转发率。只要触及热点，被用户看到的概率就会很大，抢占了曝光点。但现实是热点过去时，用户也将产品忘得一干二净，借势营销只达到了疯狂追逐的目的，却没有传播产品的价值。

换句话说，在借势热点营销时，用户的关注点仍然在热点本身，并没有注意到背后的产品，因此借势热点时，产品经理应该考虑用户是否记得产品。最重要的不是给热点继续增加热度，而是通过一系列的思考，使用户感受到产品的价值。蹭热点的最终目的是增强用户对产品的印象。

3. 借助知名品牌或友商造势

每当苹果的新产品发布后，借势苹果热点的一大波品牌商也就开始了产品的营销，卫龙辣条就是其中之一。作为辣条界的领航者，卫龙的广告以苹果海报的设计风格进入了用户的视线，如图 7-8 所示，辣条的设计海报发布后，网友们纷纷赞叹，在海报上辣条摇身一变成为奢侈品。模仿苹果简单的设计风格，借势效果非常显著。

图 7-8 卫龙辣条海报

### 4. 扣动情绪的扳机打动用户

为了获得最佳的传播效果，热点内容必须打动用户情感。内容触发用户情感时，才有分享的动力。

比如，回家过年是每个离乡游子一年之中最期待的大事。唯品会在春节前夕推出了电影广告，广告中父母为了满足子女回家这几天上网的需要，在家里安装 WiFi，购买电视。作为年轻一代，子女们也应该采取行动为父母购买新年礼物。剧中的台词"我们的一句话随口说说，就使父母大动干戈"让不少用户热泪盈眶。

### 5. 蹭热点要与用户产生互动

简单地说，借势热点不仅仅是单向操作，更是与用户互动的过程。热点本身就有参与感，产品借势热点时必须充分体现用户的参与感，这样的热点营销才是成功的。

以 2017 年年末的《星球大战：最后的绝地武士》为例，电影吸引了无数的产品借势营销。百事可乐也推出一系列借势营销活动，引起年轻用户群的共鸣，推出了百事可乐的星球大战系列限量版易拉罐。还定制了星球大战主题 H5 游戏，如图 7-9 所示。手机扫描二维码，屏幕会变成科幻的星空，旋转手机，找到罐子，可以测试《星球大战》中的哪个角色最适合自己。如此激发了用户的情感，实现了产品、热点与用户之间的完美互动。

图 7-9　百事可乐的星球大战主题 H5 游戏

6. 产品的知名度、忠诚度很重要

许多产品借势热点，获得了大量的自传播。然而，如果环节出错，用户会觉得被愚弄导致负面效果。因此，产品在提升知名度的同时，也要提升形象。通过营销塑造良好的口碑，并在产品、服务上不断升级创新，形成产品忠诚度。

总之，借势营销是一门很深的学问，深谙此道的产品经理不会只注重即时效应，而应从战略层面，进行资源整合，实现产品销售与品牌自传播的双丰收。

# 第 8 章

# 场景：产品经理都是透过场景触发用户情绪的高手

像百度和 360 等搜索工具，虽然被广泛应用，但流量已经渐渐退去，获取流量的难度越来越高，需要付出的成本越来越昂贵。那么新的流量将从何而来，这将引发我们的思考。是会来自人口、信任链条还是社会关系？当有人在使用拼多多拼商品时，所发出来的拼团消息是一种内容还是真正的货物？或许，我们可以从场景的角度来看这一问题。

## 8.1 你真的理解场景吗

新的场景奖励形成,游戏规则正在改变。计划场景才可以确定一个新的场景。场景时代智慧商业的本质是它是否能够准确地把握用户的需求,以及它是否可以通过建模和数据的潜力来塑造场景算法。

### 8.1.1 "场"和"景"要分开看

2018年4月1日,网易云音乐落地了另一个城市——成都。同日,网易云音乐与亚朵两家公司宣布共同成立"睡音乐"进行战略合作,在成都晋江区以"睡音乐"为主题的大型酒店正式开业。

与传统的主题酒店改造相比,这两家公司的合作更加深入。通过音乐的整合和生活场景的融合,"睡音乐"带来更多的个性化年轻用户来到酒店将是一个很大的主题音乐生活体验,刺激的音乐和人的环境,为客户营造一个有爱、温暖、有趣的音乐住宿空间,创造一个酒店新业态、娱乐等多种功能的社交网络。

网易云音乐,一个充满立场和热情的音乐平台,推出了吸引公众的"睡音乐"主题的酒店。可以说,两家公司的合作,无论是哲学上的理论还是价值观,或者是其他方面都很投合。

我们都有目共睹,产品的成功是从根本上改变消费者的娱乐生活,无论是网易云音乐或其他产品,必须并满足消费者的需求,以此来打造不同的方案,使产品经理能够保持创新的灵感。

事实上,"场"和"景"在革命时期是不允许分开的。在革命期中,用户、互联网产品和服务提供商之间的有机连接是必要的,通过互联网平台为每个场景赋予特定的价值和意义,以实现场景之间的真正联系。

音乐是一种强大的适应和渗透形式,结合不同的场景,产生不同的价值观并赋予新的意义。在"睡音乐"主题酒店,"场"代表网易云的音乐,它汇集了音乐爱好者和他们的音乐内容,而住在公共区域,并评估四个主题房间,这是丰富的"景"。

在特定的"场"和"景"练习的组合中,两家公司都相应做出了一定的努力。例如：在一楼的大厅是圆柱形，黑色地毯，壁画的墙壁。墙上贴的都是各种在线音乐评论，从酒店房卡到音乐卡，以及旅客入住到带有伴随音乐的酒店房间，可以释放一天的疲劳，融入音乐世界的体验可能是在主题酒店享有的最大特点。

有人透露，双方将在未来继续探索长期酒店空间的音乐内容。例如，顶层露台和一楼大厅旨在提供真正的音乐频道，而正宗音乐+酒店的公共空间则都具有小型音乐氛围。还有，会将两家公司账号相关联，该账号允许用户在进入他们的房间时收听他们喜欢的音乐，这意味着生活在 RedHeart song(点亮的红心)+酒店的歌曲中，就蕴藏了心灵的美。音乐就是一切，随着场景的变化呈现出新的价值，这不仅增加了用户体验，还展现了新的商业潜力。

## 8.1.2 场景化是产品的未来

"场景互联网"正在浸入我们这个新的时代，那么新的流量是如何产生的呢？认知智慧运作的重点体现在哪里？如何确定新的场景来占领智慧商业高地？该实验室的发明者吴兴用"场景时代的智慧零售"作为一个主题，着重分析了该商业的 3 个支点和 6 个场景。

### 人货场正在融合

从京东 7-fresh、爱库存、爱回收、小红书等这些例子我们可以看出，新场景很有可能就是一种流量的新入口。如今，场景作为人与情绪、时间和专注力的交替点，实际上，"头腾大战"所追求的就是每一个使用者在一天时间的累积时长。

从京东 211 次日达，到每日优鲜两小时达，到盒马鲜生半小时，再到叮咚买菜 29 分钟……商业竞争正变得越来越具体，也有小规模的改善并且优化了细节场景。

### 我们正进入"场景互联网"时代

得到 App、喜马拉雅 FM、知乎、蜻蜓、樊登读书会等知识获取工具逐渐取代其他传统工具，变成了新型的"耳闻经济"应用场景。而很多公司的商业模式和商业逻辑之所以会被重新定义，就是因为他们连接了很多新型商业场景，如图8-1所示。

| 场景 | 场景流 | 场景算法 |
|---|---|---|
| 连接型商业 | 内容型商业 | 智慧型商业 |
| 重构个体与商业的连接 | 重构内容与体验的交互 | 融合数据与场景的设计 |

图8-1　新型商业场景

场景不再固定，但它在流动，可以挖掘。当找到一个新的场景时，就可以确定一条新的路径并确定一个新的类别。例如钉钉，这不仅仅是一种工作方式。随着工作整合和社会界限与个人生活方式重新定义，未来办公情景会继续扩大和跨越。它已经成为解决办公障碍和提高效率的解决办法，因为印刷、会面和打卡已被一系列效率标准新定义。从对面部识别的智能控制和从语音到视频会议，可以随时更换场景，这种变化的核心是基于场景的效率算法。

例如叮咚买菜的使用，当购买者购买食物，就会接受一套一体化的选购标准，并可以准确地切入标准市场上新鲜类蔬菜和新鲜食品，而不是水果。并以"及时交付29分钟"改进操作机制，形成互联网市场上一个新的价值类别。

在亚马逊接管了全食超市之后，根据整个食品超市的测试和新的蔬菜种植技术，重新启动了一系列程序，不管是成员价格战争还是全食的当地分销网络，都重新确定了游戏规则。

谷歌也推出了购物功能，其目的是为用户提供"更适合的网上购物体验"。在购物活动中，谷歌不再将现有的流量接通到其他平台，而是在增强算法的同时改进全局供应链。从购物平台唤醒物流和分销，谷歌在开放数据平台"谷歌loud"和成熟技术创造了累积场景。

每个行业、每个部门、每个公司和每一个创建者都必须找到自己的设想算法和解决方案。

## 认知智慧商业的三个支点

认知智慧商业的三个支点，如图8-2所示。

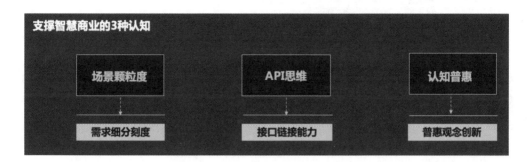

图 8-2　支撑智慧商业的 3 种认知

一是场景颗粒度。这是一个扫描不间断用户行为和细分用户需求的工具，也是最小的可运行的业务单元。

所谓用户流程，企业优化、重复效率……其起源是场景的颗粒度，智慧商业的参与者应找到最原始、最具体、最独特、最现实和最易于使用的原始颗粒度场景。允许用户在自我意识和生活方式中产生共鸣。

享物说利用小红花作为支付服务的媒介，并通过线上和线下的零售销售进行联系，从而将享物说与付款、社交和电子商务等不同领域联系起来。总之，使用小红花的积分算法可以将非标准交易场景连接起来，并准确匹配不同的场景。拼多多主要是通过人工智能进行的，该人工智能是为了对货物和人员进行反向匹配，前者和后者的逻辑都是通过精确的个性化匹配来实现的。

二是 API 思维。API 思维的重心是接口，接口能力成为当前合作的基本能力。如果我们的商业接口能够迅速进入各种类型的电子商务，如拼多多、京东、淘宝、唯品会等，它将增加在网上的价值；然后一旦接入盒马鲜生、美团点评、饿了么，你就可以在当地生活服务现场获得一流服务的奖励；如果可以访问不同类型的自我媒体和内容平台，如一条、罗辑思维、吴晓波频道，也可以获得内容建议的奖励；如果再接入抖音、快手，你可以获得精准扶贫政策的分享奖励。这一系列流程的基础是拓宽 API 思维的情景。

商业竞争其实就是认识边界的竞争。就像瑞幸咖啡的无限场景一样，咖啡 plus 是通过接口思维完成的，它不仅拥有 2000 多个门店，而且还连接各种类型的体育活动和明星 IP。它不再是一个具体的场景，而是拓宽到外卖和输出场景，通过操作和维护数据得出解决方案，最终形成一个场景匹配。正在崛起的还有类似的书店 plus。

三是认知普惠。作为胜利者,在场景算法中,就是找到细致的、真实的和特别的场景,以解决最准确的用户体验作为关键,从而促进认知概念的创新。

以快手为例,从农村地区到 DAU(每日积极用户的数量)1.7 亿的国家级应用程序,它是解决哪些问题的?在流量较低的四五线场景中,没有互联网连接的人可以通过"AI+短视频",更加轻易地进入互联网。并帮助农村青年通过准确的推荐技术看到一个更加宽广的世界。使技术发挥了它应有的作用,那就是,传播想法,并联系更多的人。

### 支撑智慧商业的三种方法

需求具体的颗粒度场景,扩大连接能力的 API 思维和促进概念升级的知识传播,是判断智慧商业的基础,也是对智慧商业模型进行思考的起点。那么支持智慧商业的途径是什么?

下面介绍支撑智慧商业的 3 种方法,如图 8-3 所示。

图 8-3　支撑智慧商业的 3 种途径

一是场景协同。智慧商业越来越依赖于协同设计,数字化驱动的协同设计会形成未来产业的壁垒。比如自动驾驶,最终的胜出者必然不是依靠芯片和车联网设施,而是凭借以用户为中心的协同设计,改变用车场景体验,实现人机交互,最终形成独立形态和新场景。

以蔚来汽车为例,它的核心是超级用户思维。他们以与车主的强连接协同设计全用车场景,连接保险、充电、保养和其他日常服务等一切用车场景,以全自营模式为车主提供服务。这样的商业模式具有很强的生命力。

二是场景 MVP。运行场景算法的基础是建模。智能商业的 MVP 需要考虑到重点关注用户体验,以人的行为作为线索以质量交接为根据,以情感表达为要点，以积累客户作为结局打造模型以及模式。

拿汽车作为例子。汽车使用是一条不间断的道路，它将成为一个新的场景——保险，金融租赁，试点开车，智能汽车设备等。"弹个车"作为社区商店，汽车的设计是在交通入口和附近域网的动态逻辑中设计的，不仅包括近域服务和精度组，而且还包括更准确的情感联系，从而完成累积客户的任务。

三是场景订阅。无论是零售忠诚方案还是积分方案，网络和平台的社区特权，都属于流动媒体的原始内容，这些都是参与现场的体验。场景的参与创造了用户的愉快体验，统一了用户的遵守程序，并以"感觉和简单"的方式对价值表示满意。场景算法在不断简化参与模式和提高交付能力方面发挥了主导作用。

迪士尼完成了对福克斯的收购程序，取得了原始内容系统并加强了参与机制。迪士尼公司宣布，它将在 2019 年将所有电影从 Netflix 上删除，并启动迪士尼+流媒体服务，这表明迪士尼将完成流媒体订阅系统。

合作设计用来改变以用户为中心的场景，建立数据建模以构成我们的业务模式，并完成个人支付，这是支持智慧商业的三种方式。我们需要找到改变我们模式的途径，并确定智慧商业模式概念。

## 场景时代智慧商业的六个趋势

趋势一：DTC 品牌(Direct To Consumer)垂直营销。

以社会电子商务和短视频电子商务为代表的新电子商务将通过倾斜和算法透明度、促进中小型制造业的改革、农业供给和以低成本帮助新品牌，反映工厂和农产品的库存情况。如三宝：淘宝"村播"、拼多多"新品牌计划"以及快手"家乡好货"，这些对社会网络的影响很广泛且很深远。

趋势二：超级会员。

用户圈层化是所支付的成员模式的自然状态，成员协会、共同品牌和渠道权益的整合已经逐渐成为权益设计的主流。如"京东 Plus × 爱奇艺""淘宝 88VIP""腾讯视频 × Prime"。

超级成员的最大含义是建立长期的合同关系和简单的履约能力，形成会员的交付价值和拓宽用户的权利。这就是京东想把 Plus 定义为优先政策，知乎、爱奇艺和京东合作的根本原因。

趋势三：社区拼团。

宝妈、团长、导购在社群零售里会扮演服务的角色，帮助品牌进行独有的流量和私人空间内容的分配，并形成一个封闭的服务环节。个人互联网工作和公司职业分工是一个现实。就像新的会员模式，电子商务系统，食享会，你我您。

趋势四：视频竖屏化。

各类竖屏视频成为创作新阵地，与抖音、时刻视频、虚拟 IP 音频等形态共同塑造家庭物联网内容与智能设备的场景 IP。如 Instagram IGTV、斗鱼直播、爱奇艺竖屏网剧。冰箱、洗衣机、手机都是竖屏，竖屏化是一切内容新场景的延伸。

趋势五：社区新社交。

新场景社交包括社群、社区、小区，它和租赁、电子商务参与重新塑造社会联系，组成了新品牌的三个要素。产生了新的商业模式，更多的社会福利，识别和保留新的商业模式，如小红书、keep。

趋势六：5G 与沉浸式娱乐。

5G 改变了娱乐业的巨大互动体验，其中视频、游戏、音乐、广告和其他多层面的体验也为恢复 AR 和 VR 提供了机会，并为实验性娱乐、实验性零售和社会商业提供了全面整合的机会。

娱乐性的零售越来越多，购物越来越多地成为一种随机事件。有经验、价值的敏感度可以超过价格的敏感性。越来越多的云彩购物，越来越多的购物是社交沟通，越来越多的场景被表达为一种巨大的体验。

智慧商业的核心是数字化，形成新的模式和景观，以用户为中心的原始数据，通过不断重复和改进持续算法直到完成任务。这是一个场景，它是一个流动，也是一个自我纠正和改进场景算法。

## 8.2　产品经理场景化策略实战案例剖析

市场营销不仅必须跟上时代，而且还必须具有创造性，创新可以说是金钱，而且创造了新的发展机会。目前，随着国内消费市场的升级和转型，越来越多的公司正在针对年轻消费者的其产品的 IP，味道围绕泛"90 后""泛 00 后"音调和定位，最缺乏对传统品牌的思考的是品位。

## 8.2.1　产品 IP 化最能用场景留住用户

1. 新优势的魅力所在

品牌没有单独的实体,不需要占有空间,它旨在使消费者能够记住产品或企业的形式,使产品便于记忆。品牌资产积累任重而道远,要参与多个层面、多个角度的竞争。树立一个良好的品牌是一个不断创新的过程,从而获得创新的能力,在激烈的竞争中才能百战百胜。而这主要取决于品牌的文化内涵。

品牌的文化通过产品的物理效果和品牌精神之间建立高水平的兼容性,能够突破时空界限,给消费者带来高满意度和舒适度。潜在的文化和情感特征可以在消费者心中形成,并成为未来的消费决策的基础。

很多消费者都认为,品牌不仅要符合其心理情感的价值,而且要有更多的情感价值,这将导致品牌的公众认可。这也是知识产权和产品品牌文化的区别所在。尽管产品文化与品牌文化不同,但它们之间的关系在很大程度上是重叠的,与产品的电子性质重叠,这基本上是一种商业动机支配行为:通过文化内容进行品牌推广,从而实现更多的商业利润。因此,知识产权是建立贸易壁垒和巨大商业价值的有效工具。当互联网协议突出产品领域,然后向其他产品领域派生时,它将从基于 IP 的系统演变为基于产品的系统,同时最大限度地提高品牌影响力。

传统模式中的品牌核心内容是品牌公平的主要部分,确保品牌保持持久的竞争力。宝洁给了飘柔一个"柔顺"的标签,所以消费者会认为想要头发柔顺就会购买飘柔,这是品牌的深层位置。但是,不仅仅只是注重品牌,消费者在乎产品的特性功能,如果同一产品随着不同模式产生不同的特性功能,这会非常不利于消费者做出采购决定。

关于产品的 IP,它还必须包含绝对的基本内容,即将消费者的不同特点和市场位置结合起来,从而使产品具有独特的意义。消费者将通过基于互联网协议的内容获得符合其自身价值和美学趋势的品牌信息,或者购买符合其个人需求的产品,并将产生忠诚。设想和体验品牌,品牌的声誉最终将是一个荣誉。换句话说,在过去,品牌建设是广为人知和声誉卓著的,最终消费者可以对品牌建立忠诚。现在,品牌结构被颠倒了,先有忠诚,再有声誉,最后才是受欢迎的。

诚然，产品 IP 的最终目标是追求文化价值和特性，不是向消费者提供产品的功能特征，而是情感力量。因此，只要产品本身能反映出特定的情感和文化因素，它就能更好地整合不同的资源要素，提高产品的管理效率，提高产品的竞争力，并使产品充满活力，具体主要有以下 3 个元素，如图 8-4 所示。

| 产品塑造 IP 的必备要素 | 凝聚元素：作为一种外在产品，其功能特点、利益认知、价值诉求、以互联网协议为代表的审美特征影响着消费者的整体磁场，使产品具有吸引力，从而大大提高了消费者对品牌的忠诚度 |
| --- | --- |
| | 导向元素：消费者可以被领导的价值观，促进产品的价值观，审美和消费，并引导消费者与他们的需求相一致的路径，从而促进他们对品牌的尊重 |
| | 推动元素：有助于品牌的长期发展，增强其在市场竞争中的持续竞争力，并有助于克服在更广泛的背景下发生的品牌危机，推动品牌的健康成长 |

图 8-4　产品塑造 IP 的必备要素

2. 新营销的方式方法

产品营销应适合年轻人的沟通和语言。"创新"被用来将"年轻一代的需求"转化为产品，然后巧妙地包装和复制产品，最终给他们带来积极的情感体验。这基本效果是它会"讲述故事"。

例如，"蓝朋友"这个有创意的词被用于蒙牛真果粒蓝莓口味的传播上，更具体地说，"蓝朋友"是蒙牛真果粒的产品 IP。一方面，"蓝朋友"是一个新概念，不是合作，而是直接的；另一方面，"蓝朋友"有原始的情感元素，有吸引力，清晰。与此同时，蒙牛还调整了"蓝莓蓝朋友"的五个字，以使效果更加准确，从而为消费者的思维铺平了道路。因此，冰淇淋、手机和其他产品也打起了"蓝朋友"的边缘球。幸运的是，蒙牛在"蓝朋友"中占据主导地位。

比如，Apple 手机研究员也这样做，他们没有直接展示在"1984 年"和"不同的产品"的广告中，但他们却利用故事人物来触动情绪和价值观，这是乔布斯产品的的智慧。

例如，依云"返老还童"系列让人们感到他们喝的依云并非真正来自阿尔卑斯山，但他们购买了依云200年的传说，水是背后的传奇故事。

著名的管理者托马斯·彼得斯曾经说过：距离已经消失，要么创新，要么死亡。新时代的营销在于其持续的创新，赋予品牌及产品新的精神与故事。产品IP是一种为消费者创造的感官文化，或者给消费者带来象征性的生活方式和梦想。

3. 新原则的细节要点

故事是具有知识产权产品的主要营销方式。换言之，就是情景再现。情景再现的技巧之一就是具体的表达和详细的描述，使消费者能够以一致的画面进入情节。如果观众被限制在自由思考阶段，消费者的反应是不一致的。在消费心理学中，它是指心理互动失败。只要心理互动失败，营销就难以获得最好的效果。关键是IP具有个性化的属性，自然有人喜欢有人讨厌。消费者群体往往是在名称、标志和承认中确定的：视觉产品的关系、认知层承认的象征和与消费者沟通的语言。

这就需要注意避免使用抽象语言，当一个产品的故事谈到一件事或心理影响时，他试图用事实来对抗对方，使公众的印象生动活泼、令人难忘，比如你害怕，比如你发现衣服湿了，则会更加真实。想象一下，如果你提到你的学术表现，你总是说你很好，这是一个非常普遍的概念，必须说你的考试不是第一次，而是第二次。这种效果对公众来说非常不同。同样，产品的IP是一样的，他们有一种世界观的感觉。它是看到所有相关信息和通信的能力。在讲述真实故事的过程中，我们经常需要从大量信息中找到实质性的联系，以确定整个故事的逻辑。因此，在输入故事行之前，有必要"倾斜"你面前的所有相关信息，并尝试找到内部联系。正如伟大的侦探福尔摩斯分析局势一样，总是把所有照片和文字放在墙上，以便更方便预测。

4. 新价值的路径体现

在内容生产传播日趋碎片化、社交化的今天，一个企业媒体化意味着体现企业品牌价值的自制内容将大量涌现，而有生命力的产品IP化的一切内容都将成为广泛意义上的"内容+广告"的价值信息，实现渠道主要体现在三个方面。

1) 自媒体

WeChat 和微博的客户、社区和新闻的时间更普遍,消费者可以通过跟踪、表扬、评论和重新定位来考虑互动内容。当普通民众信息接收习惯的变化导致探索和应用互动方法,例如品牌之间的公共关系、内容和主题时,传播平台的重点将不可避免地从印刷媒体和网络到移动媒体和自我媒体等转移,实现这一目标的前提是,企业会拥有一个由多种计算和多种格式组成的自我媒体总库平台。这样,产品的关系可以根据不同类型的消费者需求产生不同的内容,然后选择独立的媒介传播渠道来准确提供,以加强内容和平台的一致性,并有利于加强传播效果。

2) 使用大数据

根据社交媒体、信函、评论和建议、参与、获取数据、传输数据、渠道数据以及用户信息,通过高频率的消费者互动,并即时评论消费者问题和解决消费者问题。

3) 总粉丝基础

它是一款很好的产品,它一直与用户互动,创造内容并增强黏度。产品营销强调可以通过与粉丝互动建立的基本系统,如果单向承认,就不可能吸引粉丝,因为这样做的好处不仅是收集内容以创建温度内容和体验,而且还在于互动。粉丝将有更强烈的参与感和态度感,这将大大有助于粉丝的忠诚和决心。

毋庸置疑,优秀的营销战略是公司走向市场的第一步。新品牌必须提高对市场的认识,为了保持品牌的持续影响,旧品牌必须根据公司的战略位置和目标用户推销品牌,并建立品牌的形象、影响、个性和独特品牌。精炼和配置价值,创建和传播企业品牌。产品的 IP 从品牌的独特价值、品牌的基本竞争力、品牌文化和品牌形象、官方规划以及品牌状况的迅速整合和实施中提取价值、意义、情感、道德、感觉和娱乐等要素。品牌效应,让品牌变得更可靠,更有活力,更情绪化,激起消费者的响应和认可,从而建立品牌声誉、知名度、好感度和品牌信心。

至关重要的是,随着人工智能等先进技术的发展,对经济、文化和社会活动的影响也加快了 IP 的发展过程,并为持续的深入研究和实际应用奠定了基础。一些产品的 IP 完成了"超级用户"的过程,对当前的市场、资本实践和思维方式有着深远的影响。

## 8.2.2 【案例】为什么罗辑思维的书很贵销量还很好

经常买书的用户应该知道，在线图书产品之间的竞争相当激烈，京东、当当等在线图书平台的新书发售时刻，基本上都会打折。但是，即便价格降到了一定程度，书本的销量也依然不尽如人意。

在罗振宇早期创办的罗辑思维微信公众号当中，归根到底其实也是在销售书本，但是与京东、当当不一样的是，这些书并没有打折，往往都是原价出售，在经过罗振宇的介绍后，每一次上架都能卖出好几十万本。

同样都是卖书，为什么二者会产生如此大的差别？归根到底，原因在于用户的购买场景不同。

1. 塑造价值场景

曾有人对京东、当当这一类在线图书平台的用户进行过归纳，可以用"明事理"这一个词来进行总结。这一类"明事理"的用户的目的性比较强，往往在下单之前便已经明确了自己需要的商品，因此上线购买时最关心的内容在于产品的价格以及物流的速度。这种情况之下，价格的比较自然成为电商之间进行竞争的主要因素。因此，我们还可以将这一类用户称为价格敏感类用户。

我们可以发现，京东、当当这一类在线图书平台的商品详情页大多是规格、尺码之类的内容。与之相较，罗辑思维的大部分用户更讲究情绪：这一类用户在早期的目的都是去听罗振宇讲历史、讲故事的。后来，罗振宇在讲述故事的同时，还结合了书本的主要内容，以妙趣横生的评书方式激发更多用户的兴趣。在最后，罗振宇还会强调：希望大家也能够拥有这本书，进而来感受到学习的乐趣。

由此可见，罗辑思维所提供的是不断获取新知识的学习场景。通过罗振宇来进行阐述的故事更容易打动用户，进而引起用户内心焦虑的学习情绪。

众所周知，当今社会发展迅速，大家都需要通过不断的学习来进行自我提升，才能在相关领域当中站稳脚跟。因此，大多数人都会为自己制定许多学习目标，然而，真正践行的人却寥寥无几。学习目标被搁置的原因有很多，比如时间，比如耐心。

人们一辈子都需要学习，在大家看来，"终身学习"非常重要，但并不着急。大家会由于耐心不足、时间安排不当或者不能坚持等原因而放弃。但是，在罗辑思维所提供的学习场景当中，罗振宇进行了号召并且带领大家来进行这一件事。不仅如此，罗振宇还为用户内心焦虑的学习情绪提供了解决方案：购买他所推荐的书。

对于用户来说，在罗辑思维购买了一本书，尽管自己还没有看，但觉得自己总有一天会看；尽管自己书本还没到，但是在下单的时候，便意味着自己已经走在了提升自我的路上。

对于罗辑思维的用户，我们可以相应地将其称呼为价值敏感类用户。而罗辑思维给这一类用户带来的，正是提升自我价值的场景。

如今购物的方式越来越便捷，而市场上也不断在衍生出新的商品，商品种类越来越多。正因如此，如今大家对于必需品的需求都是过剩的。换而言之，就是许多商品其实都是可买可不买，由于需要而必须购买的商品已经越来越少了。

也就是说，产品经理需要为用户塑造一个价值敏感的场景。目前的市场是高度价格敏感的市场，这正是由于价值敏感的场景的缺失，导致用户纷纷转向价格敏感的市场。

2. 价值场景的基础是优质内容

2017 年 2 月 21 日晚，罗辑思维第一次以直播的方式告知外界，目前得到 App 总用量达 52.9 万，日活量 42 万，订阅总数有 130 万，总人数已达 79 万。第一波流量红利已经结束了，新的流量红利掌握在优质内容的手里，罗辑思维的营销收入数据：收入最高或达到了 2.25 亿，这个数据显然体现了"优质内容销售"的优势。

罗辑思维团队创立的 App 是在 2015 年 12 月推出的，是以内容付费为主的试点产品。其主要人物不仅包括罗振宇，还有李笑来、李翔、刘雪枫、万维钢等人。另外，在得到 App 当中，还推出了《李翔商业内参》《5 分钟商学院》等以一年为期收费的商品，并且开通了多个专栏，大多数专栏订阅费都是 199 元/年。

高昂的流量费用成为许多电商的压力，可是罗辑思维的微信公众号粉丝达到 10000 万人，可见其受欢迎的程度有多高。罗辑思维创始人罗振宇认为罗辑思维卖书就像你身边的读书爱好者将一些书推荐给你，与你进行读书交流互动。每日一分钟的音频，不仅提供了优质的知识内容，更拉近了与用户的距离，获得了更好的互动效果。其业务模式如图 8-5 所示。

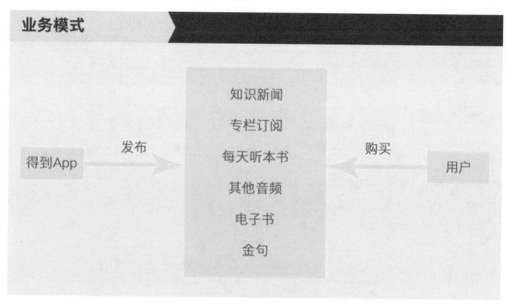

图 8-5 逻辑思维业务模式

另外，由于 App 的出现，为用户提供了省时、高效方便的知识服务，同时，罗辑思维对内容付费的模式有了进一步的了解。

罗辑思维一路走来，找到了适合自己发展的方式，推出了得到 App，并获得了很多用户的青睐。罗辑思维坚持提供优质内容，让用户明白、了解罗辑思维的商品。在这方面，罗辑思维的创造者罗振宇就是一个卖书能手，他运用他的卖书能力为你提供优质阅读内容。比如说，在运用内容付费模式上，罗振宇将卖书的能力用在了李翔的专栏订阅上，为用户推荐李翔的专栏。

罗辑思维的书深受许多人喜爱，虽然那里的书相对于京东、淘宝更贵，但是罗辑思维的书内容相对更优质。在罗辑思维公众号，有罗振宇为我们挑选他已经读过的优质内容，为大家提供一种更好的选择。由此可见，罗辑思维以优质的内容取胜，有着很大的发展空间。

# 第 9 章

# 数据驱动：产品经理都应该掌握的数据观念

对于产品经理而言，在工作中，不能将主观意识作为运营的基础。数据才是真实有效的决策依据。针对于此，本章将重点讲述产品经理如何利用数据分析持续优化产品运营。

## 9.1 产品经理如何利用数据驱动产品优化改进

拉新、促活、留存用户指标是产品运营的三要素，依托用户需求，策划各种运营活动去提高上述的 3 点用户数据，实现产品的营收，是产品运营的最终目的。

### 9.1.1 产品经理分析数据、优化产品实用技巧

做出一款优秀的产品，是每一个产品经理的梦想。然而，这需要经过不断地对新发布的产品数据进行分析以便调整和优化。那么，产品经理该如何利用数据分析方法做到产品的优化呢？以下就是具体的操作思路。

第一，需要制定一个准确的设计目标及对产品市场的设想。一件事情的成功离不开对做这件事情所实现目标的制定、哪个阶段要做什么及怎么才能成功，产品也如此。

第二，需要对产品进行剖析和对客户逻辑思维的推测。产品目标的实现，需要对产品进行深刻的剖析以了解产品目前所出现的问题并适时地进行调整。每款产品逻辑结构的剖析是进行下一步分析和优化的重要部分。就好比当你要在淘宝上买条裙子时你就需要进淘宝店铺，然后打开裙子这件商品的详情页、点击加入购物车或者点击立即购买选项、订单确认后进行商品的付款，直到付款成功。整个操作就体现出了对客户逻辑思维的推测。

第三，对数据的计划和收集阶段。在这个阶段，产品经理需要对数据做出分析然后确定需求量。经过一段时间的数据采集形成样本，其中需要注意的是不要操之过急，力求数据的合理性和正确性，不要做事后诸葛亮。

第四，运用多种方法对数据进行分析，对比用户使用情况。当产品被生产出来时，产品的优秀与否多半取决于用户的使用体验。在之前提到的买裙子事件中，我们就可以发现，经常会有提交支付订单却没有付款的现象。对此我们就可以进行相应的问题分析了。

第五，对出现问题的数据提出猜想并进行验证。对于上面所提到的为什么提交了订单却没有付款现象进行初步的猜想，可能是不小心进行了提交订单的操

作，又或许是当时的冲动已经消失，冷静下来想想已经没有买的必要了，又或者是商品的吸引力已经减弱。

对于这些猜想我们就可以用数据分析进行验证。比如更改商品的样式来对新旧样式进行对比，形成一个实时对比的数据图。我们就可以根据客户的行为进行适时地调整来满足客户的需要。

猜想得到验证后，产品经理就可以据此对产品进行优化，提升产品的使用价值以实现目标。然后又可以按照数据分析及产品优化思路一步步推进，再优化再调整，周而复始。利用数据分析来带动产品的优化及业务的增长，以成为最优的产品。

## 9.1.2 产品迭代背后的数据驱动设计

如何实现数据驱动产品迭代的用户增长？这就要求我们在过程中注重对基层工作人员的优化工作的支持，即让工作人员可以通过合理利用数据来推动自己的业务网络优化升级，以推动整个项目组的数据驱动产品迭代。因此，这就要求每一位参与到其中的工作人员都具有"数据意识"，并站在客观的立场上提出有助于"用户增长"的策略，且要以公正、批判的眼光对其进行效果评估，严谨地解读并分析策略效果中能够为整个团队带来的潜在机遇，这样才能实现数据驱动产品迭代的效益最大化。

随着时代的不断发展，衍生出了一种贯穿在数据驱动产品迭代中的方法，名为OSM(Objective, Strategy, Measurement)。它可以实现高层目标的层层下放，让每一项业务中的工作者对自己的业务目标有一定正确的了解，从而制定出有针对性的业务策略，以促成工作者在策略层面上的精准评估。

对于OSM，我们还需要对该名词进行一些更深入的了解。首先我们将组成OSM的三个单词分开来进行解读。

1. 目标(Objective)

在产品开发前，明确产品迭代和业务转型的主要目的至关重要，这也是实现数据驱动产品迭代的基础性任务。要注意：所制定的目标务必是对上层目标的传承，一定不能是不可估量的。

合理利用MECE(Mutually Exclusive Collectively Exhaustive，即相互独立，

完全穷尽），可以将上层目标有效地拆分到每一个独立的小目标上，且不能有遗漏，在此基础上，还有利于更好地把握小目标，为小目标的实现提出更加有效的针对性策略。

2. 策略(Strategy)

在拆分小目标后，我们仍需要采取一些有效的策略(Strategy)。

3. 可衡量的指标(Measurement)

倘若策略能够得到有效的实施，我们就可以在可衡量的指标(Measurement)中，选择适合自己的指标，并根据这些指标提出一系列的问题来加强整个产品迭代的完整性。如：这个指标用来衡量"什么"？还可以用什么指标？如何判断指标表现的好与坏？如何改善指标的表现？在提出这些问题之后，我们要及时对所提出的问题进行研究与思考，这样才能合理地发挥其作用。

其实，现在很多产品都会面临数据驱动产品迭代的用户增长问题。以滴滴打车为例，滴滴在用户增长瓶颈期(市场饱和)计划能够实现用户增长——增长 30%的活跃用户。基于这个整体目标，滴滴就将这个大目标结合 AARRR(Acquestion、Activation、Retention、Revenue、Referral)模型拆分到了各个环节，形成多个小点，如图9-1所示。

那么针对于此，滴滴应该拓展什么样的用户群体，又应该以何种方式来进行拓展，才能真正意义上实现用户增长呢？具体来说如图9-2所示。

为此，达成这个目标所采取的策略可以有以下3点。

策略一：不愿意打车的用户群体，他们的顾虑基本源自打车的高成本，所以，适当降低用户打车的成本，能够在一定程度上吸引该类人群打车。

策略二："低成本运送乘客"的司机群体，他们是为了分担自己的成本的非专职司机，我们也可以尝试吸引该类群体。

策略三：综合以上两点得出结论：将"私家车"以"顺风车"的形式下放到打车市场。假设策略有效，我们就将会迎来打车用户、司机和订单量三方面数量的增长。"顺风车"策略(S)一经运营，效果指标(M)均表现出积极的发展趋势，与此同时，也就有效地实现了一定程度的用户增长(O)。

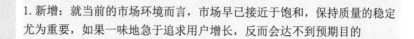

| 滴滴结合 AARRR 模型拆分目标 | 1. 新增：就当前的市场环境而言，市场早已接近于饱和，保持质量的稳定尤为重要，如果一味地急于追求用户增长，反而会达不到预期目的 |
|---|---|
| | 2. 活跃：当前情景下，增加用户的使用频率，提高用户使用天数，但经过数据分析用户使用频率相对稳定，通过促活来拓展用户数也存在瓶颈 |
| | 3. 留存：在新增用户的基数和用户对 App 的使用频率都处于相对稳定的情况下，新增留存基本上不会出现明显的上涨 |
| | 4. 收入：通过 App 产生收入的用户占比相对稳定，但其对用户增长的贡献可以说是微乎其微的 |
| | 5. 传播：当今市场环境下，打车市场几近饱和，通过增加新老用户的软件使用频率来增加用户数的方法对业务增长的作用收效甚微 |

图 9-1　滴滴结合 AARRR 模型拆分目标

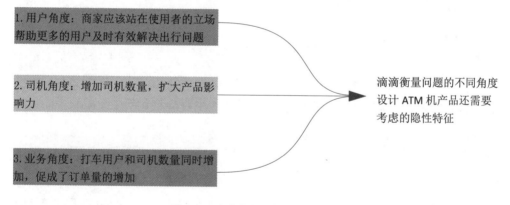

图 9-2　滴滴衡量问题的不同角度

这便是一次数据驱动产品迭代完整的 OSM 过程，我们可以将其贯彻在每一个细微的优化点之中。制定指标时，除了一般需要后续验证的结果型指标以外，均无法直接干预(如：转化率，留存等)，所以我们也要选择部分"过程指标"(如用户行为数)来帮助我们剖析并调整指标的表现情况。

对于上文提到的 AARRR 模型来说，使用它的目的就是基于 AARRR 模型的基础上对各阶段的产品进行迭代优化，从而更好地构建用户增长产品迭代阶梯。比如在一些产品策略调整、公司战略调整、渠道优化 ASO、商业广告或会员转化以及发起病毒式传播的运营活动中,我们都可以尝试着参考以下目标,如图9-3所示。

| AARRR 模型介绍 | 1.获客(cquestion):产品的获取经营渠道及其规模,如访问量、访问用户量;新增渠道的能力;如新增访问量、访问新用户量;渠道的整体质量;如访问时长、关键行为转化、留存率;新老用户的转化过程 |
| --- | --- |
| | 2.激活(Activation):活跃规模大小,如日活、周活、月活;产品的转化率;如核心行为转化率、流失率;用户以及功能的留存 |
| | 3.留存(Retention):用户留存,如日、周、月;用户生命周期;如生命周期长度;用户健康度;如流失用户、低频访问用户、中频访问用户、高频访问用户占比 |
| | 4.收入(Revenue):订单转化率、单量、人均消费价格、使用者收入、用户生命周期价值 |
| | 5.传播(Revenue):传播指数、传播影响的新增用户数和活跃用户数 |

图9-3 AARRR 模型介绍

综上,OSM 可以有效地通过数据评估效果,在团队内实现数据赋能的意识,所以在每一次以产品增长为目的的产品迭代中都会使用到它。

## 9.2 产品经理如何通过数据分析让产品运营更出色

该如何成为一个优秀的运营人员?首先,拥有数据驱动的思维是必不可少的;其次,数据分析工具是运营工作中的一大必备硬件,是运营人员的一个工作保障。总之,为了不断提升自己的业务水平,必须不断钻研、不断尝试,只有以实实在在的数据作为分析材料,才能从根本上发现、解决运营策略中所存在的问题,从而达成高质量的精细化运营。

### 9.2.1 一个优秀的运营者应该具备的4种数据分析能力

之前,整个社会都处于"有流量就有了热度,有热度就有了金钱"的这种观念中，导致了运营人员将自己的工作目标设定在挖掘流量这一方面。但是，随着社会消费水平的不断提高，流量成本直线上涨，不断攀升，这种情况就要求我们以低成本高质量的运营方式进行。可是，随着市场环境的变化，利用各种方式、各种渠道的运营不断出现、更新，使运营在分类方面形成了更加细致的类别。那么在流量运营、用户运营、产品运营和内容运营这四个方面，到底应该如何用数据分析去解决其中的增长问题呢？下面，本文将以这些问题为中心，和大家谈一谈在数据运营方面的看法。

第一，在流量运营方面要进行多维度分析，优化渠道。在流量运营的方面，用户的来源是应该解决的主要问题。就拿过去的粗放式流量运营来说，单单以 PV、UV 等这些没有代表性的指标作为参考，这完全无法体现全部的数据内容。

(1) 流量概览指标体系。

只有以多维度指标作为判断的基础，这样才能掌握基本的流量情况，从中挖掘量级指标、基本质量指标以及来访用户类型的占比指标。

从根本上看，量级指标主要是涉及不同平台。

访问量、PV 和 UV 这几个数据，主要是体现在 Web 端；启动次数、DAU 和 NDAU 这几个数据，主要是体现在 App。

相反，基本质量指标则表现在用户的使用情况方面，以平均访问时长、平均一次会话浏览页数以及跳出率等这些因素组成。

以上这些指标就是用户活跃度的判断标准，但是也会根据实际情况而定。在如今的市场中，有关产品的生命周期模型已经在网络中得到了广泛的应用，再加上生命周期这个因素会根据产品本身而产生改变，所以在访客方面也会存在着一定的差异。

以上面的"概览"页面作为分析的基础，从中就能够清晰地体现出流量指标以及变化的趋势，有利于针对过去的工作进行总结、评估，还能够将未来的流量走向做一个大概的预测，从而提高运营人员的工作效率。

(2) 多维度的流量分析。

在数据分析这一层面，这些访问来源、流量入口、广告等就是网站流量的主要因素。

第一个因素是访问来源，它由直接访问、外链、搜索引擎以及社交媒体等一一组成。在进行流量分析时，每一个组成部分都需要进行细致的拆分、解析，最后形成一个完整的流量分析。

拿一个内容运营的某个博客来说，其发布的文章有很多是关于数据分析和增长黑客这两个内容的。据了解，相比于其他渠道来说，以访问来源作为方向进行分析的话，这些从微博转移到这个应用的在用户数量以及质量等方面都没有很高的数据支撑。那么，在面对这样的情况下，再加上整个运营的资源有限，只有进行重新规划，才能形成新的媒体推广策略，以便找到高质量的运营渠道。

第二个因素是流量入口，简单来理解就是用户到达了网站入口，所以它的另一个称呼也可以被理解成"落地页"。对于流量分析来说，这个流量入口的研究、分析也是不可缺少的。原因是什么呢？其实就是用户如果无法到达这个指定的页面，无论是由于导入无效或者导入错误，都会产生网站高跳出率的信息，形成了流量的负面冲击。

最后一个因素是广告，在目前的流量运营方面，广告的投放也逐步形成了一个重要的部分。对于一般情况来说，都会以高质量的广告投放作为多维度分析的目标，那么广告的来源、内容、形式、效果引导以及销售分成等多方面的因素就组成了整个广告分析的内容。

以上三个方面的因素主要是去分析 Web 端，如果要对 App 进行分析的话，需要注意的内容则是分发渠道和 App 版本等这些方面。

(3) 转化漏斗分析。

根据分析来看，流量在进入增长模型之后，还需要激活和转化这两个重要的步骤。相信大家对激活这个程序并不陌生，但是对于不同的产品来说，激活的定义也是不一样的。当然，不管怎么样，在经过一定的流程和步骤之后就能够成功激活。

(4) 渠道优化配置。

看完了上述的流量分析以及转化分析等方面的内容，接下来就到制定策略的时间了。一般来说，制定一个相应的策略，应该包括搜索词、落地页、广告投放优化等具体方式，如图 9-4 所示。

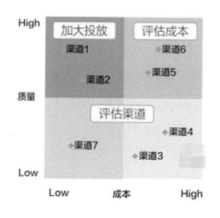

图 9-4 渠道分析图

通过图 9-4 中的数据展示，我们可以看出，类似于渠道 1、渠道 2 这些投入的低成本却收获了高质量的渠道，正确的发展方式应该是加大投放；而类似于渠道 5、渠道 6 这些成本高、质量高的渠道，为了保证其有效发展，应该进行成本的评估。反之，如渠道 7、渠道 3、渠道 4 这些低质量的渠道更是应该做好评估，从而找到优化的方法。为了整体的发展，必须从总体入手，根据成本、流量转化等一系列的情况进行渠道配置的管理和调优。

第二，用户运营：精细化运营，提高留存。说完了关于用户的流量运营问题，现在应该分析用户运营的问题了。其实说到用户运营，也无非就是和用户之间建立关系及维护工作。

(1) 精细化运营。

相信从事这个行业的人都会知道，用户在产品上的交互行为往往就能够带来许多消息，正因为如此，我们才能依据这些情况对这些用户进行分类，之后以他们不同的特征作为考量的标准，进行一种精细化的运营，从而达到用户留存的目的。

我们在这里就以论坛应用作为说明的例子，根据了解，很多用户在使用这个应用的时候，无非就是访问、浏览帖子、回复、评论、发帖；转发、分享等。那么，我们就可以根据用户的这些行为特性，为不同的行为分类，建立一系列行为指数。就拿用户的转发、分享这些行为来说，以此为基础就可以建立"传播行为指数"，那么用户在进行操作的时候，这些指数也会随之变化，继而就可以根据行为指数的高低对使用的用户进行分类。这样的操作就会给每一个用户都赋予了精确化的行为监督,这样,使用论坛的所有用户就可以分为 4 个类别,即 A 浏览类、B 评论类、C 传播类和 D 内容生产类。同时,这个精确化的分类设计还有一个好处就是,每个用户之间被赋予的身份可以是单一的也可以是多样的,可以只有一个标签指数,也可以有多个标签指数。

所以,标签分类的方式可以运用在许多用户运营中。对于论坛而言,就应该在 D 类进行处理,有助于活跃度和增长率这两个方面的数据进行提高;同时,在进行推广运营方面,应该以 C 类用户为主要目标对象,从而提高传播力和影响力。

(2) 提高用户的留存率。

对于大多数互联网产品来说,对用户的留存问题都保持十分重视的态度。之所以是这样的态度就是因为用户对于日后发展的重要作用,用户的使用以及建议对于进一步的传播具有很大的影响。

对于留存分析来说,最常用的方法就是组群分析法。这个方法就是指以一个时间段作为实施的范围,以拥有相同特征的人群作为分析对象进行分析。

一般来说,留存分析表格中的横向栏对每周新增用户之后的留存情况进行了相应的比较,而竖向栏则以不同周新用户之后的留存情况作为对象,进行一一比较。

这些留存时间及周期等因素的变化,其实都离不开产品体验的完整周期,总体来说,不同的业务其实跟产品使用的时间有着很大的关系,一般都是依据不同的时间群组进行划分的。就拿高品类产品来说,它的日留存所反映的内容更偏向于用户与产品之间的关系,而工具类的产品则更加凸显了时间段的更新情况,它的周留存相比于日留存的情况来说,在业务意义方面有更系统的数据体现。

基于上面时间维度的分析,我们可以看到,这些不同时期的用户留存数存在着十分明显的变化趋势。同时,这些用户的行为维度也是我们可以进行挖掘其特点的一个数据标准,从而以不同群组用户之间所存在的差异作为一个参考、对比的数据,最终突破数据找到运营的增长点。这些工作,在用户运营中也占据着同样重要的地位。

第三,产品运营:用数据来分析和监控功能。在很多情况下,产品运营也是一个讨论的热点。产品是运营工作的核心,要完成这些工作往往离不开产品本身,接下来本文就以产品的功能作为分析的对象,对其分析、监控这两个方面的工作进行一系列的讨论。

(1) 监测异常指标，发现用户对你产品的"怒点"。

细节决定着一款产品的优劣，而恰恰就是这些产品细节又决定了用户的体验。这些细节就体现在产品的功能点中，用户在使用它们的时候，是否会为用户的使用提供效率以及更高的流畅度，这些都是产品进行优化、升级的关键。

在这里，本文以现在常见的用户注册流程作为分析的对象进行分析。在注册时，手机验证这一步骤流程是最基本的存在。那么验证码这个功能设计就是一个展现用户体验的关键点，当验证码发送这一功能产生问题时，就会导致用户无法及时收到手机验证码，产生不良的体验感，激发用户对产品的"怒点"。这时候，对于关键指标的监测就是我们发现问题、解决问题的重要途径。

(2) 通过留存曲线检验新功能的效果。

不论是什么产品，推出时间达到一定的周期后，就势必会更新、添加新功能，以满足用户的不同需求。在新功能上线初期，要对其使用效果进行评估，检验其耐用程度，以及是否满足用户的价值取向，可参考图9-5。

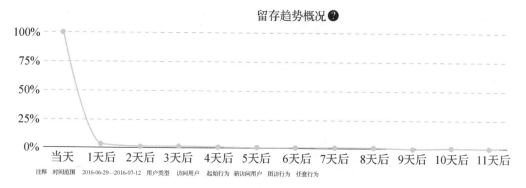

图9-5 效果检验图

以图9-5中的留存曲线来分析，我们可以看到，在新功能的使用幅度上，在产品被使用的第一天过后，整个使用幅度迅速跌滑，达到持续使用率极低的比例。所以，这个极速的使用变化就告诉我们，这个产品的功能完全不符合用户的需求，只能重新进行用户的需求分析，对这个功能进行优化，直到研发出符合用户需求的新功能。

第四，内容运营：精准分析每一篇文章的效果。在很多人的看法之中，对文章进行编辑以及整理、发布帖子，这就是所谓的内容运营。其实，内容运营的工作不仅仅这么简单。那么在认识内容运营之前,对这个"内容"的定位首先要有清晰的认识,究竟是产品还是产品的一个辅助功能呢?这都需要一一明确,才能设计出清晰的目标,更好地完成工作任务。之后,我们要对用户感兴趣的内容、内容阅读和传播等这些方面进行详细的调查,完成用户的需求分析,这项工作的目的在于增强内容运营的效果,把握用户的需求情况。

(1) 基于内容的推荐。

在内容推荐这一方面,本文以技术博客为例展开说明,如图 9-6 所示。这是一个属于 PGC 模式的博客平台,根据不同的内容有不同的分类。这个博客在设计上有一个突出的亮点,那就是首页中不同入口的板块设计,左侧是分类导航、中部是以文章推荐为主,而右侧是热点推荐的内容,这样的设计方式使用户在获取信息这一方面,得到了运用效率的提升还降低了成本。

图 9-6　技术博客网站图

基于图 9-6 中的数据分析,我们得知,左侧的导航栏和中间的推荐阅读是大部分用户使用频率较高的板块设计,而相对于此,右侧的热点推荐这一板块就很少能够吸引用户的访问以及使用。针对这一分析,就可以根据用户的需求进行有效的优化,在移动端的博客平台上,右侧的热点推荐这一板块就可以相应地取消,只保留分类导航和中间的推荐阅读这两大板块,这样的优化既能够满足用户的体验需求,还美化了整个博客平台的排版设计,一举两得。

为了更全面地了解用户的需求,针对分类导航栏的内容这个设计对象,我们也进行了详细的分析，经过研究得出，"案例分析"这种类型的内容最容易吸引用户的注意，那么这个发现就有助于博客将发布内容进行有目标的筛选，保证用户的阅读兴趣。

(2) 基于用户的推荐。

每一个用户都会有不同的喜欢内容，在运营方面，用户的推荐也是一种可以进行分析、利用的有力参考，这个就和用户的精细化运营离不开关系。只要我们以用户的兴趣倾向作为内容推送的标准，那么在产品的有效体验方面就会拥有更高的水平。如表 9-1 所示为用户兴趣的数据分析表。

表 9-1 用户兴趣的数据分析表

| user | 案例分享 | 活动内容 | 通知公告 | 新 闻 | 增长秘笈 |
| --- | --- | --- | --- | --- | --- |
| 1 | 0.00% | 0.00% | 0.00% | 0.00% | 0.00% |
| 2 | 0.00% | 0.00% | 0.00% | 0.23% | 0.00% |
| 3 | 0.00% | 0.00% | 0.00% | 0.00% | 0.00% |
| 4 | 3.48% | 1.74% | 1.27% | 2.01% | 2.32% |
| 5 | 0.00% | 0.00% | 0.00% | 0.00% | 0.00% |
| 6 | 4.56% | 1.20% | 1.08% | 1.80% | 2.52% |
| 7 | 5.78% | 1.69% | 1.02% | 1.45% | 2.05% |
| 8 | 0.00% | 0.00% | 0.00% | 0.00% | 11.11% |
| 9 | 5.76% | 3.20% | 1.71% | 1.92% | 4.69% |
| 10 | 0.00% | 0.00% | 0.00% | 0.00% | 0.00% |
| 11 | 0.00% | 0.00% | 0.00% | 0.00% | 0.00% |
| 12 | 8.11% | 0.00% | 0.00% | 2.70% | 2.70% |

本文将继续以博客作为分析例子，表 9-1 是有关用户兴趣的数据分析，这是根据访问用户的文章点击情况所统计的一个大概数据。在表格中，我们可以一眼看到，表中最高的数值 11.11%是用户 8 对于"增长秘籍"这个博客内容的兴趣程度；其次，比较集中、偏高的数值都集中在"案例分享"这一种类型，分别是用户 6、7、9、12 的最高兴趣内容。所以，针对上面的数据分析，我们可以相应地采取一系列的兴趣推送对策，将有关增长秘籍这种类型的文章推送给有着极大偏好的用户 8，而"案例分析"这种类型的文章就可以相应地推送给用户 6、7、9、12，最后，针对那些喜好无明显偏向的用户则进行无差别推送。

随着信息时代数据地位的不断提高,"Growth Hacker"也渐渐地出现在行业的尖端。其实,它的运行核心就是以数据作为最基础的运营保障,将技术创新以及数据分析这两大部分结合起来,将精细化运营作为整个运营的目标,进行彻底优化,以此达到增长的目的。

### 9.2.3 【案例】抖音运营引爆用户增长背后的数据分析法

从 2018 年开始,抖音就慢慢地闯进了我们的生活。据详细了解,抖音一直霸榜 iOS App store 总榜第一、第二名。之前,应用市场的研究公司 Sensor Tower 还发布了许多 2018 年抖音下载量的数据:苹果的应用商店中,抖音 Tiktok 的下载量已经达到了 4580 万次,甚至取代了 Facebook、Youtube 等外国社交网站的地位,成为全球下载量最高的 iPhone 应用。而现在在中国,路过大街小巷往往都能看到路人在疯狂刷抖音,甚至抖音里的配乐,都已经占据了各大音乐的榜单。

本文在此以抖音这个应用软件中的官方调研数据作为研究的依据,和大家一起分析抖音成为爆品的原因。

#### 战略层

在现在这个信息时代中,互联网已经不再是高价的宝藏,转身一变而成为大街小巷每日必备的精神寄托。时代在发展中,互联网更是在高速发展,那么互联网的用户已经无法再为简单的文字、甚至图文并茂的表达心动了,他们开始倾向于具有动态性、直观性的视频行业。同时,随着移动互联网时代的潮流更迭,用户不再热衷于追逐长时间、长剧情的电视剧,反而是简单粗暴的碎片化场景更令他们着迷。所以,才有了如今风靡全球的短视频 App——抖音,这种简短、快速、碎片化的娱乐方式,已成为互联网新的发展方向。在这一背景下,短视频行业发展现状非常辉煌。

(1) 短视频已成为娱乐场景的主宰。

短短的一年时间就让整个娱乐模式发生了翻天覆地的变化,从 2017 年年初到 2018 年年初,使用短视频 App 用户的规模不断扩大、翻倍,一年中直接由 2.03 亿飙升到了 4.14 亿,并且上涨的势头在 2018 年还在不断地飞升,如图 9-7

所示。

图 9-7　短视频用户增长速度

另外,从图 9-8 的条形统计图中,我们也可以看到,用户在使用短视频的时间方面也在不断增加,使用总时长以及人均单日使用时长这两个方面的数据更是让我们大吃一惊,增长速度完全超过了预料中的数值。就这样日复一日,人们的时间都在使用短视频 App 中不断流逝。

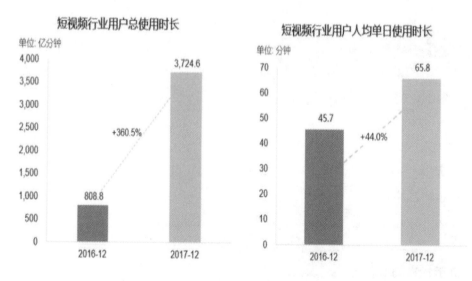

图 9-8　短视频用户使用时长

(2) 行业巨头间的巨大竞争。

随着抖音的"一枝独秀",吸引了许多行业巨头的注意力,他们纷纷把目标转移到了短视频行业中。这时候,许多类似于快手、秒拍等新兴互联网应用的出现,甚至冰桶挑战、papi 酱等"网红"的出现,使短视频风潮更加剧烈。在 2018 年年初,抖音更是进入了高潮期,用户量达到了爆炸性的增长。这一年里,短视频行业的竞争在不断扩大,许多短视频应用之间展开了胜负难分的强烈对决,火药味十足,如图 9-9 所示。

图 9-9　短视频行业布局

"为新生而生、专注年轻人的音乐短视频社区。"这是抖音这个平台的主张,也是产品定位。

那么,在这个定位主张中,有几个核心词是非常关键的。

(1)"年轻人"——在之前所出品的互联网短视频应用,根本就无法打动现在这群年轻人的心,无法成为他们的兴趣点。

(2)"音乐"——音乐是为了表达而生的,正因为有了音乐,才有了一首首谱写着无数灵魂的歌曲，这种含蓄的表达方式搭配上现代乐器的韵律，摇身一变成为现代年轻人抒发感情、表现自我的一种寄托。

(3) "短视频"——这种动态美比起书籍中大篇幅的文字、比起电视中又长又慢的节奏更加直观、流畅、快节奏，在这种半分钟小视频里就能获得最大的心情快感，与现代人那种快节奏的生活方式非常协调。

(4) "社区"——如今是全球通信时代，虽然将所有的通信方式融于一体，但是人与人之间的心却没有面对面摊开的方式，而这个社区的方式给了用户和别人交流、分享、表达自己的机会。

总而言之，抖音是一个将音乐作为年轻人用来表达自己情感的载体，用短视频的形式鼓励年轻人积极分享、积极交流，从而引起情感共鸣。

本文以 2018 年 5 月 11 日的头条分享会中今日头条所发布的用户数据作为分析的数据资料，确定了一二线城市中的年轻人主体是抖音的目标用户。经过详细的数据分析之后，得出了以下结论，抖音的用户大多具有这 4 个特点。

(1) 年龄偏小，高达 90%的用户的年龄小于 35 岁。

(2) 男女比例均衡，男女人数比例为 4∶6，与 iOS 系统相同。

(3) 大多高学历，60%以上的用户都是本科学历甚至更高。

(4) 一二线城市是主要目标，进一步扩散到三四线城市。

在 UGC 社区中，内容消费者和内容生产者是两种用户分类，本文则以这两类用户作为此次需求分析的对象，围绕其进行讨论、分析。下面以一份小视频用户调研数据作为分析的对象，这份数据来自今日头条及其旗下的头条指数。

(1) 内容消费者。

在这个短视频的 UGC 社区中，搞笑类型的短视频是内容消费者的第一选择，酷炫、接地气、网红等这些类型的短视频则是他们的第二选择。下面这个数据图主要是以短视频社区的内容消费者作为对象所进行的用户调研数据，如图 9-10 所示。

(2) 内容生产者。

在短视频社区中，往往是有创意、富含新意的视频更受欢迎，但是有创意的短视频可不是随随便便就有灵感。短视频社区的内容创作者们也渐渐地陷入了缺少有趣段子的状态，致使整个社区到处都是千篇一律的视频，毫无新意，这已成为最大的痛点。此外，很多人被中国的传统文化那种内敛的态度影响颇深，很少有人能够挣脱这种拘束，根本不肯通过短视频的形式去表达自己。下面这个数据图是针对内容创作者们的缺陷所进行的用户调研数据，如图9-11所示。

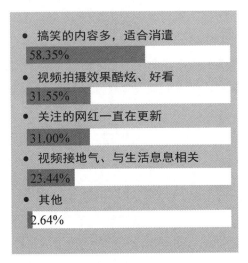

图9-10　用户调研数据图

到底要怎么样才会给内容生产者带来创作的灵感呢？

(1) 记录生活。

生活中美好的瞬间很多，同时还很有意义，那些充满香气的美食、令人捧腹大笑的搞笑事情、充满了纪念意义的旅游等许许多多的生活场景，都值得成为一个令人心动的短视频，让人留下美好的回忆。下面的数据图是以最受欢迎的场景作为数据统计对象，对抖音用户进行一系列调研的数据，如图9-12所示。

(2) 看到有意思的短视频。

一个有意思的短视频能够引起用户的情感共鸣，从而激发创作灵感，以此作为出发的桥梁去创作视频。而根据了解，往往能够吸引用户的注意力，让他们产生兴趣的无非就是酷炫式的视频、藏着启示的视频、引起话题的视频、特别互动的视频等。下面的数据图是针对用户看到短视频想拍摄的原因进行调研所得出的一组数据，如图9-13所示。

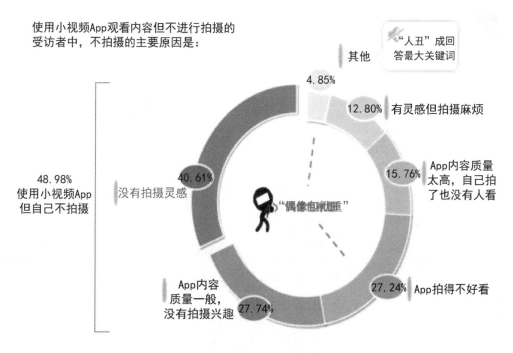

图 9-11　创作用户调研数据

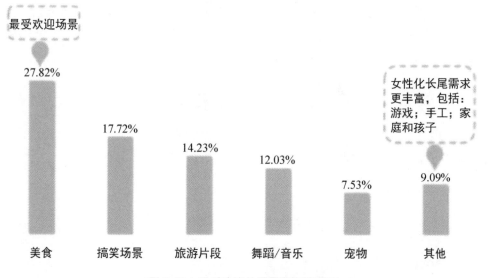

图 9-12　最受欢迎的场景数据调研图

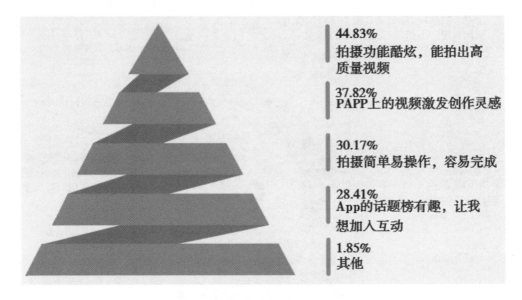

图 9-13　用户想拍摄短视频的原因

综上所述，更直观、更简洁的内容安排才是吸引人的关键。用户的需求也是抖音 App 发展的又一大难题，因此我们根据不同用户的不同需求进行了分类、归纳，以思维导图的形式呈现，如图 9-14 所示。

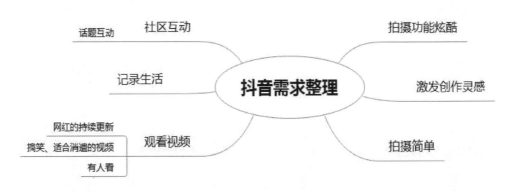

图 9-14　用户需求总结

## 范围层

以上是本文对用户需求的一些分析，接下来将抖音的功能一一分类、划分、组合到上述的需求导图中，以下是得出的功能结构图，如图 9-15 所示。

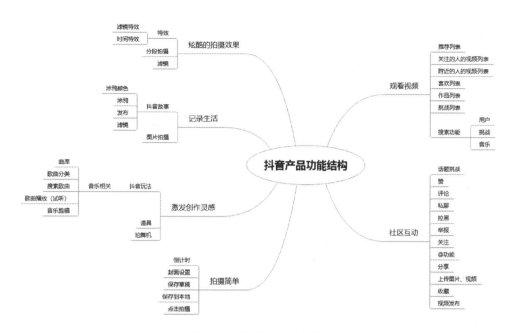

图 9-15 抖音功能结构图

1. 音乐引导表演

抖音以音乐作为用户传递心情、制作视频的一种媒介，音乐是伴随用户进行拍摄、表演的一大指挥。不同的音乐拥有不同的旋律，代表着不同的心情，这就会激发用户产生表演、互动的激情。在娱乐性、节奏性相结合的基础上，给用户带来了拍摄的灵感，从本质上解决了用户"没有拍摄灵感"这一痛点。

2. 内容分发算法

在抖音的首页中，会随时推荐视频，不断更新视频列表，用户就不必再处于观看哪个视频的纠结当中。依据看过的视频类型，系统将会自动推荐符合用户口味的视频，这种根据已看视频的类型进行用户推荐的设计有以下多种好处。

(1) 新视频的高质量分发。

每天更新的视频有成千上万之多，这些视频怎么样才能一一被分发到每个用户的推荐之中呢？原来，这个算法以频率不同作为新视频的分发标准，将它们进行分类，插到不同的推荐流中。这时候，在不同推荐流的视频就只能依靠用户的评价来决定自身的价值，用户们的反馈就成为判断该视频热度的标准。之后，依据热度进行分类的视频凭借着高热度又再次被推荐到不同的用户眼前，提升视频的热度。总而言之，就是热度高就会得到更多的推荐。这样的算法满足了视频用户表达情感的需求以及被追捧的认可之心，还保证了高热度视频的质量，同时还大大节省了运作的成本。

(2) 去中心化。

在抖音上，高质量的视频不再出自微博的多媒体博主、知乎视频大咖而是包揽了多层面的创作用户，每一个人都有创作的机会，每一段高质量的视频都不会被掩埋，这就达到了产品去中心化的目的，满足了用户创作的欲望。

(3) 个性化推荐。

不同的人会有不同的喜好，抖音会根据用户的喜好进行短视频的推荐。这个设定的妙处在于系统会以观看时间、浏览次数等用户行为以及观看的习惯作为短视频推荐类别的标准，达到了精准个性化定制的程度，提升了用户的产品体验感。

(4) 防刷榜。

榜单的排名会受到各种因素的影响，就拿知乎的答案推荐这一个设计来说，用户的点赞量、投诉量会影响答案排名的先后，这么一来，答案排名就会被水军大队所控制，达不到正确答案展示的目的。而相对于知乎来说，抖音的系统所设置的内容分发算法巧妙地避免了这一点，其中的防刷榜机制就已经充分地向我们展现了这样做的妙处，视频的传播不会受到水军刷赞的影响。反之，水军还会受到封号的处罚。这种投机取巧的水军刷榜玩法在抖音上没有丝毫的作用，这个算法设定在根本上提高了抖音社区中短视频的质量以及社区氛围。

3. 强大的滤镜、特效效果

根据对用户进行的系统调研结果来看，"炫酷的拍摄效果"最受用户们的追捧，所占的比例已经达到了 45%之多。正因为如此，抖音更加注重这一方面的设计。就拿染发特效来说，在整体的美观以及质感上有了很大的提升，脱离了最初那种简单的 AR 贴纸雏形。经过具体的了解，发现这些效果都是在强大的技术支撑下才完成设计的，从简单的头发入手，在此基础上，不断研发着色系统，一直到如今高频使用的网络结构，以上说的种种都不可能是一般的公司能够完成的工作强度。

4. 话题挑战

根据对用户进行的调研结果来看，倾向于热点话题的用户在整体的比例上占了 28%，这个数据表明参与、互动是用户所喜欢的方式。所以，抖音根据这个情况就推出了一种"话题挑战"的活动，这个活动的发起方既可以由官方担任也可以由个人担任。这种话题挑战活动每一天都会以不同的主题形式被官方推送出来，跟话题相关的短视频也就更容易提升热度，获得系统的推荐，同时也就激发了用户拍摄视频的兴趣。

这个功能的存在对于抖音来说，也是一个系统运营的入口，在紧扣热点的同时，还活跃了用户，提升他们的体验感，如图 9-16 所示。

图 9-16　抖音话题挑战

5. 抖音故事

通过用户的调研分析报告了解到，"记录生活"这方面的用户需求还是占比不小的，但是在美食、旅游等方面的短视频应用功能少之又少。后来，为了提升用户的体验、满足他们的需求特点，抖音故事的功能就被开发出来，进行了实际的应用。但是，这个应用还存在着一定的缺陷，那就是用户所拍摄的抖音故事对于粉丝只有 24 小时的开放时间，24 小时一过，这个抖音故事就只有本人才能看见，如图 9-17 所示。

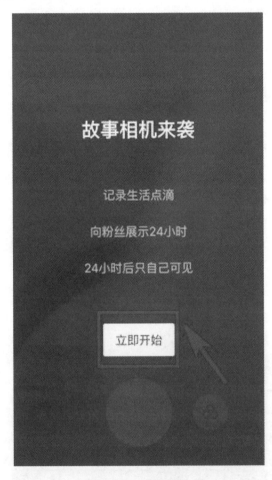

图 9-17　抖音故事

虽然用户的需求得到了满足，但是与之相对应的粉丝的观看需求却被限制在一天的时间限度中。有一种"为了限制而限制"的强迫感，反而降低了用户的使用效果。编者对身边的同学、同事们进行了一个调研，他们共同的特点就是都喜欢记录生活，但是经过询问之后发现，在他们之中，80%的人根本就不知道还有抖音故事这个功能，而剩下的20%则是不使用抖音。

6. 尬舞机

在Ubisoft这个游戏软件中，有一款叫作"Just Dance"的游戏，具体的玩法是玩家的手中拿着体感硬件，以屏幕上的舞者作为模仿的对象，跟着他一起跳舞，跳成之后系统就会根据用户的表现进行打分。与之相类似的是，抖音上也有一个"尬舞机"的功能，确切地说，这个功能仿佛就是对游戏进行了一个变相的复制和升级。因为尬舞机不需要体感硬件这个游戏设备，而是以摄像头作为舞者的监视器。据说，这是效仿今日头条中的深度学习技术而研发出来的一个产品，摄像头通过识别人体在跳舞时所展现出来的姿态和动作，以此作为成品进行打分。经过这样的"游戏升级"，就完全避免了游戏硬件的额外设备，同时还保留了这个游戏原有的娱乐性、趣味性。

值得一提的是，抖音没有短视频打赏功能。抖音的短视频在节奏方面属于偏快的类型，正是因为如此，时间短、节奏快的特点导致其与用户互动性较弱，这时候用户的观赏需求得不到满足，就会降低他们的打赏欲望，进而就会引起视频创作者的不安以及焦虑。

其实，根据对各类短视频平台打赏情况的分析，类似于"火山计划"这个由火山小视频所推出的活动和美拍短视频所推出的道具赠送这个功能的测试分析来看，对于短视频平台来说，打赏功能在实际上得不到根本的运用，运作效果非常差。

相比短视频的打赏功能来说，那些利用头部直播的主播们在直播中收到的打赏收入就十分丰厚，一场直播轻轻松松就能够获得万元级别的收入。这么一件轻而易举的事对于短视频的创作用户们来说，却万分艰难，像"陈翔六点半""papi酱"等这些知名的头部创作者们，他们拍摄视频至今的累计打赏也比不上那些日入万元的主播们。

## 表现层

抖音的logo这一形象设计就很符合年轻人的喜好定位，以黑色这种散发着神秘气息的颜色作为背景，给人一种帅气、酷炫的感觉，营造出一种神秘、暗黑系列的色彩基调。

整个抖音的 logo 图形是以字母"d"作为形象主体，再以一个小尾巴的形状作为点缀，突出一种飘逸之美。而自古红蓝颜色对比最为亮眼，以红色、蓝色作为"幻影"的主色，在强烈对比的融合之下，又彰显出一种最匹配的相融之感。另一方面，图形"d"是抖音的"抖"字的首字母，以这个谐音去凸显品牌的名称，配上红蓝的幻影效果，两者搭配相得益彰。同时，加上了小尾巴的"d"更是与音乐中的音符符号相似，使人不禁想到那美妙的音乐连接起来就是"抖音"的意思，一个小小的"d"经过深层意味的设计之后，便成了抖音特有的代名词，效果非同小可。

总体来说，抖音在形象设计方面让人感受到了干净、整洁，而黑色的主色调，则处处散发着"时尚""炫酷"的气息，以及这种标签式的切换设计，与主流应用完全统一，提高了产品的使用体验。

综上所述，抖音在以下 3 方面做得十分优秀。

1) 在产品战略上

(1) 公司全面出击短视频行业，抢占了先机。

早在 2016 年 9 月，今日头条为了提高创作的空间以及质量，将 10 亿人民币作为补贴资金，下发给了头条的短视频创作者们。同时，还决定向短视频领域发起全面的冲击，在短短时间内就分别超过了西瓜视频、火山小视频、muse 等一系列短视频应用，迅速占领市场，得到了开发短视频应用的第一时机，之后还以各个短视频内的细分领域作为开发目标，最后一举成功，坐拥短视频市场行业。

(2) 抖音突破了一二线城市的年轻人这块"短视频行业的蓝海"。

这一系列短视频应用在目标人群方面有着不一样的方向：偏向于落后的三四线城市以及毫无发展前途的农村地区成为快手、火山小视频这两个平台的冲击目标，他们目标用户主要是那些地区的青年，长期的经济落后就导致了其很难吸引到一二线城市的年轻人；美拍的目标用户则是那些热衷于"网红"短视频的用户；一二线城市的年轻人是小咖秀的主要目标人群，从整体的风格来看，跟抖音十分相似，整体的模式也大致相同，但是因为草根创作者这一类型的用户在社区中没有主体地位，这就导致了经过一段时间的兴趣期之后，失去了用户的新鲜感，就失去了大量的用户。

综上所述，一直没有一款短视频应用能够像抖音那般，它们无法吸引一二线地区的年轻人的兴趣，乃至得不到发展，最终还是只有抖音这款短视频社区应用成功做到了。

2）在产品设计上

(1) 在产品硬指标上，抖音巧借东风，完美解决用户痛点。

能够研发出风靡全球的抖音短视频，相信研发团队肯定进行了充分地学习以及研究。据了解，研发团队在对短视频应用的竞品方面下足了功夫，进行了充分的调研，同时还以其他 App 成功的经验作为参考的数据，例如 Muscal.ly 的音乐玩法、UI 设计、快手的推荐系统等。同时，研发团队还吸取了类似于小咖秀的中心化分发等其他 App 失败的教训，不断地进行反思、更新。最终皇天不负苦心人，终于研发出了以音乐作为载体，以此来表现年轻人的需求及自我展现的应用软件，巧妙、准确地挖掘出了一二线城市的年轻人的喜好，满足了用户的根本需求。

(2) 在产品差异化上，抖音积极创新，带给用户惊喜感。

① 抖音以音乐作为表达的载体，彰显年轻人的活力以及表现力。

② 抖音将用户的个性化体验作为目标，充分运用了今日头条的招牌推荐算法。

③ 抖音研发出全屏高清竖屏的浏览方式，提高了用户的产品体验。

④ 抖音运用了机器学习技术，开发出 3D 染发、尬舞机、背景贴纸等一系列吸引人的功能。

(3) 在用户期望值管理上，抖音精打细算。

用户期望值的高低决定着一款产品的最终发展能力。同样是高质量内容的社区，相对于抖音而言，知乎在用户期望管理方面的做法以及效果远远逊色于抖音。在早期的发展中，知乎还没有产生这种"用户期望"的概念，所以设立了"拒绝广告、严厉打击广告行为、不开设打赏、付费转载功能"等一系列管理系统，甚至佯装一种单纯、讲情怀的社区面孔。就导致用户对于产品形象产生了固定认知的弊端，从而让用户产生"不需回报"的认知理念，使其后来的"变现尝试"得不到用户的肯定与支持，甚至还在无形中为创作者提升自身的创造价值白白增加了阻碍。

经过比较，在用户期望值管理方面，抖音的做法就十分值得肯定。没有哪个产品会脱离商业中必不可少的盈利模式,而为了保证产品的长期发展以及达到营销目的,抖音在早期的工作中就进行了商业变现的尝试,通过这样的方式在实践中拉低用户对于产品利用"广告"等一系列手段达到营销目的的期望值,让用户慢慢接受产品的设定以及营销手段;在用户体验这一方面,抖音不断开发出具备精心的设计效果、创新玩法等特征产品程序,以提高用户的体验感受,增加用户的适用性以及趣味性。

3) 在技术实力上

在技术实力方面,今日头条公司确实拥有无法复制的强大技术实力,正是这样强悍的技术支撑,才为我们展现出了今天如此好玩、如此独一无二的短视频社区平台。就拿来自今日头条的内容分发系统来说,这个设计完全让用户体验到了个性化的短视频需求,符合不同用户的心理想法。再看那些妙趣横生的滤镜、特效等各种创作特色,这些创作特色无疑就是抖音 App 所独有的"名片",并且让人惊叹的就是这个名片的"无法复制",正因为如此,抖音才有了今日风靡全球的崇高地位。

## 9.3 产品经理面对数据如何保持"清醒"

阿里巴巴运用大数据对用户信息进行分析,从而得到较为准确的信息反馈并用于企业的运营中。数据凭借自身客观性的优点,得到人们的信赖,成为人们透过现象研究事物本质的重要帮手。

但数据本身也存在缺陷,并非万能,信息的准确性往往无法肯定。即使是洞察力很强的数据分析师,在对数据进行分类归纳分析总结的时候,也会不可避免地犯一些错误,数据分析就如同科学研究,或许一丁点的偏差都会导致分析的结果发生变化。

### 9.3.1 每一场活动、每一项变化都应进行数据复盘

你有没有在"双 11""双 12""618"各大电商做活动大促的时候剁过手呢,每次看到这一场场活动,我都会在心里暗暗对背后的运营团队发出赞叹。因为每一次购物狂欢节的背后都是无数运营的同学许多个日日夜夜辛勤劳作的

结果。一次次反反复复地修改策划，只为能够在购物节那天更好地宣传和销售平台所运营的产品以及带给用户一次购物狂欢。不知从何时开始我们的生活中有越来越多的电商活动，从双11到春节年货节再到端午节、中秋节的活动，发展至今，每一个大热点小热点都可以被放大策划为一次全民购物狂欢，带给用户惊喜。

每个活动最初都有一定目的，也就是平台想在活动中实现一定的价值。其背后的价值又有哪些呢？每一场活动的策划都需要一个团队齐心协力，每个运营人员都有自己的分工，毋庸置疑，这会对他们每个人的个人发展产生积极的促进作用。

活动策划从本质上来说也属于一种设计活动，它与产品设计有着异曲同工之妙，活动策划的目的在于更好地营销平台的产品，那如何更好地实现这个目标呢？这就需要设计一些购物津贴、满减等优惠政策，使用户真切地感觉到优惠，使他们集中在活动日满足自己的所有购物需求，加入这次购物狂欢活动。另外活动策划人员还要完善活动界面，在视图上下更多的工夫，要创新，让活动策划抓住用户眼球，并且要经过反复的修改和测试，在将一切失误和bug减少到最少之后，活动才可以真正上线。

每一个活动都是对你策划能力的一种锻炼，通过这些活动也会使你对用户的喜好更加了解，兵家有言：知己知彼，百战不殆。只有对目标用户的需求做到足够的了解，设身处地的考虑用户使用中的痛点，在用户利益与活动效果之间找到利益制衡点，找到用户真正感兴趣的话题和互动方式，让用户在活动中找到自己内心的归属感，才能更好地服务用户。

我们每个人都有多重身份，或许你是活动运营人员，但同时也是活动的参与者。试想，在日常生活中，我们每个人是以一种什么心理去帮助做活动宣传呢，同样作为活动运营人员我们需要做的就是深入了解用户的传播心理，你需要做的就是如何利用我们普通人的想法去发动用户自发宣传呢，用最少的宣传成本去获得最好的宣传效果。这就需要活动运营的从业人员具有创新意识，当今时代，人们更愿意去尝试一些新奇、富有创意性的事物。在我看来，只有获得发动用户宣传的效果，才是活动策划成功的衡量标准。

前面讲述了活动策划需要达到的目的，接下来，言归正传，我总结了一下复盘活动数据大概会有的一些指标。

1. 页面流量

(1) 页面 PV、UV

反映一次活动热度最直观的数据就是页面流量，页面流量是打开活动页面的人数和次数的指标，页面流量是指活动页面打开的人次和次数，是活动参与度基础的数据，因为一次活动如果连页面都没打开，那一切都为零，也就更不要提没有活动的参与及后续的参与度流程。

页面 UV 是页面浏览量的统计数，而页面 PV 则是独立客户端的浏览量，简单来说就是如果一个 ID 浏览了页面 10 次，那么页面的 PV 值就是 10，UV 值是 1。不难理解当一个页面的 PV、UV 值越高，活动效果也相对越好，然后还需要对比一下 PV 和 UV 的数量，倍数越高反映的是用户进入页面很频繁，那么我们就需要从活动的互动机制方面反思一下，思考一下是不是游戏玩法过于复杂，用户是不是难以理解游戏的玩法，还是页面存在 bug 和卡顿，用户进入游戏需要不断地刷新页面，又或者往好处想是用户对于游戏的形式很感兴趣，并愿意多次尝试关注游戏的动态。反过来，如果倍数太低，就需要思考是不是活动内容过于单调，无法激发用户的兴趣，总而言之，需要结合多方面的数据去找出原因，加以改正。

(2) 页面事件 PV、UV。

页面 PV、UV 反映了整体页面的曝光度，不难理解页面事件 PV、UV 就是页面元素的点击率了，它反映了用户流量在页面上的流向。除了整体页面的曝光率，页面上打的各个点反映了流量的路径去向，关键按钮的点击率、页面折叠模块的曝光率和点击率等这些数据都是衡量一个活动曝光度的指标。

(3) 流量来源。

流量来源简单来说就是用户通过什么途径了解到这个活动。流量来源主要有两种，大致可分为站内流量和站外流量。站内主要是平台内得到的流量，大致是商家投放的资源位，用户在软件内点击获得。站外流量主要是在 App 平台以外的浏览器和网页上得到的，包括平台在外部软件上的宣发获得的流量，就像天猫的购物活动，通常会在许多市场付费渠道中投放广告，如通过微博、微信朋友圈以及抖音等当下比较热门的平台，除了来自官方的付费投放之外还包括站内用户自发分享的链接等，动员自己的朋友参与活动。举一个简单的例子，就像天猫

618叠猫猫大赛等活动，通过用户自发的推广来获得站外流量。

流量来源大类可分为站内和站外，站内主要是投放的资源位，用户打开App后看见，站外包括外部投放的市场付费渠道如今日头条信息流、朋友圈广告；站内用户分享出去客态唤起的站外用户；微信内的H5应用和小程序；同业异业合作唤起量等。

两个途径各有优缺点，通过对比各个途径带来的流量多少，分析出贡献占比，得出哪个渠道更具有优势。

2. 参与人数

参与人数不同于浏览人数，参与的意思也不等同于简单的浏览，参与是指用户不仅仅浏览访问了活动页面，而且还参与到活动中，按照要求完成了指定的相关活动，与页面发生交互。以下列举几种常规参与的操作。

(1) 报名。

通常是一个收集愿意参加活动者的参与者在线上填写自己的参与信息，作为线下活动选择的一个参照，为线下活动的顺利进行提供保障做准备。数据指标通常看两点：报名人数和报名率。

(2) 问卷调研。

问卷调查主要是一些商家或者机构想要了解自己商品的用户满意度和口碑，或者了解社会上的一些现象以及人们对此的意见和看法。一般作为商家用来更好地了解市场的一个调研方式，数据指标主要看两点：提交问卷人数和提交率。

(3) 投票。

投票类似于创造营、偶像练习生为心仪的学员打call，例如创造101中孟美岐和最近火爆的pick王菊，通过超高的投票人气c位出道，投票可以让平台更好的以用户投票的形式了解用户的喜好，更好地进行下一步的营销来满足观众的心愿。数据指标主要看2个：投票人数和投票率。

(4) 分享。

很多软件或者游戏都会设置一个分享功能，用户可以通过分享获得一些福利，以及一些活动的参与机会。用户自发地分享可以使活动以最低的预算获得最好的宣传效果，毕竟社交圈的力量是强大的，正如有句话：你可以通过三个人去认识一个你想认识的人。同样，通过分享，让用户去发动用户，从而扩大活动的传播范围，常见的形式有积赞赢福利和优惠以及拼团、好友帮忙砍价等，这类形式的分享存在客态裂变。主态用户通过邀请新用户完成一个客态裂变，活动页面上的分享按钮可以把整个活动分享给好友。

用户的大部分活动都需要通过分享的形式扩大传播范围，让用户带动用户，所以在活动机制上会设计分享环节，利用社交关系链提高分享率，常见的集赞、拼团、好友帮点砍价、集字得奖励等，这类形式的分享存在客态，交互需要考虑主态和客态的操作流程。

非强制拉好友的形式会在页面顶部有分享按钮，可以把整个活动分享给好友，分享率越高，客态唤起率相应也就越高，由一个主态用户发展更多的产品分支用户，活动的推广活动设计就越成功，当然也可能是由于活动的奖励足够吸引人。

如何去定义分享率的高低，计算口径也有多种定义，可以是分享按钮的指标，可能根据分享按钮的点击率和曝光度，也可能是分享用户或者参与用户的数量等，但是还是要点击/曝光，也可以是分享用户/参与用户等，根据具体情况具体分析活动的分享率活动定义。

(5) 下单。

所有促成交易的活动目标最常见，双11、618大费周章的宣传和推广都是为了达到同一个目的，就是促成交易，让用户完成下单行为，就像双11、618等活动最终的目的就是吸引用户下单，提升电商平台的交易额，实现经济效益。下单的数据指标主要有两点：下单UV和下单转化率。如果用户在活动过程中用了补贴，还可以看用券率、补贴率等。

(6) 预约。

周期较长的活动，或者有较大优惠的活动，电商平台一般会在活动开始之前，对商品以优惠的活动，或者秒杀类的，需要提前曝光活动力度积蓄流量，采取预约的方式提前销售，并且以交定金的方式来提高活动当天提醒功能让前期积累的销售额。同时预约也可以提前对活动进行曝光以及增加流量和热度，预约功能可以让活动销售额在活动当天大幅度上涨，提升关键日期的销售效果，从而能够更好提升活动的热度、数据值。数据指标一般看两点：预约人数和预约率。

(7) 其他互动形式。

根据活动，为了提高自己的曝光度，一般会设置许多新颖玩法，还有很多互动形式的新玩法，包括各种类型与活动主题比较符合的线上小游戏，用户只需要掌握简单的规则就可以参与活动，活动后台会统计参与率、参与人数、页面访问人数，反映了活动的参与度，数据指标主要有，活动参与率、参与人数、页面访问人数，以及用户对于活动的体验及满意度对用户的吸引程度。

3. 奖品

(1) 招商。

任何活动的举办都需要有奖品来吸引用户参与，活动的奖品有时可以直接由公司项目组进行采购，也有可能来自品牌赞助商的供应，或者是为了获取公司外部提供的资源而进行招商。那么要进行招商活动，承办方势必要与资源方进行利益和资源的合作与交换。例如天猫618赢喵币的活动，天猫联合多个品牌商通过逛店铺得喵币的活动，互相置换资源，各个品牌借助天猫的电商平台可以扩大自己的知名度，提高自己的品牌热度，同样天猫也可以借助品牌的力量去带动自己的活动，从而双方实现双赢。再举一个例子，活动的奖品来源可能是供应商赞助、项目组采购、公司预算和外部招商等，涉及外部提供资源即需要招商，招商需要做的是双方资源的置换，例如天猫双11联合多个品牌出的猫头海报，置换资源联动大品牌一起推广；或者大众点评517吃货节联合多个商户提供免费菜和霸王餐，有的提供线上流量资源，有的提供实物奖励，双方各取所需。在衡量数据指标时，可以依据招商总数，包含参与方数、奖品总数、覆盖城市数来计算招商总数等。

(2) 领取。

领取情况就是看奖品发放出去的数据，共发出去多少份，都被什么类型的用户领取，以及领取的用户人均领取数。

奖品发放出去的数据也就是领取概率，需要实时地查看奖品发放情况，根据用户领取情况调整，保证奖品可以发出去，用户可以最大程度领到，提升用户体验。

有时活动需要即时考察奖品的领取情况，以及中奖概率，在中奖率过低的时候需要适时地提高中奖的比例，确保多数用户都可以获得奖品，以此来维持用户对活动的好感和兴趣，提高用户体验的满意度。不能空有诱人的奖品，而缺少实际的获奖人，这样只会失掉用户的信任和兴趣，简单说就是不能让奖品送不出去。

(3) 使用。

活动发放的优惠券和津贴是促使用户进行消费的一种手段,如果被领取的优惠券最终没有被用于消费之中那么便没有达到活动的最终目的。优惠券等电子券的使用率也就是针对电子券或电子套餐的核销率,满减活动的下单满足率。

(4) 库存。

在活动结束之后要清点奖品的领取情况,顺便盘查一下没有分发出去的奖品数量,也就是剩余的库存数,通过库存数的多少来制订下一步的活动计划,若库存过多就要考虑如何将他们运用在其他活动中,或者考虑一下可以什么方式发放出去。并且应该思考一下库存过多是奖品准备过多,还是奖品对于用户没有足够的吸引力。

4. 目标完成度

(1) 大盘涨幅。

活动目标完成度的一个重要数据就是看大盘涨幅,大盘可分为流量和订单两部分,主要是将今年两部分的增长幅度同去年同期做比较。不仅比较两年订单和流量数量的增长幅度,还有历史峰值高低的比较。大盘涨幅主要看流量较去年同期增长(考虑年同比自然增长部分),今年周环比涨幅,历史峰值,以及流量转化率的提升值(提升值在活动有津贴和优惠有补贴的情况下转化率一般会有所提升)。

(2) 交易流水。

交易流水是电商核心指标 GMV,也就是电商平台活动中的成交金额,没有支出部分,只有交易成交金额,即所有已支付和未支付的收入,包括所有已支付的和未支付的订单在内的订单总金额。

(3) 蓄水回流。

蓄水期一般指在某个活动开始前期进行的宣传,以便让更多的用户了解到商品要做活动,提前准备好在活动当天购买。而蓄水回流的指标是这一目的实际达成的情况,用于看预热为活动带来的流量,形式可能是预热活动期间发的券到活动正式开始才可以使用,或用户参与活动的开奖结果需活动开始后才知晓,以此促使活动更加火爆,活动数据得以在活动期间大幅度爆发式上涨,更加看好冲刺活动正式期的流量和订单峰值。

(4) 传播覆盖量。

传播覆盖量就是活动的推广范围，或者说是用户对活动的了解情况。一个活动的宣发对于一个活动成功与否具有特别重大的影响，不要说酒香不怕巷子深，活动的成功举办离不开高投入的宣传和推广活动，需要大量的人力物力财力。有些推广的数据不同于页面浏览量可以实时监控，有一个准确的数目，部分渠道如公共场所广告的覆盖量不太好直接计算，可根据人流量预计大概的量级。

复盘是一个围棋术语，就是在对局结束之后复演该棋局的记录，以检查对局中招法的优劣和得失关键。数据复盘也就是对于一个活动数据的复演，上面所列举的是活动复盘的指标，其中何为最核心指标，受活动的不同目标所影响。

总而言之，对数据的看待取决于数据使用方，也就是活动策划者，数据复盘就是为了能总结出活动成功的经验，更好地指导未来的活动。活动上线后的传播推广对活动效果的影响至关重要，大型 IP 更是在传播层面投入了巨额的时间和金钱，这里的传播覆盖量主要衡量活动的推广资源预计覆盖了多少的用户曝光量，部分渠道如地铁广告不太好直接计算，可根据人流量预计大概的量级。

以上是活动复盘的一些数据指标的归类总结，活动玩法和目标不同，决定其核心指标也是不同的。

很多指标需要区分优先级来看，定义的口径也需要根据业务而变化，所有的数据的意义都在于数据使用方如何看这部分数据，弄清楚看这部分数据的意义和对未来的指导作用。

## 9.3.2 数据并非万能，警惕唯数据论

现在经常听到人们说"用数据说话"。的确，数据的归纳节省了人们很大的时间和精力，也拥有人类所不可比拟的理性化和准确性。但这不意味着数据分析就是完美无缺的，数据毕竟只是冰冷的数字，它不带有人类的情感，在有些场景中，人类的感觉与数据不可相提并论，可也有许多情景、许多情况是数据无法分析的。过度依赖数据，数据就会像电脑上输入的错误程序，尽管它的运算能力很强大，但从一开始它的运算就失去了意义，一切都如同竹篮打水一场空。

另一方面，过度依赖数据会对人的思维产生误导，"业务"是灵活的，"业务"是数据分析的前提，所以围绕着业务的分析经验总是位于第一位的，数据分

析仅起到辅助的作用。现实中，优秀的业务依靠的往往是人的因素，并非通过数据的分析。除了对于数据的过度依赖，实际业务的从事人员与数据分析过程的脱节也是使数据分析结果产生偏差的重要因素。很多企业中负责数据分析者是信息IT部门等数据专业人员，而非数据结果的需求者——业务人员。这就使双方工作产生了脱节，两个部门的力量不能往一处使。如果让业务人员通过自主使用FineBI这一类BI工具来熟悉数据，参考数据结果来做分析或是让业务人员协助信息IT部门共同进行数据的分析，都可以有效避免这种脱节的现象。

数据具有客观性，能呈现令人信服的信息依据，所以探寻数据、挖掘规律成为寻找所需信息的最有效手段之一。

但数据也并非万能，有时候会传递错误的信息。在梳理数据分析流程和与数据打交道的过程中，"聪明的数据分析师"经常会犯一些错误，导致分析结论与实际经验呈现较大的偏差。

经常会有人理直气壮地"用数据说话"，这在有些场景是合理的，但如果过度依赖数据，一方面会做很多没有价值的数据分析；另一方面，也会限制对业务本身的实际思考。数据分析，仍以"业务"为主，业务的分析一方面来自经验的判断，另一方面依靠数据的辅助分析。很多优秀甚至伟大的产品决策，并非通过数据发现。很多企业会将数据分析技术交由信息IT部门，而需求者却是业务人员，两者沟通不畅会造成很多问题。所以不管是业务人员通过FineBI这一类BI工具还是参考数据结果来做分析；或是业务人员参与日常报表和数据可视化的开发，都是解决这一类问题的有效途径。

克雷·克里斯坦森(Clay Christensen)曾经讲过一个与天堂旅游相关的笑话：一位哈佛教授问他的天堂向导："这里怎么没有数据呢？"对方回答说："因为数据撒谎。"对此，克雷·克里斯坦森表示："所以每当有人说'把数据拿给我看'时，我就会说'下地狱去'。"

而在维也纳举行的德鲁克论坛(Drucker Forum)上，这个笑话的内在含义引起一片共鸣。在论坛上，对于彼得·德鲁克(Peter Drucker)的管理属于"文科"感到认同的参与者，纷纷表示对数据碾压人类洞察力和创造力这一状况感到担忧。

但从目前的情况来看，有迹象表明即便在大数据运用得最成熟的地方，对于市场的分析方面来说，大数据分析的结果也很难完全与实际情况相符合，可以保证胜券在握。比如，担任英国连锁超市森宝利(J Sainsbury)首席执行官直至2014

年的贾斯廷·金(Justin King)掌握的数据显示，顾客打算去度假的最明显体现是购买减肥食品，因此在购买减肥食品时，顾客也更容易接受某些防晒霜的营销。

贾斯廷·金认为，零售商应当使用这类数据更好地为顾客争取利益。但他却在英国《金融时报》125 论坛(FT 125 Forum)上表示，他担心如今数据的使用对顾客而言并不一定能够起到正面作用，最直接的体现是他对商家利用积分卡数据来"算计顾客"、通过提供代金券来引诱客户转换品牌等做法表示不赞同。

数据分析科学不能一直孤军奋战，想要得出更加准确的信息就离不开与认知计算、甚至还有神经科学与行为研究的合作互助。数据分析科学跟认知计算、甚至还有神经科学与行为研究结合在一起，也将变得更先进、更精确。

有些衡量顾客满意度的工具缺乏一些人性化的元素和设计，它们都太过死板，目前，有些衡量顾客满意度的工具就只是一个冰冷的机器，冰冷死板得就好像你在机场遇到需要邀请你为旅途体验打分的笑脸打分板一样。有一件事情非常生硬，我一直难以忘怀。今年夏天我仍在机场遇到一个刚刚学会走路的小孩，出于孩童的好奇而一遍遍、反复去戳登机口旁边的机器，孩子感到很开心，但旁边那台机器上却显示了一个的愤怒的图标，我在想这个脸图标意味着什么呢，是对一个孩子天真的行为表示生气吗？

另外，Facebook 在对广告客户的数据分析服务中也出现了差错，尽管 Facebook 作为一个互联网巨头掌握着数量庞大的用户信息，这些也是零售商和航空公司所梦寐以求的用户需求信息。但是广告客户那里遇到了麻烦，因为 Facebook 承认他们提供给广告客户关于衡量用户观看视频广告和阅读文章的时间的数据出现了差错，作为 Facebook 这样对于全行业有重要影响力，在数据分析方面实力雄厚的巨头也会在数据分析上产生失误，不禁让人感慨万千。

有太多时候，人们会过于信任计算机生成的数据，觉得数据即权威，是计算机生成的"事实"可以完全信赖，甚至会丧失对常识的信任。有一个很典型的例子，2005 年教皇约翰·保罗二世(Pope John Paul II)去世时，一名资深编辑注意到，该消息已猛升至英国《金融时报》网站热门文章首位，然后命令观点版面的编辑(当时我是观点版面的编辑)约一些有关梵蒂冈政策、天主教习俗和教皇历史的分析文章，结果这些文章没有一篇受到追捧。三天后，索尔·贝娄(Saul Bellow)去世，他的讣告也登上了榜首，但没人打电话让要求做美国小说家及其作品的深度报道。为什么明明这些消息都很轰动，与之相关的学术报道及其他一些深层次的东西却并不受重视呢？这就是数据的缺点，数据不能具体情况具体分析，因为它没有一种人性化的思考，不能准确地判断、区分有效信息。

有时候大数据不一定能够准确地反映什么有价值的信息，但有时仅仅几个用户的意见，就蕴含着很多有价值的信息。贾斯廷•金就说只是少数用户的意见，也可能很有价值。金建议："不要忽视抱怨自己在自助收银机那里等待了 15 分钟的顾客，即使你的电子表格显示平均等待时间是 2 分钟。她感到等待的时间长得多，这或许能告诉你全部数据以外的东西。"

当被问到如何应对"来自地狱的顾客"时，其资深技术主管若阿基姆•松登(JoakimSundén)在德鲁克论坛上表示："他们的'深度痛苦'或许正在告诉你一个你之前未曾发现的问题。"

有时候你也要记住，不可以盲信在某些情况下得到的数据，因为数据不是万能的，总有一些数据或许永远帮不上你的大忙。德鲁克论坛上的专家认为："专横的商业计划束缚了思想，局限了选项。"就像哥伦比亚商学院(Columbia Business School)的丽塔•冈瑟•麦格拉思(Rita Gunther McGrath)所说："回去看电子表格，总是更容易。"另外，罗特曼管理学院(Rotman School of Management)马丁繁荣研究所(Martin Prosperity Institute)所长罗杰•马丁(Roger Martin)也表示，他不希望创新的机构使用"经过验证的"这个词。Ideo 首席执行官蒂姆•布朗(Tim Brown)也表示："如果你必须在开始前知道答案，那就很难探索可能性了。"

更准确地理解你的客户，需要的不是输入数据得出分析的结论，而是来自你对客户需求的理解，或许这种理解不像数据一样简洁明了，一目了然，但是你内心的感知才是最贴近用户的真实需要的。最好的理解产生于一种难以定义的混合认知：你倾听单个用户所了解到的东西，你从他们的集体过往行为中学到的东西，以及你根据直觉知道他们未来想要的东西。真正错误的假设是，把一些数据输入分析机器，总会生成最佳答案。

# 第 10 章

# 自我成长：产品经理如何不断自我成长以胜任职位

很多人都很关心产品经理和产品总监之间的区别，其实无非就在两个方面。首先，在岗位的职责上，产品经理负责执行，而产品总监负责规划。其次在能力上，产品总监必须具备比产品经理更强的规划能力、协调能力、管理能力、领导能力、判断能力等，产品总监肩负着指明方向的责任。因此，产品总监应该运筹帷幄，带领团队朝着更好的方向发展。

## 10.1 产品经理成长避坑指南

作为一个产品经理,拥有开阔的眼界和大的格局是一个重要的加分项,因为行业对于产品经理的要求是非常高的,需要的是有宽阔的专业知识和广泛的文化修养,具有很强的学习能力和创造性的复合型人才,也就是俗称一专多能的人才,既要熟悉这个行业的要求,又能够做到触类旁通,能够看懂复杂的市场表象背后的本质,也只有能够做到这些才能研发出符合大众需求的好产品。但是,在这一过程当中,产品经理可能会遇到许多难题与陷阱。

### 10.1.1 多数产品经理都容易掉进的 4 个坑

有一个问题想问大家,众所周知,各个行业的用人单位在招聘的时候都比较倾向于寻找具有工作经验的应聘者,那么老手产品经理较之于新手产品经理其优势体现在哪里呢?可能是时间的考量,老手产品经理经过时间磨砺曾经无数次失败过,无数次掉进新手容易掉进的坑。笔者作为一个老手产品经理,最初也掉进过许多陷阱,有过很多失误,在这里以我的切身经历去讲述几个新手容易误入的坑,希望可以给新手产品经理一些帮助,希望能让新的产品经理少走一些弯路,如图 10-1 所示。

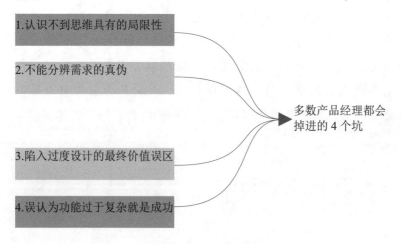

图 10-1　多数产品经理都容易掉进的 4 个坑

1. 认识不到思维具有的局限性

俗话说得好，金无足赤，人无完人，我们每个人都不可能考虑问题面面俱到，如果把事物和难题比作一个立方体，那么总会有一些角落是我们的思维无法触及的，所以我们应该对自己有一个清楚的认识。刚入职的产品经理比较容易犯的错误就是眼高手低，往往缺少足够的耐心去深入细致地了解市场的供应情况和消费者本身真正的需求，做到市场与消费者的完美对接。俗话说基础不牢地动山摇，如果产品经理在最初就没能正确理解现实中的情况，那么即使其后续工作没有出差错，做得完美无可挑剔，产品生产出来也注定是一文不值的废品。如此只会与自己最初的目标背道而驰。

还有就是当一个产品经理是一个技术型人才时，毋庸置疑，他在专业性知识方面是无可挑剔的，但是也有一个比较致命的缺点就是他们容易困在固有思维的网中，无法挣脱，因为专业知识需要与实践中得出的经验相结合才能符合行业的要求。市场应该是检验产品价值的最基础也是最根本的途径，每一个产品都需要有其自己的价值和背后的意义。当然了，技术型人才也具备其他人所没有的独特优势，就是其对于产品技术的研究具有更清晰的认知。

任何人的思维都是有局限性的，谁都无法超越。产品经理首先要清楚这一点，要知道有些事情你是不知道的。评价一个产品经理优劣的关键指标就是眼界，是不是足够见多识广，因为产品经理需要的是复合型、懂业务、懂技术、懂市场、懂运营、似乎什么都要懂一点的人才，只有综合考虑到业务、技术、市场、运营等各方面的因素最终才能做出一个好产品。

新手产品经理容易闭门造车，特别是比较聪明的产品经理会轻易认为自己已经理解了，在市场调研和需求讨论并不充分的情况下，就开始了后续产品的设计和开发工作，即使后面的工作都是正确的，但是一旦方向错了，结果也就相去甚远。

另外要特别说一下技术人才出身的产品经理，非常容易陷于思索寻求解决方案的困境，面对一个需求，首先想到的是怎么实现，能不能实现，这样就把自己的思路局限住了。其实产品经理更多地要思考这个产品的价值和意义，自上而下地设计产品。(当然懂技术的产品经理也有优势，能够更清楚技术的实现边界。)

2. 不能分辨需求的真伪

不同的客户对于产品往往会提出形形色色，各种各样的需求，这其中掺杂着真真假假，而作为一个产品经理如何正确理解和把握客户真正的需求至关重要。想要真正理解客户的需求往往需要具有丰富的实践经历，能够设身处地为客户着想，真正想客户所想，忧客户所忧，这样才能直击痛处，药到病除，真正为客户着想。新手产品经理往往缺乏深层次理解的能力，这也与客户本身不具备产品设计的专业知识有关，因为客户无法用准确的语言描述心中所想，所以容易对新手产品经理产生误导。比如客户说想念小时候中秋节一家人一起吃月饼，若新手产品经理只是简单地理解为表层的想念中秋节的月饼，而忽视一家人团圆的真正内涵，就无法真正做到想客户之所想，无法满足客户的真正需求。

另外作为产品经理也要有自己的判断力，客户或许有时不能真实准确地提供信息给我们，这个时候我们就不能一味地询问，更应该学会独立思考，利用自己的判断力去分析问题。因为我们每个人都不可能对自己有一个完全正确的认知，还需要他人的判断。往往在实际工作中观察客户的实际行动比仅仅听其讲述更有用。对于客户所说，我们要时刻保持怀疑态度。比如你问客户热衷运动吗，他可能会告诉我们他办了健身房的卡，买了多少节私教课，但是实际上他可能只去过一次健身房，鲜少运动，而是宅在家中。或者客户说他想要一款创新产品，可是过了一段时间当你向他询问一些细节的时候，他却早已忘记了这个想法，将它抛到了九霄云外。这样我们设计的产品便毫无意义。所以我们的产品经理对于客户不可以唯命是从，而要学会判断。

产品经理关键的素质就是对需求的把握和理解，新手往往对需求的理解是错误的，因为需求分为表象和内涵两个层面，用户往往提出的是表象需求，比如我想要一匹快点的马，但是用户的本质需求是我想要快捷的交通工具，作为产品经理如果只是按照我想要一匹快点的马去设计产品的话，那永远都是一名初级的产品经理，高级的产品经理应该是理解用户想要快点到达某地，从而制定解决方案，是坐汽车、飞机还是轮船。要想了解用户的本质需求，就要充分地做好用户调研，了解用户的需求场景，找到用户实际场景中的痛点，然后设计解决方案。

另外不能完全相信用户说的，而是要看用户怎么做。用户可能会给你提供错误的信息，比如你问用户喜欢看什么电视节目，他可能会告诉你比较喜欢文化的、知识性的节目，但是实际上他可能大部分时间在看韩剧。或者用户说他想要一个什么什么功能，但是过了一个月以后，他说他变了，他想做成另外的样子，其实他一直也没有想清楚想要什么。所以我们产品经理不能把用户的话当真理，好的产品经理要能够分辨真假。

3. 陷入过度设计的最终价值误区

产品经理在进行产品设计时需要注意产品本身的设计，设计成功的例子有很多，一个简洁的 logo 或者一个让人一目了然、清晰易懂的操作程序都是好的，就比如滴滴打车、soul 和陌陌等 App，它可以让用户轻松地达到其使用这个软件的目的，打到车或者实现社交。但也存在一个比较容易陷入的误区就是过度设计，忽视了设计的最终价值。每一个产品经理都应该清楚设计的作用主要在于为产品锦上添花，而不是鸠占鹊巢，让过度设计抢占产品本身价值和意义的风头。衡量一个产品好与坏的因素在于功能，而不是其外在的形式。如果不注重功能的开发，在设计上过度雕琢，只会本末倒置。这个道理很多人都懂，可是到了实际的研发中很多产品鼓吹的都是良好的人性化的用户体验，不可否认的是用户作为产品服务的对象，他们的用户体验很重要，但除此之外还有一些更加需要注意的地方，例如产品功能、出现的时机、开发商的宣发推广等。无论时代如何日新月异，如何强调用户体验的重要性，产品诞生的时间永远稳居首位，谁都说不准，时间只有刚刚好才是最好的，就比如在唐朝的时候有人设计出了手机，即使手机在我们现在看来必不可少，可是在唐朝那个不恰当的时机，手机这种产品也很难实现其价值。其次重要的是产品的功能，能够切实解决人们生活中的难题和痛点的功能是有价值的，这样它才不会被轻易替换和取代。排在功能之后的是运营，就像如今比较热门的小红书、抖音、知乎，脱离了其背后运营团队的运营，它只会默默无闻。最后一个比较重要的因素是推广，永远都不要忽视推广的强大力量，举个营造杨超越锦鲤人设带来的巨大流量的例子，虽然杨超越本身备受争议，但凭借其背后的大力推广，她的热度居高不下。当然，回到设计上来说，并不是设计一文不值，恰恰相反，它很重要，只是我们要正视设计的最终价值。

产品经理很容易陷入过度设计的误区，其实一个产品成功与否的关键在于功能，而不在于形式，形式往往是次要的，如果你的功能不对，你设计得再好也是徒劳。很多公司和文章其实过度夸大了用户体验的作用，的确是好的用户体验能够起到推波助澜的作用,但是更加关键的问题其实是时机、功能、运营、推广等。一款产品的出现首先时间是第一重要的,早了不行,晚了也不行,要just right just time。其次是功能,功能要有价值,要不可替代,要能够解决痛点。再次才是运营,比如知乎、UGC,没有运营就啥都不是。最后是推广,不管是买流量还是补贴,往往效果都是立竿见影的。当然,不是说设计就没有意义,而是要注意设计是要围绕着功能服务的,不能本末倒置,否则就会变得比较虚。滴滴打车的设计其实都是非常好的,好的原因是他能让你最快最便捷地打到车,这才是设计的最终价值。

4. 误认为功能过于复杂就是成功

Less is more,少即是多。真正将这句话运用到实处的一个人我觉得是乔布斯,每年的 WWDC 都会充分体现这句话,大会上用极简风的幻灯片来介绍苹果公司的新产品,少即是多,简洁的幻灯片需要讲述者用语言填满。少主要包括两部分,一是界面要精简,功能以达到目的为要求,要简单,我们不需要面面俱到,不需要使界面包含所有的要素,不追求繁多,而是要简洁,目的达到就好。二是功能数量越少越好,也许许多产品经理都会提出异议,但统计数据显示人们日常用到的功能只占不到 20%。手机最初诞生的时候,只有打电话的功能,随着技术的不断进步,功能不断增多,或许如今人们较少打电话,而是改用微信,但总而言之应用到的功能也是极少数的,纷繁复杂的功能菜单往往使用户无从选择,浪费了大量的资源却没有更好地服务用户。

产品需要定时进行改进和更新,它有自己的生命周期。产品经理要做好从现在到未来的功能规划,循序渐进,就如同人们对于外太空飞行的研究在现阶段停留在太阳系和银河系之中,在未来的研究就需要进一步改进,即走出银河系。产品的设计不能一蹴而就,一劳永逸。Less is more,少即是多。一是功能要简单,一个界面的要素要尽量减少,流程要尽量缩短,关联性要尽量减少,只要能够达到目的就好。二是功能数量越少越好,随着产品的持续迭代,会不断给产品增加功能,实际上用户经常使用的功能不到 20%,很多新用户面对复杂的功能菜单无从下手,不知道该怎么使用。这些观念与一般常识可能相反,新手产品经理喜欢把功能的要素设计很多,流程设计很完整,或者觉得功能越多,用户越喜欢,其实正好相反。

其实产品都是有生命周期的，产品是活的，是需要进化的。产品经理不要总想一次性把产品做完，而是要制订一个计划，一期做什么、二期做什么、三期做什么，要规划好什么功能先做，什么功能后做，有些功能先做了没有用，有些功能后做了就不行。用户也是在进化的，好的产品会随着用户的成长而成长。

### 10.1.2 产品经理如何通过事前模拟避免大失误

飞机在飞行的过程当中，有两个时间点是需要面临巨大风险的，一个是起飞的时候，另一个就是降落的时候。因此，实习飞行员需要不断练习这两个过程，在经历过了成百上千次的练习后，才能够成为一名合格的飞行员。这两个过程要求飞行员加深认识，但是这种认识是无法人为锻炼的，只有在恶劣的天气条件下飞行员才能够深刻认识到起飞与降落的难度，如果在飞行的过程当中，遇到了突发事件如机器失灵等，飞行员能够反应的时间只有短短几秒钟，飞行员在这一瞬间必须想出一个安全的方式来处理这个突发事件，否则就有可能机毁人亡。因此，飞行员只能不断练习，精益求精，力求将风险降到最低。飞行员练习的内容很多，如飞机在已经起飞之后，突然间引擎失灵了，在这个时候飞机的速度或是飞行高度不能达到规定的标准，但是他们必须操控飞机掉头返回到跑道上紧急降落；飞机一切正常，已经飞行到了一定的高度，但是突然间引擎、电台或是副翼之类的机器失灵了，在这种危急情况下如何安全降落等。并不是说飞机在飞行的过程当中大概率会发生这样的情况，所以他们才需要不断地练习这些过程，因为这些紧急情况一旦发生，飞行员无法处理好，就会导致巨大的灾难。与其选择逃避，不如迎难而上。

笔者身为一名技术领域的产品经理，与飞行员相比，我们在日常工作的过程当中基本上不会遇到什么生命危险。但是如果我们的产品严重地脱离了原来设定的轨道，这时产生的风险对于我们来说，与"坠机"的风险不相上下。我们无法像飞行员一样通过不断练习来降低风险，因为该风险是不可预见的，但我们可以通过另一种方式来降低风险——定期模拟失败。埃里克·莱斯的精益创业理论谈到要"迅速地失败"，什么意思？假如你无法确定你的产品理念是不是可行的、会不会成功，那么你就应该在尽量少花钱的前提下快速地找出有可能产生的结果，并想出应对的方式。通过这样的方式，当我们遭遇失败时，就能够在很短的时间内恢复，不会伤及元气。除此之外，该方式还能够帮助我们少犯错误。方法很简单，在周五晚上的时候，你可以向外发布一个还没有测试好的版本，观察用户的反应，就能够了解到用户是否喜欢周末服务中断。另外，如果你使用定期模拟失败的方式，定期发布失败的、有缺陷的版本，你就能够从中积累到一定的经验，学会当失败真正降临的时候，应该怎么做。

更有甚者，故意在现行系统当中"搞破坏"从而导致失败，并从中吸取教训，积累经验。谷歌就使用了这种做法，他特意建立了一个团队，负责研究如何攻破谷歌自己的服务系统，最初，谷歌这么做的目的是为了当某一天有人真正攻击谷歌服务系统的时候，那个人最好是谷歌自己的员工，而不是其他网络罪犯。除了谷歌以外，还有一家名为网飞的公司使用了更先进的方式，他们自己研发了一款软件，名字叫作"捣乱的猴子"(ChaosMonkey)，这个软件唯一的作用就是"捣乱"，目的是为了测试遇到灾难时，他们的自动恢复系统是否能够发挥作用。

网飞公司的科里·班尼特(高级软件工程师)以及阿里达·尔泰斯林(云解决方案前总监)，向大家介绍了这个"捣乱的猴子"。

在绝大多数情况下，如果在某个时刻我们的应用程序掉线了，它仍然会继续工作，但不可避免会发生无法继续工作的小概率事件，我们设计这个软件就是为了保证当特殊情况发生时，随时都会有人予以解决并且从中吸取到一定的教训。而正是因为这个目的，我们并不会时时刻刻运行"捣乱的猴子"，而是在某个特定的时间启动它，主要就是培养工程人员的警惕性，并且能够迅速应对"捣乱"。

失败是不可避免的，并且失败总是会发生在人们没有防备或是最不愿意的时刻。假如说你设计的应用程序不能应对故障，当故障发生的时候，你是希望在凌晨正在做着美梦的时候被叫醒，还是希望清晨在公司当中优哉游哉地喝着咖啡的时候才收到这个消息呢？就算你有足够信心，觉得你设计的应用程序能够容忍故障，但是你能够保证下个星期也能够容忍吗？下个月也是如此吗？

## 10.2　产品经理如何做好时间管理

在某个特殊时间段内，产品经理需要完成各种各样的工作任务，在这个时候，产品经理往往会无从下手，不知道先完成哪项工作。但其实，早在几千年前，这个问题就引起了古希腊哲学家们的争论。下面我们来看一下如何解决这个问题。

## 10.2.1　多任务交错时如何避免太过分心

为新款产品的发布做计划是一个复杂的产品管理活动，同时也是一个最典型的例子。当你思考这个活动会涉及哪些方面的时候，你就会开始意识到，你所需要做的事情实在是太多太多了。有一个活动叫作先导性活动，不管是哪个任务，在开始之前都必须要做这个活动。在不知不觉之间，你就会发现自己十分疲惫，恨不得有人来帮助你完成这些工作。有一位哲学家在一个悖论当中曾经探索过这个问题，他叫作芝诺。

也许大多数人都不知道芝诺是谁，但我相信大家都知道苏格拉底，他们两个是同一个时代的人，生活在公元前5世纪的时候，芝诺的年龄比苏格拉底要大一些。当初他之所以能够闻名于世，主要是因为他提出了许多智力题以及悖论，二分法悖论受到人们的特别关注。这个悖论与一个赛跑选手有关系，该选手叫作阿塔兰忒。在这个悖论当中，阿塔兰忒为了完成某项比赛，她首先需要跑到这个赛道当中的中间点，为了到达这个中间点，她又需要先跑到这个中间点的中间点(也就是 1/4 的路程)，而为了到达这个地方，她又先要到达这个地方的一半的地方(也就是 1/8 的路程)，以此类推，它想要到达赛道的终点，就必须经历一个又一个的中间点，而这个中间点的数量是无限的，换句话说，她想要到达终点需要经过的距离也是无限的。对此芝诺就提出了一个问题：阿塔兰忒是否能够跑到终点呢？芝诺想要从无限分割等于无限长度的这个论点下手，以此来反驳这个悖论，这是一件相当简单的事情，因为现实生活当中，无论是阿塔兰忒还是其他赛跑选手，都是能够到达终点的。之所以要提这个例子，主要是因为阿塔兰忒在起跑线上的时候，她认为赛道是由无数个中间点，也就是无限的距离构成的。这类似于我们的工作性质，在工作的时候，我们总是认为自己需要面临大量的工作。如果在工作的时候，我们陷入到了某个细节当中，我们就会认为这项任务是十分复杂的。

提这个悖论主要是因为阿塔兰忒告诉了我们一个道理：很明显，一个赛跑选手是能够到达赛道终点的。而我们身为产品经理，也是可以成功地将某一个产品发布到市场当中的。在面临各种各样的工作时，我们可以将复杂的、巨大的任务进行分解，将其分解成为一个个简单的、细小的任务。然后我们可以将这些简单的任务根据不同的领域进行分组，如市场、销售、财务、公关等。最后，我们可以对这些任务根据完成时间进行分类，如即将要完成的、可以下周完成的甚至更长时间才能完成的。这样，我们的手中就有了一份任务清单，每天抽出一定的时间来看一遍这张清单，看看清单当中今天要完成的任务是什么，有哪些任务还没有完成，忽略掉其他时间的任务。

我们要养成这样的一种习惯，在新的一周到来时，浏览一遍任务清单，看看本周需要完成的任务是什么，或某个任务需要马上完成，还是下周或更久。通过这样的方式我们能够将注意力以及精力集中在那些需要马上完成的任务上面，不被其他繁杂的任务压在身上，在不经意间，你会发现你变得轻松了。

### 10.2.2 如何不急不躁克服拖延症

互联网是全世界拖延者数量增多的罪魁祸首，人类逃避工作的第一借口和避风港就是网络。网络每时每刻不曾停息，信息内容时时刻刻在持续更新，新鲜事物总能吸引人们的注意力，互联网越来越影响人们的日常生活。打开电脑或手机，一连接到网络，随时随地可以聊天、看小说、看电影、玩游戏，这些事情可比工作要容易得多。

网络信息量庞大、更新快、时间限制小，面对网络资源，人的注意力极容易被分散，处理信息花得时间越来越多。很多白领都会有这样的工作体验："打开电脑，聊天、浏览网页、玩玩游戏或看下视频，工作还没开始做，半天就过去了。"这一部分人容易产生拖延症。下面来总结一下拖延症的产生原因，如图10-2所示。

1) 自信心不足，逃避困难和问题

部分人的自信心不足，对自己的工作能力抱有怀疑态度，面对问题和困难，他们不喜欢迎难而上，这部分人恰恰容易产生逃避心理，总觉得自己能力不足，不能做好工作，于是就开始拖延，越拖越久。这类人常常会以时间不充裕、状态不佳、疲劳等借口来拖延工作进度、推迟开工时间。而他们往往很在意别人对自己的看法，比起因能力不足使信心下跌、逃避困难致使工作拖延的原因，他们更希望别人觉得自己是因为时间不足、不够用心努力导致工作拖延。

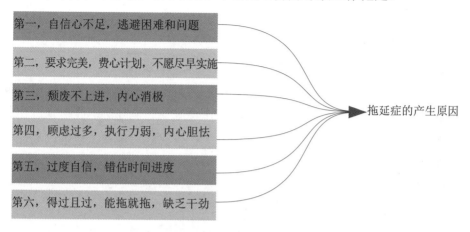

图 10-2　拖延症的产生原因

2）要求完美，费心计划，不愿尽早实施

有一部分人是完美主义者，他们对自己的要求太高，总是觉得任何事情都要一次做到最好，比起开始工作，他们更愿意将时间花在对整个过程进行周密计划上，哪怕事情很容易，他们也迟迟不愿开始行动，总是要来来回回先做几次不必要的计算和规划，做事情的时间就不知不觉被缩短。这就导致这部分职场人士成为拖延症大军的一分子。

3）颓废不上进，内心消极

缺少一颗积极上进的心，内心容易消极颓废，做起事情来就容易懒散、不尽力。消极颓废的人容易产生畏惧心理，觉得什么事情都难。面对工作，他们即便有时间和精力，也喜欢找理由推脱不做，比如：别人都不做我为什么要做？即便不甘愿地接受了，也不愿立马开始，总是想着晚点开始，过了今天就明天再开始，明天再拖到后天，一拖再拖。于是，他们也就这样加入了拖延症大军。

4）顾虑过多，执行力弱，内心胆怯

顾虑过多、执行力弱的现象经常会出现在刚刚入职的新人身上。这是很常见的现象，毕竟刚刚开始工作，没有任何经验，等同于一张白纸，哪怕是一些在学校内学习成绩优异的人也是这样。他们对工作的了解还不甚明了，面对自己从未接触过的事物容易慌手慌脚，抱着拿钱办事的职场态度，内心更是顾虑极多，容易产生胆怯心理。对自己的能力没有把握，担心影响整个工作进度，麻烦别人……各种各样的担忧往往使他们最终延误了工作。若是受到过上级或同事的催促、指责，心中会更加紧张焦虑，愈发害怕工作失误，致使自己更想逃避，导致拖延症越来越严重。

5) 过度自信，错估时间进度

龟兔赛跑中的兔子，就是过度自信，错估时间进度的典型例子，以致输掉了比赛。这样的人若在团队中，整个团队的工作进度势必会受到影响，毕竟团队与个人的联系是密不可分的。一些过度自信的人对自己能力抱有极度的信心，坚信自己在期限内一定能完成任务，于是不慌不忙、慢慢吞吞地做事。但却事与愿违，到了最后由于自己没有把握时间，过度自信，造成了工作延误的后果。

6) 得过且过，能拖就拖，缺乏干劲

有的人面对自己的工作抱着做一天和尚撞一天钟的心态，在工作上，他们往往干劲不足，不愿意花力气或尽全力去做事。这类人在接到不喜欢做或者挑战性极高的艰巨任务，心里面会不由自主地产生排斥感甚至厌恶感，迟迟不愿动手，能拖多久拖多久，仿佛到了期限不全部完成也无所谓。这样子的人缺乏干劲，他们有时候会觉得自己做得太多就吃亏了，缺少工作上的积极性，又希望自己在工作上能有所成就。

拖延症的解决方案如下所述。

1) 养成今日事今日毕的习惯

以推迟的方式逃避执行任务或做决定的一种特质或行为倾向，是一种自我阻碍和功能紊乱的行为。想要改变这样的行为，就必须养成今日事今日毕的习惯，今天的事情绝不拖延，越早完成越好；也可通过确立目标、按计划执行任务以克服这类拖延行为，助力个人职业发展。

2) 确立目标以获取动力

做好自己的人生规划，并学会把工作任务融入其中，做到工作和生活两不误，比如：你希望自己今年在哪方面有所突破、有所成就，就朝这一目标去努力，做出相应的成绩，得到自己想要的提升和发展。学会如何将自己无法把控的工作变成可以把控的，从个人的思想方面来做调整，转变自己对工作的要求，并从中获取工作动力。

在制定工作任务时，要注意目标或要求的可行性，切忌太贪、太多、太杂，最好是制定自己既喜欢又能胜任的目标，接着再利用自己的各种能力和资源来达成。如此，行动起来自己也会十分积极，面对自我约束和监督也会舒心一些。一个适合自己的目标可以成为你克制拖延行为的动力，可以让你更积极主动。

3) 分清主次，把握重点

虽然生活中肯定会有一些突发性或迫不及待要解决的问题和麻烦，但是一个成功的人总是花时间在做最重要而不是最紧急的事情。生活如此，工作也如此，要学会分清主次，把握重点，才能把事情做得更好。将所有工作按照又急又重、重而不急、急而不重、不急也不重这样的分类来依次完成，会收到更好的工作效益。比如，你不必字斟句酌地把每一封要发的电子邮件写得十分满意，但是呈交老板的计划书就必须周详细密。大任务和小任务做好区分，把握重要的，这样工作才可以更有序地做好。

4) 消除干扰

一个好的工作环境有利于工作的顺利进行，但要注意有时候外部环境的娱乐也会成为你的阻碍。QQ、音乐、电视……这些东西都有可能成为你全身心投入工作的障碍，会影响工作的效率，消除这些干扰，你的工作思路才不会被打扰、被拖延。

5) 互相监督

要克服拖延症，单靠自我约束、自我监督不是最好的办法，可以找个朋友或同事来一起行动会更好，一个人单打独斗终究力量有限。他人督促总归比自我约束更有约束力。

6) 合理安排需要的时间

不可以盲目地相信"压力之下必有勇夫"的说法。有时候工作时间拖得越长，工作效率越低，想要获得高效率合理安排时间是很重要的，正确的时间观念是成功的基石之一。在提升学历方面，不要等到需要用到毕业证书的时候，才想到要报名；在学习方面，不要把所有的学习任务留到考前一周再开始解决。所以，建议你在设定时间表时将短期、中期和长期目标融入，合理安排需要的时间，避免把什么事情都耽搁到最后一刻，也避免给自己留太长的时间。

## 10.3　产品经理实现自身知识能力跃升实用干货

现实生活中，社会需求变化得太快，大家再也不能像以前那样靠着一纸文凭维持生计了，因为那只是你过去的某个阶段的知识存量，是否能持续更新获取新知识、是否能将获取的知识完全内化，这些才是个人竞争力的有力衡量标准。

### 10.3.1　如何练就产品总监必备的知识能力

正所谓"不想当将军的士兵不是好士兵"，相信每一个产品经理的心中都向往着产品总监的那个职位。那么，仅仅只有空想可是不行的，很多产品经理都有这样一个毛病：在自己的职位待久了，就会产生倦怠心理。这个时候，容易忽略了自身的提升，忘记了自己自身的不足，不再花时间去学习、去钻研更高深的知识。这样就会让自己离产品总监这个位置越来越远，无法翻身。当然也有部分人始终在追求着进步，努力向更高一层的职位靠近，那么作为一个产品总监，我们究竟应该如何提升自己的能力呢，具体做法如图10-3所示。

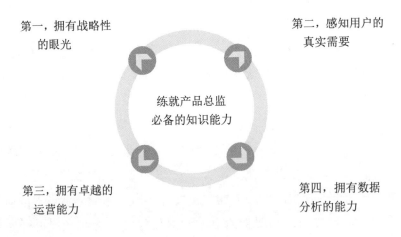

图 10-3　练就产品总监必备的知识能力

1）拥有战略性的眼光

产品总监是团队的指向灯，决定着整个公司的发展方向，不仅仅是随心所欲就能够做好的。每一个运营项目都要符合长远的发展目标，还要经过反复考量、反复实践才能最终拍板、启动工作程序。

就拿现任奇鱼微办公产品副总裁黄喆来说，他曾是去哪儿的用户体验总监。他认为，战略性的眼光是一个产品总监所不能缺少的。项目运营的正确做法是：首先要确定一个合理的战略目标，其次要以这个目标为基础，确定好产品规划的每一个步骤，以及工作的人员安排、研发或更新换代的时间段，最后则是要以战略资源作为最终的目标，为整个项目点研发及开展准备一切所需的资源，这样才能实现"万事俱备，只欠东风"的整个工作安排。

2) 感知用户的真实需要

很多位于产品经理这个职位的人，在长期得不到发展的状态下，往往就会产生一个错误的想法，那就是认为用户研究这个工作不管是谁都可以胜任，根本不需要花时间进行研究。可是，事实却恰恰相反。就以 K 叔为例，作为腾讯游戏的前高级研究经理，他以自己长达 14 年工作经验告诉我们，普通产品达不到高级产品的水平往往就是因为一个渺小的细节之差，忽视了这个小小的细节，就会产生无法弥补的差距。

在如今这个高速运转的信息时代，短短的时间可能就会换来翻天覆地的变化。正因为如此，则更应该去研究符合实际运用的一切需求。只有产品总监肯重视实际的需求，才能根据实际的变化去达成用户的目标。这就要求产品总监拥有高于常人的视角，以市场和用户的变化规律作为基础，挖掘他们的本质需求。同时，还要不断地预测、研究今后市场上近 10 年的变化与需求更替，这样才会保证产品决策的重要性，保证产品价值的持续性，保证研究变化的可视性。

3) 拥有卓越的运营能力

在整个职场上，到处流传的这句"产品运营不分家"话，现在看来确实没错。其实不仅如此，产品总监还应该朝着运营方向不断发展、提高，这才能完成更高质量的工作。"产品的商业价值应该属于总监的运营工作范畴，唯有这样，才能使产品的商业价值走向最大化，让团队得到更好的发展。"这是原来担任 QQ 空间的商业化负责人潘志鹏说的，如今他已成为美的电商公司的运营总监。

那么现在问题来了，身为一个产品总监，应该怎么通过推动运营模式去解决产品的关键数据指标浮动幅度低的问题呢？面对市场竞争，怎么通过运营手段提高自身的竞争力？面对营销推广的大潮，怎么利用产品和运营相结合的方式从中脱颖而出呢？其实诸如此类的问题还有很多很多，简单来说就是一个目标，那就是如何用独出心裁的产品吸引用户进行消费,让产品变成盈利的手段。这就是一个产品总监所应该掌握的运营能力,也是必备技能之一。

4) 拥有数据分析的能力

数据分析对于整个产品的运营及发展具有无可替代的作用,它往往影响着商业决策、产品战略部署、风险控制等一系列的工作。而身为一个产品总监,如果数据分析的能力还停留在产品经理的能力水平上,那么工作的效果显然是完全不及格的。所以,为了提高工作质量,这就需要不断地研究数据分析的方法,进一步增强数据分析的能力。

### 10.3.2 产品经理如何有效搭建自身知识体系

在知识以海量速度更新的时代,产品经理作为走在时代前列的人,自然是要随时泡在知识的海洋里翻滚。但是知识是一个漫长的累积过程,知识管理作为产品经理的核心竞争力之一,需要不断地优化。这里分享一些通过实践总结的一些知识管理方法,希望对大家有所帮助。

我们生活在一个知识膨胀的时代,每年人类学习的知识总和翻了一番。虽然我们每天都拿着手机在各种领域学习到很多东西,比如,在网上阅读了许多文章并了解了很多知识,但是你觉得能在实际中用的、大脑里能记住的知识有多少呢?

1. 学习知识要选对方向

知识是无止境的,我们的能量是有限的。学生时代,我们对每门课程都要平等对待,认真学习,因为工作后,你会发现所有的知识都是有价值的。但是都想去学习,用我们有限的精力去学习无限的知识,最终将成为一个万金油,什么都知道,却都不精通,没有重点。

所以,与其面面俱到,不如重点突破,找出自己擅长的领域,我们的重点是将 80%的时间分配到一个或两个领域,在这些领域中建立 T 形知识结构是最有效的。例如,作为产品经理,必须在设计,交互,分析和逻辑方面取得进展。

2. 知识的来源

我们所处的时代可以称之为知识爆炸的时代,因此每天都有大量有关碎片的信息。但是，这些信息都会对我们有用处吗？我们需要在大量冗余爆炸的信息中提炼产品经理真正需要的知识。

经过对需要的知识进行定位后，还需要识别不同的知识，然后有针对性地采集、提炼并生产自己的新的知识，对自我提炼出来的新的知识进行应用，知识只有被利用时才能展现价值，把学到的知识积极运用到实际工作中，"学以致用、以用促学"才能转化为工作效率。

因此，为了提高获取知识的效率，我们应该拥有更多获取知识的渠道。以下有几个途径，如图10-4所示。

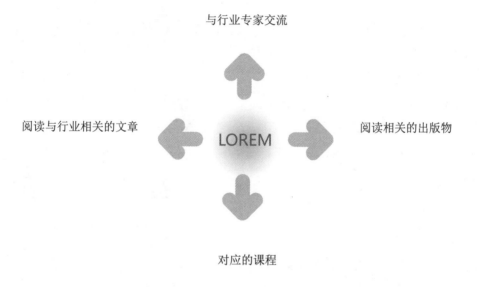

图10-4　获取知识的途径

3. 知识归集

互联网时代，最不缺的就是信息，尤其是免费的资料。一篇文章、一个分享链接，这些免费的东西，很多人刚接触的时候第一反应就是收藏起来，以后慢慢看，最后的结果是永远都不会看，埋没在成百上千的收藏夹中。前面我讲过，这些获取来的新东西只能当作信息，尽管你已经收藏，但仍不属于你的知识，所以分类整理保存尤其重要，定期地复盘总结，最终内化。

在此，我们将介绍一些用于编译的方法和工具。如 EverNote，有道云，OneNote，这是云笔记的一些记录方法。

(1) 灵感收集，多终端软件备注的一个好处是，任何想法都可以随时通过计算机链接账户收集信息来立即写入信息。通常情况下，灵感等元素会被合并到备忘录中，以便下次再利用。

(2) 微信公众号，在有关朋友圈或订阅的文章中，通过发送功能将密钥发送到笔记本。

(3) 微博收藏，网站上的集合内容非常分散，域通常被授权维护，内容自动与笔记同步。

(4) 网页剪报，作为收集工作的常用方法，应查看正确的内容或评论，将其删除。

(5) 微信公众号，不过通常是随手记的内容，拍下来后，同步到笔记软件中，方便后期整理。

(6) 读书笔记，它们与灵感相结合，如果你觉得有用，用笔记记录下来，同步到笔记软件，我们使用时容易寻找。

关于知识收集，这里的基本原则之一是统一为一个大的文件夹，里面再分小的文件夹，就是把这些知识分类，进行一定的整理后，以便于我们想利用时寻找。

4. 知识的处理

很多人都认为文件管理就是把文件归集起来，分类存放好，就完成了文件的管理。其实文件管理是企业知识管理的一部分。我们学到很多知识，但是我们要进行有效的处理，应该如何处理它们，以下提出分类的做法，这里分享两个分类方式。

线性流程分类：指数的结构，可以根据"装配，加工和保存"操作指标进行分类，或者通过专业化进行分类。

网状管理方法：通过打标签形式管理笔记，这样的好处是可以将跨学科和跨流程的知识通过标签形式关联起来。这里分享一下我的笔记目录结构。

5. 知识的应用

知识与实践是相互联系密不可分的，如果拥有知识但却没有用武之地，那学习将是徒劳无功的。

事实上，知识不是学习之前学习，而是因为工作项目需要找到与之相关的知识。因此，运用更有效的知识是创造一个良性循环，在所有适用的情况下运用知识，并根据应用过程中遇到的问题或障碍，不断更新知识。

大脑只负责理解和思考，记忆可以转移到你的知识管理库，也就是外部的大脑，当我与别人交谈或写文件需要材料的时候，我只需要打开我的笔记搜索即可。

6. 知识的分享

事实上，分享并不是知识应用的唯一途径，更多知识的分享会让我们获得以下的收获。

(1) 树立个人品牌，提升个人核心竞争力。

分享就像一份简历，向别人展示你自己的才能，你的内容越有价值，越能塑造你的个人形象，体现你的个人价值，会被更多优秀的人认可。

(2) 结交志同道合的朋友。

对于绝大部分人来说，扩大自己人脉圈的方法十分有限，怎样找到志同道合的朋友，确定他跟自己是否有共同语言，与他人分享你的知识是一个非常有效的方法，同时大大提高了语言的重复使用和分享以及无限的阅读。

(3) 传授知识。

如果你不能清楚地解释一件事，十有八九你还没有完全理解。把知识传授给别人是最有力、最彻底的反思方式。如果你想让别人理解你，它会迫使你彻底而深刻地反思你所掌握的知识。如果你的听众还是不明白，你需要更深入地反思自己。

(4) 分享是激励自身去学习和思考的方式。

为了自己能够不断发展成长，作为一个执着的人，我个人坚持每个月完成一篇文章的写作并且分享，这迫使我必须从工作中学到知识，并阅读笔记。

7. 知识的更新

知识的更新方法也不是一成不变没有效果的，我们需要不断地学习才能保证知识的有效性。

(1) 保持关注。

我们应该继续关注相关的知识领域，对知识的获取保持敏感性。参考节点和基准可以用来正确地制订自己的学习计划。

(2) 盘点知识。

利用地图式的技巧作为盘点的方式,将掌握的知识在一定时间内经常盘点积累、沉淀、整合和浓缩,并观察其增长。

要记住,只有适用的才能作为知识,希望每个读者都与众不同,每一款产品都能试着去形成自己独立的知识系统。